アジア系アメリカと戦争記憶

原爆・「慰安婦」・強制収容

中村理香
Rika Nakamura

青弓社

アジア系アメリカと戦争記憶——原爆・「慰安婦」・強制収容／目次

第1部　アジア系アメリカと「慰安婦」言説
——「日米二つの帝国」という語り

装丁――神田昇和

凡例

・翻訳書が出ている欧文文献からの引用文は、著者の判断で一部訳し直した箇所もある。
・翻訳者が記載されていない日本語訳は、すべて著者による。
・引用の中略は（略）とした。
・本書の頻出用語については、以下の説明をごらんいただきたい。

日本軍「慰安婦」制度被害者・サバイバー

日本で一般的に用いられる「元日本軍「慰安婦」」という言い回しは、当事者を女性に限定してしまう危険に加え、「慰安婦」という呼称が、あたかも被害当事者のアイデンティティであるかのような誤解と事後暴力を示す。この認識から本書では、「「慰安婦」制度被害者・サバイバー」という表現を用いる。ただし、「サバイバー」は、犠牲者との序列を示唆する語としてではなく、文字どおり「生き残った当事者」という意味で用いる。

在米コリア系、コリアン・アメリカン、コリア系アメリカ人

「コリアン・アメリカン」と「コリア系アメリカ人」は同義的に、朝鮮半島の出身者で、帰化を含み、アメリカ国籍をもつ人々を指す。これに対して「在米コリア系」は、一時滞在者や永住権保持者を含むアメリカ在住のコリア系の人々を指す。さらに、アメリカのアジア系研究者デイヴィッド・パランボ＝リュウの造語であるスラッシュを用いた「コリアン／アメリカン」という語は、アジアとアメリカの連続性と断絶の両方を包含する、トランスナショナルな存在としてのアジア系主体を示唆するものである。

なお、コリア系アメリカ研究者や作家について、「コリア系」という言葉は民族的なアイデンティティではなく、作家あるいは研究者としてのポジションを示すものという解釈のもと、たとえば「コリア系アメリカ人作家」ではなく、「コリア系アメリカ作家」と表記した。ただし、日系人強制収容のような、社会的に規定された民族性を前提としている場合は、「日系」ではなく「日系人」とした。「コリア系アメリカ」という語は、「ホワイト・アメリカ」や「ブラック・アメリカ」などと同様に、実際の人々ではなく、擬似国家的な共同体を示す言い回しである。

以上は、コリア系以外のアジア系や日系などについても同様である。

リドレス（補償是正）

「補償」と「誤りを正す」という二つの意味をもつ「リドレス（redress）」という語は、北米の日系人が第二次世界大戦時の強制収容への戦後補償を求める運動で広く使われるようになった。北米では、この語が日系人戦後補償と同義に用いられることもある。最近では、特に北米で日本軍「慰安婦」制度への謝罪と賠償を求める運動でも使われている。

主流国家、主流社会、主流言説、主流読者など

これらの語句の「主流」は、「メインストリーム」の意である。本書では、国家、社会、言説、読者などは単一的で同質的な集合体ではないという前提のもと、人種や民族などをめぐる思想やイデオロギーの点でメインストリームに属する集団を指し示す場合に、これらの表現を用いた。

はじめに

私たちは、子供たちに異なった物語を語って聞かせることができるのです。共通の人間性を描き、戦争を回避して残虐行為を受け入れがたいものとするための物語を。

（バラク・オバマ「広島スピーチ」[1]二〇一六年五月）

いかなる（そして誰の）犠牲のもとに、正統なアメリカ人としての権利や資格は実体化されるのだろうか。アジア系アメリカ研究者が、合衆国市民としての自己同一性を請求するのならば、同時に私たちは、この国の文化的・物質的帝国主義に対してもまた責任を負わなければならない。

（キャンディス・チュウ「想像の境界」[2]二〇〇一年）

本書は、いわゆる日本軍「慰安婦」制度や原爆投下、日系人強制収容など、戦争暴力それ自体を論じる書ではない。本書は、そうした暴力の被害者の側に立つ「アジア」を出自とした北米アジア系の人々がどのように応答したのか、その多様性と複雑性を探る試みである。

一例を挙げる。二〇〇三年、当時在外研修で滞在していたアメリカ合衆国（以下、アメリカと略記）のラトガース大学で、日本で開催予定のとあるシンポジウムのための発表原稿を準備していたときのことである。発表は、在米コリア系作家ノラ・オッジャ・ケラーが一九九七年に発表した『慰安婦』という小説の分析で、小説中「慰安婦」とされた朝鮮人女性がのちに夫となる白人のアメリカ人宣教師に救出されアメリカに渡るという、一見アメリカによる世界正義の遂行と見える物語を、作者のケラーがアメリカのネオコロニアリズムを寓意する、夫による新たな支配の物語に書き直す過程を検証するものだった。本書第4章に収録したこの論文は、日系とコリア系作家によるアジア太平洋戦争の記憶と語りを比較考察する、ラトガース大学に提出予定の博士論文の一部でもあった。(3)

しかし、そのようなテーマを、「慰安婦」制度に対してまだ国家賠償もなされていない日本という国で、日本人を主な聴衆に日本人である自分が発表することに徐々に不安を高まらせた私は、（こともあろうに日本の戦争犯罪の被害者側の子孫である）同大学のフィリピン系アメリカ人院生にその思いを吐露してしまったのだが、それに対する彼の反応は意外なものだった。いまはオハイオ州立大学の准教授となった友人、ジョー・ポンセは、彼自身が「アジア系アメリカ人」として抱いてきた複雑な思いを、次のように語ったのだった。すなわち、フィリピン人移民を両親にもつ自分は、日本の戦争犯罪や帝国主義支配について、少なからず思うところがある。しかし、自分はアメリカ生まれのアメリカ人でもあり、その自分が「アメリカ」という位置から日本の軍事暴力を批判することは、アメリカの正義と優位性を笠に着た行為になってしまう危険がある。そのため、これまで日本の戦争犯罪を批判することにためらいを感じてきたが、「そうか！　そういう方法があったか！　すばらしい！」と返してくれたのだった。

誤解がないようにここで強調したいのは、ポンセは、欧米列強による残虐な植民地支配に対して「日本人は親切だった」とか、「同じアジア人」として欧米の世界統治への連帯の必要を説いたとか言っているのではない。そうではなく、アメリカの人種マイノリティであると同時に欧米の国家主体でもある彼が、「アメリカ」というもう一つの帝国的位置から、その権力と優位性を盾に別のアジアの帝国を批判することへの躊躇を表し、なおかつ、そうではない別様の批判のかたちを模索する必要性を主張したのである。それから十数年、アメリカのアジア系アメリカ学会年次大会への定期的な参加を通して、ポンセと同様の問題意識をもつ、日系やコリア系を含む少なからぬ数のアジア系アメリカ研究者と出会う機会を得た。第1章で論じる二〇〇三年の学会特集号「特集　韓国・朝鮮人「慰安婦」をめぐって」[4]（「アジア系アメリカ学会誌（JAAS）」第六巻第一号、アジア系アメリカ学会。以下、「特集号」と略記）はその代表例であり、一九九〇年代から二〇〇〇年代初頭のアメリカでの「慰安婦」言説のありようを検証した同号は、在米アジア系研究での日本の戦争責任の追及を、日系人への戦後補償に代表されるアメリカの正義ではなく、「日米二つの帝国主義」という批判的視座から捉えることを提起したものである。[5]

「慰安婦」問題をはじめ、日本の戦争加害を語ることがますます困難になっている現在の日本で、「慰安婦」制度や原爆問題の専門家でもない私が本書を世に問う理由は、右のような在米アジア系の人々の声が日本ではほとんど聞かれないことにある。その結果、日本軍「慰安婦」制度の被害者への謝罪と賠償を求める運動の熱心な支持者でも否定者でもない「一般の日本人」──特に日本の戦争責任それ自体には異論はない一方で、欧米による一方的な批判や非難には違和感をもつという人々──のなかで、たとえば在米「慰安婦」追悼碑をめぐって、日系やコリア系などアジア系の人々はアメリカの批判はせず、日本だけをターゲットにするという誤った認識が流布しているように見える。本書は、そのような状況のなか、前述の在米アジア系の人々の声が、日本での戦争と歴史的正義の議論の前進にどう寄与するかを問いかける試みである。

アメリカには、アメリカが戦争をしているときだけマイノリティは「アメリカ人になる」という、有名な言葉がある。それは、アメリカのあまたの戦争と軍事行為に志願あるいは動員され兵士として参戦した人種マイノリティや、冷戦下、アメリカの道義的優越性の証左と人種正義の象徴とされ、あるいはその国家的人種政策と交渉しながら権利獲得のために闘った人々の存在を指し示す。[6]その意味では、九・一一（アメリカ同時多発テロ事件）後のイラク、アフガニスタンおよび「テロとの戦争」下のアメリカで、二〇〇九年、史上初となる黒人アメリカ大統領が誕生したのは偶然ではないのかもしれないし、その大統領がこれら戦争の同盟国である日本に配慮し、被爆地訪問という歴史的外交を成し遂げたのも、前述の「戦時下のしきたり」が「国外のマイノリティ」へ拡大適用された例と言えるのかもしれない。[7]

実際、二〇一六年のバラク・オバマ大統領による広島訪問は、本書序章でも論じる、二十一年前のアメリカのスミソニアン航空宇宙博物館での原爆展中止を思えば、驚くべき進展に見える。もちろん、謝罪と受け取られないように大統領が下をむくことも控えるといった「慰霊」訪問ではあった。しかし、ほんの二十一年前のアメリカでは、第二次世界大戦終結五十周年を機に自国の戦争加害と向き合おうとした原爆展の企画が、在郷軍人会やメディア、右派の政治家や歴史家らによる「反米」「売国」との非難のなか、原形をとどめないほど縮小改変され、原爆展を企画した航空宇宙博物館のマーティン・ハーウィット館長が引責辞任に追い込まれる事態に陥ったのである。まるで現在の日本の「慰安婦」問題をめぐる状況そのものであるかのような――「慰安婦」報道をめぐり「反日」「国賊」のレッテルを貼られ、内定先の大学を追われた元朝日新聞記者・植村隆や、「慰安婦」制度の実態を記録し、その周知に努めてきたアクティブ・ミュージアム「女たちの戦争と平和資料館」(wam。以下、wamと略記)への爆破予告など(8)――スミソニアン原爆展と相似形をなす現在の日本の状況を考えると、少なくとも大統領の被爆地訪問を可能とする世論を形成しえたアメリカのこの二十年間の変化は驚異的に見える。

オバマ訪広という歴史的事象を可能としたさまざまな要素には、たとえば、リベラル派の黒人大統領自身の被爆地への思いや、アメリカの核をめぐる政治戦略、第二次世界大戦従軍経験者の高齢化と、さらに原爆投下に関して従来とは異なる認識をもつ若い世代を育てた、特にポスト・ベトナム世代のアメリカの歴史家や運動家、教員らの甚大なる努力があったことは想像に難くない。その半面、訪問の実現を後押しした歴史的状況について言えば、過去の戦争の慰霊と同時進行する九・一一以後の現在進行形の戦争――そこにはコーネル・ウェストが「ドローン大統領」と呼んだ「オバマの戦争」も含まれる(9)――とそれに付随する「同盟強化」という政治的黄金律や、それを背景とした世論の承認があったことも事実だろう。

実際、二〇一五年末の「日韓合意」から翌年の安倍晋三首相の真珠湾訪問までの一年間、「和解」や「慰霊」「癒やし」という言葉で表されたそれら事象が置き去りにした日米両国家による帝国主義的暴力の数々は、国家首脳間による「和解」や「癒やし」とは大きく異なる現実を映し出す。日米の変わらない植民地主義的支配のもと、沖縄で断行される新基地建設とそれに伴う人権弾圧がその最たるものの一つであることは言うまでもないが、基地建設に反対し自らの土地を守ろうと闘う沖縄の人々の姿は、「日韓合意」に反対し、凍えるソウルの街で夜を徹して「少女像」を守ろうとする人々の映像ともシンクロし、国家主導の癒やしや和解とは乖離する別の現実の意味を問いかけてきた。日本・韓国・アメリカによる国家間の「和解」の帰結として、国家間の相互免責や戦争加害の封じ込めがむしろ強化されているように見える現在、本書は、それら事象が投げかける問題も考えていきたい。

くしくも広島でのスピーチでオバマ大統領は、「戦争を回避し、残虐行為を受け入れ難いものとする」ための「異なった物語」を語り継ぐ必要性に言及した。そこでオバマが引用したのは、被爆死したアメリカ兵の調査と慰霊に四十年を捧げた日本人被爆者の物語であり、それは、「真珠湾の帰結としての広島」という、報復の連鎖を正当化するのとは異なる物語を、テロへの報復戦争が容認されるアメリカで、国民にむけて呼びかける行為だったのかもしれない(10)。

その一方で、アメリカでは、マイノリティとされた人々がアメリカの対外戦争に参与し、「国民」としての権利と承認を勝ち取る愛国と忠誠の物語が、支配言説として君臨してきた（第二次世界大戦時の日系人四四二部隊は、日本でもよく知られている）。本書は、北米のマイノリティとしてのアジア系の人々が、そのような状況や国家による要請と交渉しながら、オバマが言う「戦争を回避し、残虐行為を受け入れ難いものとする」ためにどのような「異なる物語」を語ってきたのかに耳を傾ける試みである。前述のアジア系アメリカ学会「特集号」の客員編集長も務めたキャンディス・チュウは、冒頭に挙げた引用で、在米アジア系の人々によるアメリカ国家への貢献とその見返りとしての国民権の獲得という物語に対し、「いかなる（そして誰の）犠牲のもとに、正統なアメリカ人としての権利や資格は実体化されるのだろうか」と問うた。本書を歴史的現在に位置づけるにあたって、チュウの問いかけが、アジアの同盟国としてアメリカの戦争を支持し支援してきた日本に対して投げかける意味も喚起したい。

注

（1）スピーチのトランスクリプトは以下を参照し、日本語訳は引用者訳とした。"Text of President Obama's Speech in Hiroshima, Japan," *The New York Times*, May 27, 2016.（https://www.nytimes.com/2016/05/28/world/asia/text-of-president-obamas-speech-in-hiroshima-japan.html?_r=0）［二〇一七年三月七日アクセス］

（2）Kandice Chuh, "Imaginary Borders," in Kandice Chuh and Karen Shimakawa, eds., *Orientations: Mapping Studies in the Asian Diaspora*, Duke University Press, 2001, pp. 275-295.

（3）日本アメリカ文学会東京支部会シンポジウム「ポストファミリーの攪乱／暴力」二〇〇三年十二月

十三日、慶應義塾大学、Rika Nakamura, *Attending the Languages of the Other: Recuperating "Asia," Abject, Other in Asian North American Literature*, dissatation, Rutgers, the State University of New Jersey, 2009.

（4）Kandice Chuh, ed., *On Korean "Comfort Women,"* special issue of *Journal of Asian American Studies*, 6(1), 2003.

（5）「アジア系アメリカ研究」とは、マイノリティ研究としての「アメリカ研究」の一部であり、アジアを研究対象とする「アジア研究」とは異なる。ただし、最近では、Takashi Fujitani, *Race for Empire: Koreans as Japanese and Japanese as Americans during World War II* (University of California Press, 2011）など、領域横断的な研究も増えている。

（6）第二次世界大戦下のアメリカで、強制収容の対象となった日系アメリカ人が、総力戦下の人員不足や、アメリカ政府によるグローバル・ヘゲモニーの希求に伴い、兵士として動員されるにいたった「国民化」の過程については、Fujitani, *op. cit.* が詳しい。

（7）たとえば、長きにわたりハリウッド映画で「怪物的他者」として描かれてきた日本兵の人間性の回復に努めたクリント・イーストウッドの「硫黄島二部作」（『父親たちの星条旗』『硫黄島からの手紙』二〇〇六年）は、その一例と言える。詳細は、Rika Nakamura, "'Allied Masculinities' and the Absent Presences of the Other: Recuperation of Japanese Soldiers in the Age of American Wars in Iraq and Afghanistan——An Analysis of *Flags of Our Fathers and Letters from Iwo Jima*" (in *PAJLS Proceedings of the Association for Japanese Literary Studies*, 11, Sum. 2010, pp. 206-220）を参照。同論文では、日本兵を「理解可能な」馴致された他者として表象する『硫黄島からの手紙』とは異なり、『父親たちの星条旗』が、先住民兵士ヘイズの人種化された「同盟的男性性」を通して、イラク・ア

フガニスタン戦争下でヘイズと類似的位置を占める日本兵や、現在進行形の「怪物的他者」としてのイスラム・テロリストの不可視化された人間性、さらにヘイズの日本版とも言える朝鮮・台湾人皇軍兵士といった複数の「不在の在」を浮かび上がらせていることを論じた。

（8）植村元記者への攻撃の根拠としてしばしば言及される「捏造」疑惑については、青木理『抵抗の拠点から——朝日新聞「慰安婦報道」の核心』（講談社、二〇一四年）および植村隆『真実——私は「捏造記者」ではない』（岩波書店、二〇一六年）を、ｗａｍへの爆破予告については、ｗａｍウェブサイトの「声明・抗議・要請」などをそれぞれ参照されたい（「新聞各社・通信社へ呼びかけ文「言論を暴力に結びつけない社会を」を送付」〔http://wam-peace.org/20161030/〕［二〇一七年三月七日アクセス］）。

（9）"Cornel West: Obama's Response to Trayvon Martin Case Belies Failure to Challenge 'New Jim Crow'," *Democracy Now!*, Jul. 22, 2013. (http://www.democracynow.org/2013/7/22/cornel_west_obamas_response_to_trayvon)［二〇一六年九月四日アクセス］

（10）スピーチで言及された被爆者は、広島在住の歴史研究家・森重昭である。

序章　二つの戦争展と被害／加害の記憶

1　スミソニアン原爆展とニコン「慰安婦」展から見えるもの

在米アジア系の人々による戦争記憶の表象を論じるにあたり、中止圧力を受けた二つの「戦争展」への言及から始めたい。

二〇一二年五月、東京・新宿のニコンサロンで開催予定だった「慰安婦」写真展「重重――中国に残された朝鮮人元日本軍「慰安婦」の女性たち」が、右翼やニコン株主からの抗議を受け、突然の中止通告にさらされるという事件が起きた。韓国人写真家の安世鴻《アンセホン》が五年にわたり、中国に置き去りにされた旧日本軍「慰安婦」制度のサバイバー女性たちを撮り継いだものである。主催者による正式な審査と招待を受けた写真展に対し、開催一カ月前という時期に突然一方的な中止通告をしたことについてニコン側は、外部からの複数の抗議があったことを認めたうえで「諸般の事情により総合的に判断[1]」したと説明した。

しかし最終的に写真展は、東京地方裁判所の仮処分決定によって開催され、金属探知機や複数の監視カメラが設置された小さなサロンに不釣り合いな数の警備員が配置されるなか、キャプションの表示やパンフレットの販売も禁止という異常な状態にもかかわらず、二週間で七千九百人というこの種の写真展としては異例の来場者数を数えた[2]。ニコン「慰安婦」写真展はそれにさかのぼり、保守系政治家などから明確な政治介入があったとされる二〇〇一年のNHK・ETV特集『問われる戦時性暴力』番組改変事件や、〇八年の映画『靖国』(監督:李纓、二〇〇七年)上映中止、さらには一四年の群馬県立公園・群馬の森からの朝鮮人強制連行追悼碑撤去命令や国内平和資料館での加害展示縮小への圧力など、現在の日本での右翼や公権力による歴史や表現の自由への介入と、「日韓合意」以後も続く加害の歴史の消去と封じ込めの状況を映し出している[3]。

ニコン「慰安婦」展など、これら事象が映し出す戦争加害記憶をめぐる日本の状況を再考するにあたって、ここではあえて、その十七年前に同様に中止圧力にさらされたもう一つの戦争展を想起したい。一九九五年、第二次世界大戦終結五十周年を記念してアメリカ合衆国スミソニアン国立航空宇宙博物館で企画された「原爆展」が、在郷軍人会や保守系政治家、ジャーナリスト、歴史家などの介入を受けて大幅な展示縮小を余議なくされた事例である。そこで、原爆投下の政策決定に関する学術的論議や、戦後の核開発競争への考察、広島・長崎の被害状況と、さらには旧日本軍によるアジア諸地域での残虐行為など、宇宙博物館スタッフが十年をかけて準備したスクリプト（展示説明）のほとんどが削除され、最終的に展示は、爆撃機エノラ・ゲイ号の胴体部分と説明板、乗組員のビデオ映像だけとなり、来訪者カードに記載されたコメントが指摘しているように、「この展示から日本人の命が失われたとはとてもわからない(4)」状態になった。

アジア太平洋戦争終結七十年の日本の戦争記憶のありようを考えるにあたって、ここではあえてこの二つの事例、すなわち中止圧力にさらされた日米の戦争加害展（および関連事例）を並置することで立ち現れる視座に注目したい。もちろん、ここでこの二者を並列させるのは、加害の隠蔽は「どこの国もやっていた」ことを証明するためではない。そうではなくむしろ、加害の消去と封じ込めが加速する現在の日本の状況を「他者」あるいは「被害者」の目を通して見つめ、再考する可能性を探るためである。ここでは、二つの戦争展と関連事例の共通性に注目することで、日本の現状にとってどのような有益な視点が得られ、生産的相対化が可能になるかを考えたい。

米山リサが複数の詳細な分析を通して示したように、(5)「原爆被害展示に反対したアメリカ保守派の言説」と、「慰安婦」問題の存在を否定する自由主義史観論者たちの発言は「酷似して」おり、日本の右派が執拗に主張し拡散する「「慰安婦」捏造説」と、アメリカ右派が大統領の被爆地訪問と並行して固執し続ける「原爆投下による日米アジア救済説」などに共通する一元的歴史認識や、自国の被害に対する妄執と加害の徹底的な否認という言説的類似は、まさに「合わせ鏡」のように見える。(6)原爆展論争ではさらに、日本の左派研究者や活動家、ジャーナリストらによってなされた、南京大虐殺や「慰安婦」制度などの自国の加害行為批判が、アメリカの「原爆展」中止推進派によって横領され、原爆投下の正当化のために逆利用されるということが起こったが、その同じ構造は、韓国の左派知識人や活動家、ジャーナリストらによるベトナム戦争などでの自国の加害行為批判や、あるいは韓国人米軍「慰安婦」サバイバーによる韓国政府提訴を「日本の勝利」とみなす日本人右翼の反応にも共通している。ここに見られるような、日本や韓国というある特定の国家的枠組みのなかで発せられた国家批判言説が、別の国家的文脈では後者の「過去の行為を正当化し」、「それが本来意図していない政治姿勢を支持する」かたちで引用、領有される現象を、米山は「言説のねじれ《トランスナショナル・ワープ》」(7)と呼び、批判した。

ここではまず、現在の日本で進行する戦争記憶表象への保守派の介入、特に加害の歴史の消去にむけた圧力を、約二十年前のアメリカでの類似的事例を通して見直すという二重視点を経ることで両者を生産的に相対化しうる可能性を探るとともに、米山が言う「ねじれ」からどのように脱却し、それに代わる国境横断的《トランスナショナル》な連結の回路を構築しうるかについて考えたい。

2　二重視点と生産的相対化の可能性

二つの戦争展を並列させることでまず見えてくるのは、「慰安婦」展妨害を画策した「日本人」と同種あるいは類似的思想の「アメリカ人」が、「原爆展」を中止に追い込んだという皮肉である。すなわち、自らを「被害者」としてだけ一義的に定義する日米の戦争加害展反対派は、どちらも相手の視点からは「加害者」と名指される主体そのものであるだけでなく、自国の被害に固執する一方で加害は徹底的に否認するという姿勢において、その同一性をあらわにする。

事実、米山が鋭く指摘するように、どちらも侵略、強奪、強姦、虐殺といった相手国の加害行為を列挙し、声高に批判する一方で、自国による加害の歴史は「都合良く忘れられている」[8]。アメリカを例にとれば、日本軍の真珠湾攻撃を非難する「原爆展」反対派の言説で、もともとは「プウロワ」と呼ばれハワイ先住民の土地だった「真珠湾」になぜアメリカ軍基地が存在するのか、その経緯を示すアメリカによるハワイ植民地化の歴史は顧みられない[9]。半面、アメリカによるハワイ侵略を非難し、ハワイ先住民への共感を表す日本人が、だからといって沖縄やアイヌなど日本の先住民族弾圧を、同等の熱意をもって批判するわけではない。その意味で、「原爆被害展」反対派が言う、「日本人のなかには自分の国が第二次大戦でどんな行為を行ったか、十分に知らない世代が育っている」[10]という言葉は、その批判自体は正当なものだとしても、それがそのまま自国にも当てはまることへの無自覚さを暴露するのである（言うまでもなく、同じ批判は日本にも当てはまる）。同様に、アメリカの「原爆展」反対派が批判する「被害者意識のみが肥大化し、自身の加害は省察しない日本人」という図は、まさに「原爆被害展」反対派自身のいびつな自画像である一方、「慰安婦」展を妨害する日本の右派が批判する「人種差別的欧米白人」という類型は、彼・彼女ら自身のいびつな自画像と言えるのである。

このようにアメリカの「原爆展」中止事例を通して日本の「慰安婦」展妨害を考えることは、それぞれの国の側に立つ人々が互いの映し出すいびつな鏡像と向き合い、自己省察する契機を提供しうるものである。「慰安婦」展への不当な圧力は「原爆被害展」中止と同種の暴力だと認識することは、現在の日本で進行する「慰安婦」に関する歴史・言論弾圧を「被害者」の視点から見直し、一般の日本人が「慰安婦」展弾圧を、「被害への共感」と「加害の省察」という二つの視点から見つめ、連結の回路を探るための認識的基盤となりうるのではないかというのが本書の提起である。

このような「映し絵」としての日米の状況に向き合うことの重要性は、一九九〇年代中盤から二〇〇〇年代初頭にかけて、米山リサがスミソニアン原爆展中止事例をめぐる複数の論考を通して明確に示したものである。(11) それから二十年近くを経た現在、本書があえてここへ立ち戻ろうと考えるのは、米山が提起した、自国の被害だけを一方的に主張する「自己愛史観」への「矯正剤」としての他者の鏡象と対峙することが、イラク・アフガニスタン戦争でのアメリカの同盟国として過去の戦争犯罪の免責がますます強化される現在の日本でこそ、再確認が求められていると考えるからにほかならない(そしてこの戦時下の同盟強化こそが金科玉条となってはたらき、オバマ大統領訪広の一つの要因にもなったことは銘記するべきである)。

3　連結が開く可能性——複数の暴力を語ること

本書はこのような前提のもと、北米の日系とコリア系の人々によるアジア太平洋戦争の記憶表象を比較検証するものだが、本論に入る前に、これまで例に挙げてきた「原爆投下」と「慰安婦」制度、あるいは後述する「日系人強制収容」と「慰安婦」制度など、「複数の暴力を語る」ことそれ自体の危険と可能性について概観したい。スミソニアンの原爆展企画を批判した「反対派」の一人チャールズ・スウィーニー元少佐は、原爆展で日本人の犠牲を示すことは、「戦争加害を忘却し、責任を回避[12]」する日本人の態度を助長することになると述べたという。スウィーニーが言うように、加害側の被害を語ることによってその加害責任を減免させる危険は、日本の戦争責任を追及する研究者や活動家によっても指摘されてきた事柄であり、特に一部の左派言説ではこれがアメリカをはじめとする他国への批判を忌避する一因になっているようにも見える。本書についても、日本の加害消去の現状を振り返る際にあえてアメリカの事例を持ち出すことは、それが相互免責の構図に回収される危険を排除できないという批判もあるだろう。

半面、スウィーニーの発言に見られるように、敵対国の加害を告発したりその被害者に共感を表したりする行為が、しばしば自国の加害行為の免責願望と対になっていることも注意が必要だろう。言うまでもなく、そのような相互免責願望は、旧日本軍による「慰安婦」の暴虐を韓国軍のベトナムでの加虐行為を引き合いに出して相殺しようとする言説や、日本の植民地支配への批判を欧米による植民地支配批判によってかわそうとする態度などに代表されるように、現在の日本にあふれている。ある特定の暴力を批判する際にほかの複数の暴力に言及するという言説行為は、常に相互免責の危険を伴うものと言えるのかもしれない。

本書はしかし、この危険を自覚したうえであえて、複数の暴力を同時並行的に語ることによって開かれる可能性を探りたい。本章で論じてきた二つの戦争展を例に取れば、アメリカの原爆展中止事例を通して日本の「慰安婦」展妨害を考えることで、「原爆被害者への共感」という日本ですでに広く共有されている感情を通して、「慰安婦」という自国の加害行為が生み出した「被害者」の体験と向き合う視座が得られるのではないか。さらにこの二重視点は、原爆投下という日本の被害体験にまつわる言説を、「加害者」という位置から見つめ直すための視点も提供してくれるように思われる。言い換えれば、教育などの制度的規律化を通して原爆被害への共感を有する多くの日本人にとって、自国の被害と加害を扱う二つの戦争展を同時並行的に見つめることは、「被害者」という固定化された視点やそこから生じる純潔主義的思考を省み、一面的な被害あるいは加害認識を再考するうえで有効に作用するように思われるのである。

「北朝鮮による拉致被害者家族連絡会」元事務局長の蓮池透は、拉致をめぐって「被害者意識が増殖」する現在の日本の状況を顧みて、「被害者」という単一的自己認識やそこへの共感から生じる「全能感」や「権力性」について警告している。実際、この「被害を語ることの権力性」は、一九九〇年代アメリカのマイノリティ研究でも広く指摘された問題であり、その意味では韓国人研究者の朴裕河も「慰安婦」をめぐる韓国の状況に言及し、同じように被害のみを語ることの「権力性」[13]を指摘していることは興味深い。もちろん、植民地支配での支配側と被支配側を同列に論じる危険には留意する必要があるが、しかしそのうえで「加害者」という自己認識は、批判行為に携わる際に陥りがちな純潔主義的思考や絶対的視点を相対化し、一面的ではない批判のあり方を模索する一助になりうるのではないか、というのが本書の提起である。

アジア系アメリカ研究者のウェン・ジンは、中国系アメリカ作家アレックス・クオの小説『パンダ・ダイアリー』（二〇〇六年）でクオが、中国をはじめとする非西洋国家の人権侵害を糾弾する「欧米列強」に対して強力な「自己省察」を促す一方で、自国の人権弾圧を西洋による帝国主義支配を引き合いに出して相殺しようとする中国政府やほかの非西洋国家に対しても同時批判をおこなっていることに、批判的視座をめぐる新たな可能性を見る。[14] ここでジンとクオが言及するのは中国だが、「慰安婦」問題に関連して日本でしばしば耳にする「どこの国もやっていた」という言い回しも、相互免責の論理を誘導している点で、当然批判されなければならないものの、それが非西洋国家にむけられる人権侵害をめぐる二重基準、すなわち「日本特殊論」というオリエンタリズムへの反発として発せられることも、考察に値するように思われるのである。日系文化人類学者のドリーン・コンドウは、アメリカでしばしば正義がレイシズムとセットで行使されてきた歴史に言及し、アメリカの「支配言説による日本やその他の人種的刻印を受けた国家への批判が、アメリカの優位性を補強するために用いられ[15]」る状況を憂慮する。その意味で、原爆投下を含む複数の暴力を通して「慰安婦」制度という加虐行為を考察することは、「日本特殊論」にも「相互免責」の論理にも陥らない、別のかたちで日本の加害を語る可能性を開くことにつながると、本書は考える。

ソウルの「戦争と女性の人権博物館（ＷＨＲ）日本後援会」代表の梁澄子《ヤンチンジャ》は、韓国で、日本軍「慰安婦」問題の解決とサバイバー支援を先導してきた挺身隊対策協議会（挺対協）が、「ナビ基金」など、日本軍「慰安婦」制度のサバイバーだけでなく在韓米軍や韓国軍による被害者を含む、より広域の戦時性暴力サバイバーへの支援活動に従事する様子を紹介している。[16] 本書は、ジンやクオ、米山が提起する「批判的比較研究」の試みに連なることで、複数の暴力を「ねじれ」ではなく、むしろ挺対協の例に見られるような、「補償是正《リドレス》」の範囲を拡大させるかたちで連結させ、それによって他者による暴力を引き合いに出すことで自国の加害と相殺するのではない、言い換えれば戦争被害が国家の物語に回収されない言説のあり方を探ることを目的とする。

4 なぜ「日系とコリア系アメリカ作家」なのか

本書ではこうした問題関心のもと、日系およびコリア系アメリカ・カナダという、北米東アジア系二集団による「アジア太平洋戦争」の記憶表象を比較考察する。近年、日本でも「日系人強制収容」や「四四二部隊」などの第二次世界大戦中の日系アメリカ人の体験は広く知られるようになった。また二〇一〇年にTBS開局六十周年記念ドラマとして放映され高視聴率を得た『99年の愛――Japanese American』や、古くは山崎豊子の『二つの祖国』[17]などに見られるように、「日系人強制収容」はしばしば広島・長崎での原爆投下と結びつけられ、日本人視聴者や読者にとっても共感の対象になってきた。北米アジア系マイノリティの戦時体験は、このように「日系アメリカ人」に関心が傾きがちだが、本書ではあえて北米の「日系人強制収容」を、日本軍「慰安婦」や「朝鮮人皇軍兵士」といった同時期の帝国「日本」でのマイノリティの戦争体験とともに読むことで、「同じ戦争」を複数の視点から見直し、一面的でない歴史認識を探りたい。

実際、現在の日本でアジア太平洋戦争にまつわる「コリアン・アメリカン」という視点は、ある種の空隙になっているように見える。つまり、日本という言説空間で、韓国や在日韓国・朝鮮人作家、研究者によるアジア太平洋戦争の記憶表象は数多く存在するが、この同じ戦争をめぐる「コリアン・アメリカン」の反応は、在米コリア系市民らによってカリフォルニア州グランデール市をはじめとした複数のアメリカ都市に建立された「慰安婦」追悼碑など、最近注目を浴びるようになった少数の事例を除けば、ほとんど紹介されていない(18)。

同様に、アジア系アメリカ人全般による日本軍「慰安婦」問題への応答についても、日系アメリカ人議員マイク・ホンダがアメリカ下院に提出した「慰安婦謝罪決議案」が有名だが、それ以外の事例が日本で紹介されることはまれである。事実、在米日系人や日本人について言えば、現在日本で紹介される「慰安婦」問題への彼・彼女らの反応は二極化されているように見える。ホンダや「日系米国人市民連盟」(以下、JACLと略記) および「市民権と名誉回復を求める日系人の会」(以下、NCRRと略記) といった、「慰安婦」問題への対応を推進する日系人権団体の声が聞かれる一方で、もう片方では、歴史修正主義的立場から「慰安婦」の歴史を全否定する右派の「新一世」集団、いわゆる「歴史の真実を求める世界連合会」(以下、GAHTと略記) などの活動が伝えられる(19)。

その結果、メディアによるこれら事象の紹介のされ方の問題もあり、日本では日系人を含むアジア系アメリカ人や在米日本人がこの問題に対して抱く両義的で複雑な感情が見えなくなってしまっているというのが本書の提起である。たとえば前述の「慰安婦」碑についても、「百パーセント絶対賛成」か、あるいは「絶対反対で撤去を求める」のかといった両極的な反応ばかりが伝えられ、その間を揺れ動く在米アジア（系）の人々の複雑な思いは報じられることがない。たとえば「慰安婦」制度を捏造と決めつけ、歴史修正主義を世界へ垂れ流すGAHTにはむろん反対だが、アメリカが自国の軍事加害行為は不問のままに「慰安婦」碑を建て続けることに違和感をもつ在米日系人および日本人（その違和感の度合いもさまざまだろう）や、反対に碑の建立には賛成だが、それがアメリカ自体の加害行為を隠蔽し、人種化された他者へ暴力を投棄するレイシズムへの加担となることを危惧するアジア系アメリカ人も数多くいる。実際、私の周りにも、日本軍「慰安婦」制度という深刻な人権侵害に取り組む運動の趣旨には無条件に賛同しながらも、一部の運動が用いる善悪二元論的な論理や、それがアメリカという文脈を踏まえていないことに疑問をもつアジア系の人々は多数いる。[20] その意味で、現在のコリア系「慰安婦」に特化した碑の設置には反対でも、「カナダ先住民女性も含む、すべての女性の人権侵害を扱うのなら考えうる」と発言した日系カナダ人の「重鎮」の存在は想起する価値がある。本書は、これら日本で紹介されることがまれな在米アジア（系）の人々の声に耳を傾けることで、それらが日本でのこの問題の認識にどう寄与しうるかを考えたい。[21]

実際、このような多様な意見が伝えられないために、日本では、在米コリア系などのアジア系アメリカ人はアメリカや韓国の戦時性暴力の批判はせず、日本だけをターゲットにしているという誤った反発が生まれてしまっているように見える。本書ではこれに対して、日系やコリア系をはじめとするアジア系アメリカ作家や研究者が、「慰安婦」制度という日本軍性暴力を、在韓米軍による現地女性の性搾取との関係や、日本による朝鮮植民地支配をアメリカによるネオコロニアルな韓国支配との相同性を通して見つめ、「日本特殊論」に疑義を投じたうえで、日本軍「慰安婦」性奴隷制度という戦時性暴力への批判を展開している点を検証したい。

たとえば、スミソニアン原爆展論争の二年後の一九九七年にアメリカで出版された、ハワイ在住の韓国系アメリカ作家ノラ・オッジャ・ケラーの小説『慰安婦』は、日本軍「慰安婦」とされた朝鮮人女性がのちに夫となる白人宣教師に救出されアメリカに渡るという、一見アメリカによる「世界正義の遂行」とも見える物語を示すが、ケラーはそこに白人の夫による新たな支配、すなわちアメリカによるネオコロニアルな半島支配の寓話を埋め込み、在米アジア系アメリカ研究者から高い評価を得た。

ケラーの小説が「慰安婦」とされた朝鮮人女性当事者とその娘の視点からこの歴史を語るのに対し、本書が扱うもう一人の韓国系作家チャンネ・リーの『最後の場所で』(一九九九年)は、帝国日本で日本人夫婦の養子となり、皇軍軍医見習いとしてアジア太平洋戦争に従軍した朝鮮人男性の「内的外部」の視点を通して「慰安婦」制度という日本の軍事性暴力を描く。リーは、主人公が戦後アメリカに移り住み、在韓アメリカ兵と韓国人娼婦との間に生まれた女児を養女とする物語を描くことで、「日本軍「慰安婦」」制度と「米軍「慰安婦」」の、あるいはより広範に日本植民地統治下での強制的同化と、移民の主流アメリカ社会への「自発的統合」を、完全な対立項としてではなくむしろその連続性と非連続性の両方から示し、問題提起を試みている。

5　グローバル世界のなかの「アメリカ・マイノリティ」という存在

このような試みは、「アメリカ・マイノリティ」としてのアジア系作家が、グローバルな権力構造に占める自らの立ち位置に対して抱く自己認識を反映するものと言えるだろう。同様の問題意識は、二〇〇三年に韓国系二人を含む三人の若手アジア系研究者によって提出された問い、すなわちアメリカを拠点とするアジア系アメリカ研究が、アメリカ帝国主義とナショナリズムの文脈のもとで「慰安婦」制度など日本帝国主義の暴力をどのように言説化しうるか、その批判的言説のあり方を問うた「特集号」にも共通する。

もちろん、ここで問われなければならないのは、アメリカで活動するアジア系作家や研究者によるアメリカ批判を、日本という言説空間へ移動させることで生じる危険（と可能性）であり、米山リサの言葉を借りて言えば、これらアジア系作家や研究者によるアメリカ批判が日本という文脈で「どのように消化されるのか」[22]という問いだろう。言うまでもなく、ケラーもリーも、また前掲の「特集号」に参加した研究者たちも、「慰安婦」制度の暴力性を否定する日本人右派を利するために、前述のような小説や論考を発表したわけではない。一方、これら作家や研究者が自らのアメリカ権力への参与に対し自己省察をおこなっているということが、日本という言説空間で何を――誰とどのような連帯を――可能にし、「日本」でのこの問題の進展に寄与しうるのか、本書はそれが開きうる可能性についても提起したい。

　たとえば吉田裕が指摘するように、自ら植民地を保有していた欧米諸国が日本の植民地支配による暴力を一方的に裁くことへの「不公平感」が日本の主流社会で少なからず存在し[23]、その二重基準への感情的不満が、「慰安婦」制度という歴史に加害者として向き合い、サバイバーの声に真摯に耳を傾けることを阻害している――あるいはそれを回避する「言い訳」として使われている――現実があることも、確かである。そうであれば、この歴史をめぐって日本の右派勢力がおこなっている第二の暴力、すなわち日本による植民地支配という「加害」を、西洋による帝国主義支配の「被害」へ一元化し、日本軍性暴力を他国家による暴力と相対化し相殺するのとは異なるかたちでこれを言説化し、連結させる必要があるのではないか、というのが本書が提起する論点である。

　前述のマイク・ホンダの例に見られるように、「日系アメリカ」を経由した「慰安婦」問題への謝罪の呼びかけは、しばしば「日系人強制収容」というアメリカでの人種暴力と連結され、これとの連続性と対比を強調するかたちで展開されてきた。つまり「慰安婦」制度という日本軍による戦時性暴力は、前述のリーやケラー同様に、一方ではアメリカでの人種暴力との連続性を前景化しながら、もう一方では「日系人強制収容」という過去の人種差別や過ちを克服したアメリカの道義的優位性を強調するかたちで言説化されてきたと言える[24]。そのような語りの有効性について、たとえば安倍政権による「河野談話」見直しの断念が示すように、アメリカ政府や世論による国際的圧力が、「慰安婦」制度という歴史的暴力を否定すべくあらゆる手を尽くしてきた日本の保守政権に対して（たとえ表面的とはいえ）果たす役割は否定できない。

半面、そのようなアメリカによる道義的優位性や世界正義の押しつけが、日本の一部で少なからぬ反発を招いているのも事実だろう。タカシ・フジタニやクリスチャン・アピ、ジョン・トーピーといった研究者が指摘するように、アメリカ政府による日系人への戦後補償は、アメリカの謝罪賠償政治のなかではむしろ「例外」であり[25]、先住民やアフリカ系を含むほかのマイノリティや、現在進行形の戦争を含む対外戦争について言えばむしろ、アリエフ・ネイヤーがオバマ訪広に際して語ったように、「間違いを犯しても謝罪せずにすませられる権利は、アメリカ例外主義によって育まれた原理原則だ[26]」と揶揄される状況にさえある。

もちろん、このような議論が、アメリカでの日系人への国家賠償やその実現のための努力を矮小化することになってはならないし、ベトナム戦争やイラク戦争など、日本が同盟国としてアメリカの戦争に加担してきたことの責任も曖昧にしてはならない。ネイヤーも、先の記事で日本政府の謝罪の欠如を痛烈に批判している。しかしながら、前述のように、アメリカでしばしば「正義」がレイシズムとセットで行使されてきた経緯や、さらには日系人が「アメリカ人」として承認を得る過程で出身国である日本を否定しなければならなかった歴史などを顧みるとき、在米日系・日本人のなかに、主流アメリカ社会が掲げる正義や文明化の使命に加担することへのアンビバレンスを抱く人たち――すなわち、自身のマイノリティとしての経験から、「慰安婦」制度という人権侵害への謝罪や賠償を求める声に強く共感する半面、アメリカによる日本批判がアメリカの優越性とオリエンタリズムにつながることを危惧する人々――がいても驚くにはあたらないだろう。それはたとえば、日本で日本政府やメディアの多くが、日本自体の加害は棚上げにしながら、中国政府や北朝鮮政府による人権弾圧を喜々として語ることに対して、一部の在日中国人や在日コリアンの人々が反発や違和感をもつのと同じである。

そのような点を考えると、一部に見られるように、日系人への戦後補償だけに焦点を当て「アメリカの正義」を過度に強調する主張はむしろ、アメリカの対外戦争での加害と対峙するアメリカ国内の努力を不可視にするのではないか。そこには当然、原爆被害展を企画したスミソニアン学芸員や、ベトナム戦争をはじめとする自国の加害行為と向き合ってきた多くの研究者や運動家も含まれる。

一九九九年にアメリカで出版された著書『ヒロシマ・トレーシーズ――時間・空間・記憶の弁証法』で米山リサは、日本の戦争・戦後責任に取り組む広島の日本人被爆者を紹介し、「被害だけを強調し、加害は省察しない日本人」というステレオタイプへの対抗言説とした。[27] 同様に、九六年、日本人女性による「慰安婦」問題への取り組みの欠如が批判されていたアメリカでレベッカ・ジェニスンは、富岡妙子と嶋田美子という、加害国の女性として「慰安婦」問題に取り組む二人の日本人アーティストを紹介した。[28] 本書も、日本軍「慰安婦」制度という性暴力を論じるにあたり、マイク・ホンダが言う「日系人へのリドレス」やそれに象徴される「アメリカの正義」ではなく、むしろ自国の加害という連結点を通してこれを問題化する在米アジア系研究者や作家に注目したい。本書は、そのようなアメリカによる世界正義の遂行の物語にくみすることを拒んだうえで、日本の戦争犯罪と植民地主義暴力を問うアジア系アメリカの人々の努力が、日本での歴史的正義の問題にどのように寄与しうるか、その可能性を探る試みである。

6　本書の構成

本書は、一九八〇年代の多文化主義台頭以降の北米で、日系とコリア系の人々が紡ぐアジア太平洋戦争の記憶と語りを、日本軍「慰安婦」制度と原爆投下、日系人強制収容に焦点を当てて読解する。第1部では、「慰安婦」制度という日本の軍事性暴力に対する「アジア系アメリカ」の応答を、日系と在米コリア系の研究者、政治家、運動家らを中心に検証する。

まず第1章では、二〇〇三年に刊行されたアジア系アメリカ学会誌「特集号」を取り上げ、日本軍「慰安婦」制度という戦時性暴力を「アメリカ」というもう一つの帝国的位置から言説化することに対し、在米のアジア系研究者がおこなった問いかけを検証する。七〇年代のアメリカで、ベトナム反戦運動とマイノリティの権利請求を基点に立ち上げられたアジア系アメリカ研究は、九〇年代に台頭したトランスナショナリズムやポストコロニアリズムといった理論との接合によって、「アメリカマイノリティ国民」としての自らを「有色人欧米主体（ウェスタナー・オブ・カラー）」という矛盾をはらんだ存在として認識し、それに伴って、帝国権力への参与や非西洋世界との関係性といった視点から自己を問い直すことを迫られた。第1章では、そのような動きの帰結として前掲の「特集号」を取り上げ、三人の若手研究者による問題提起が「学会特集号」として結実するにいたった背景について、九〇年代の北米で顕在化した欧米フェミニズムと帝国主義の関係や、そのなかでの在米アジア系の立ち位置などから考察する。

続く第2章と第3章では、「特集号」の問題提起を踏まえて、二〇〇七年に当時下院議員だった日系アメリカ人マイク・ホンダがアメリカ下院に提出した「慰安婦謝罪決議案」と、さらにその決議案を受けて一〇年頃から主にコリア系の市民団体によってアメリカの複数の都市に設置が始まった「慰安婦」追悼碑を中心に、日系とコリア系の政治家および活動家らの日本軍「慰安婦」問題に対する応答を検証する。ホンダは、「慰安婦」制度をはじめとした日本の戦争犯罪への謝罪賠償請求運動の熱心な支援者として知られるが、ここでは、ホンダの補償是正《リドレス》の言説の立て方、特にホンダが日本の戦争犯罪を、アメリカの正義や道義的優位性に則った啓蒙主義的言説を通して問題化することに、アメリカのなかにもある戦争暴力の問題を、他国の問題として棚上げにしてしまう危険や、マイノリティ政治家として正義を希求するホンダの努力と限界について考えたい。一方、「慰安婦」追悼碑の設置をめぐっては、前述のように、日本では設置を支持する賛成派と撤去を求める反対派しかいないかのように紹介されがちである。これに対して本書では、これまであまり紹介されてこなかった日系リドレス運動を担ってきた日系人を含む、日本の戦争責任には異論はないが碑の設置には矛盾した思いを感じるという北米日系人・日本人に焦点を当て、彼・彼女らがなぜそのような反応を示すのかについて、北米で日系人がたどってきた歴史や内在化を迫られた反日感情、移民一世や在外外国人が陥りがちな防御意識や居住国のレイシズムへの反発などの複数の要素から考える。また、「慰安婦」追悼碑を通して、公共の場で他国の戦争惨禍を記憶するという行為が内包しうるナショナリズム思考や、その結果として産出される不均衡で選別的な戦争記憶のありようについて、日本にも共通する問題として考えたい。最終的に本書では、在米「慰安婦」碑を、複数の（不）在の暴力を映し出す場として概念化を試みる。

第2部では、日系とコリア系作家による小説三作を取り上げ、文学テクストに刻まれた戦争記憶を読み解いていく。具体的には、前述した日本軍「慰安婦」を主題とする二つの在米コリア系小説に加え、カナダでの日系人強制収容を長崎への原爆投下と結びつけて描いたジョイ・コガワの『おばさん』（一九八一年）を読み、戦争暴力の想起に文学テクストがどのように介入しうるかを検証する。すなわち、一般読者を対象とする小説という言説媒体は、政治家としてのホンダや、公共物としての追悼碑の設置を推進する言説と同様に、国家における主流派の戦争記憶との交渉を必要とする。その一方で、文学テクストは制度的に曖昧さや両義性といった言説形態にも重きを置いてきた。第2部の四つの章では、三人の作家が、それぞれが居住する国家の支配的戦争記憶に寄り添いながら、それを切り崩す複数の暴力の記憶を連結させ、自身の小説のなかに支配的記憶とは異なる別様の物語を埋め込んでいく過程を見ていく。

第2部ではさらに、コリア系と日系の作家の戦争記憶を並列的に読むことで、「アジアの戦争」を相対化するとともに、在米コリア系作家が移民として定住したアメリカから「慰安婦」とされた女性らを悼む行為と、日系カナダ作家が同様に移民先の「非当事者国」カナダから被爆者を想起する行為の並列性を示したい。

第2部前半の第4章と第5章ではより具体的に、ケラーとリーの小説を対として読み、両作家が日本軍「慰安婦」制度とアメリカによる軍事加害や人種に起因する性暴力など複数の暴力を相互免責には陥らないかたちで連結させる努力と、それらが現在の日本でどのような可能性をもちうるかを考える。第5章ではさらに、リーの小説が「対日協力者」という、対植民地言説でのいわば「正しくない被害者」を主人公に据えていることに注目し、なぜリーがこの「被／加害者」が被った心的損傷を通して日本軍「慰安婦」制度という、植民地支配に起因する軍事性暴力を描いたのか、アメリカを基盤とするリーの問題提起の意味を検証する。(29)

第2部後半の第6章と第7章では、コガワの『おばさん』とケラーの『慰安婦』をセットで読み、多文化主義時代の北米でアジア系アメリカ・カナダ文学が出身国「アジア」と切り結ぶ関係について、両作家が描く「祖国の戦争」から考察する。一九八〇年代の北米を席巻した多文化主義という新たなパラダイムのもと、アジアを出自とする北米の人々にとって従来「切り捨て」の対象だった祖国アジアは、「連結あるいは回復すべき存在」へと変容した。第6章と第7章では、そのような多文化主義時代の北米を背景に、「祖国の戦争」を描くことの意味について考察する。北米に生まれ育ったアジア系の娘が語る「アジア」での母の戦争被害の物語を通して、両作家が、祖国での母の戦争被害を悼み、それを代言する言説行為の暴力性や領有性と向き合ったうえで、新たな語りを模索する過程を考察する。「多文化主義」はときに、国家が掲げる主流の価値観を脅かさないかたちでマイノリティをメインストリーム社会へ包摂する手段にすぎないとの批判を浴びてきた。ここでは、コガワとケラーがそのような多文化主義的他者表象に寄り添いながらも、それとは異なるかたちで祖国の惨禍を語り、母や母に象徴される祖国を主流国家には完全には統合されえない他者として、北米マイノリティ言説での国家言説や、北米主体としての娘の視点を揺さぶる存在として提示する点を検証したい。

7　太平洋横断《トランスパシフィック・ウォーメモリーズ》で見る戦争記憶

二〇一〇年、台湾の中央研究院主催のアジア系アメリカ文学研究ワークショップで、「太平洋横断《トランスパシフィック・ウォーメモリーズ》で見る戦争記憶」と名づけられたセッションが開催された。(30) 日本軍の中国侵攻によって母親が難民となり、アメリカへの移住を余儀なくされたハワイ在住の中国系アメリカ人詩人のウィン・テック・ラムによる「南京大虐殺」を主題とする激烈な詩の朗読がおこなわれたあと、会場の台湾人研究者から次のような発言がなされた。いわく、一九四九年に大陸を逃れた両親のもと、台湾で生まれ育ったシンヤ・ホワン（黄心雅）教授とその夫は、大陸との直接的関係はもたない。しかし、国民党時代に教育を受け、「南京大虐殺」に関する無数の逸話や詩、歴史に触れてきたホワン教授の夫は、家族に日本への渡航を禁じているのだという。この家族の逸話を「質問」として会場へ投げかけた意図を尋ねられたホワン教授は、解釈は聴衆に委ねたいと説明は控えたが、私には、ホワン教授のこの「問い」が、戦争加害の非道性――まさに南京大虐殺に具現される――を記憶することの重要性とともに、それが新たな憎しみを生み、同質化された「敵国」という他者を維持再生産してしまうことへの問題提起であるようにも思われた。戦争暴力を記憶することの絶対的必要性とそれが生み出す新たな危険は、言うまでもなく、現在の日本で喫緊の問題である。戦争の語りを国家間の新たな憎悪の火種とする危険に抗しながら、戦争暴力を語り継ぐための言説のあり方について、以下の複数の章を通して迫っていきたい。

注

(1)「元慰安婦テーマの写真展――会場に抗議 中止」「朝日新聞」二〇一二年五月二十四日付、新藤健一責任編集『検証・ニコン慰安婦写真展中止事件――日韓対訳』(vita SANGAKUSHA)、産学社、二〇一二年、一六ページ

(2)同書六ページ。なお、安の提訴を受けた東京地裁は、二〇一五年十二月、表現活動侵害の不法行為を認定する原告勝訴の判決を下した(ニコン「慰安婦」写真展中止事件裁判支援の会「判決報告」〔http://oshietenikon.net/〕[二〇一五年十二月二十八日アクセス])。その一方で、「慰安婦」問題研究の第一人者である吉見義明の著作を、根拠なく「捏造」と呼んだ桜内文城元衆院議員への名誉棄損訴訟について、東京地裁は、名誉棄損を認めながらも「無罪」判決を出している。高裁判決を含む詳細は、「吉見教授の控訴棄却 桜内元議員の発言めぐり」(「朝日新聞 DIGITAL」〔http://www.asahi.com/articles/ASJDG3QBBJDGUTIL010.html〕[二〇一六年十二月十九日アクセス])、「YOいっしょン」(〔http://www.yoisshon.net/〕[二〇一六年十二月十九日アクセス])ほか。

(3)ETV番組改変事件については、「特集 NHK番組改変と女性国際戦犯法廷」(「インパクション」第百四十六号、インパクト出版会、二〇〇五年)、メディアの危機を訴える市民ネットワーク編『番組はなぜ改ざんされたか――「NHK・ETV事件」の深層』(一葉社、二〇〇六年)、「戦争と女性へ

の暴力」日本ネットワーク編、西野瑠美子／東海林路得子責任編集『暴かれた真実NHK番組改ざん事件――女性国際戦犯法廷と政治介入』（現代書館、二〇一〇年）、池田恵理子／戸崎賢二／永田浩三『NHKが危ない！――「政府のNHK」ではなく「国民のためのNHK」へ』（あけび書房、二〇一四年）ほかを、『靖国』については、森達也／鈴木邦男／宮台真司ほか『映画「靖国」上映中止をめぐる大議論』（創出版、二〇〇八年）を参照。

（4）Julia Klein, "Tremors from the Enola Gay Controversy: An Argument for the Postmodern Museum," (http://aliciapatterson.org/stories/tremors-enola-gay-controversy-argument-postmodern-museum)［二〇一四年九月二十一日アクセス］

スミソニアン博物館の原爆展示をめぐる論争については、油井大三郎『日米戦争観の相剋――摩擦の深層心理』（岩波書店、一九九五年）を、スミソニアン原爆展と同年に首都ワシントンのアメリカン大学で開催された「原爆展」については"Hiroshima Exhibit Opens Quietly at a University" (*The New York Times*, Jul. 10, 1995.〔http://www.nytimes.com/1995/07/10/us/hiroshima-exhibit-opens-quietly-at-a-university.html〕［二〇一七年一月三十日アクセス］）ほかを、二〇〇七年の「全米原爆展」については、スティーブン・リーパー『アメリカ人が伝えるヒロシマ――「平和の文化」をつくるために』（〔岩波ブックレット〕、岩波書店、二〇一六年）を参照。

（5）米山リサ「核・レイシズム・植民地主義――「真実」と「和解」その〈差延〉のポリティクス」（坂本義和編『核を超える世界へ』〔「核と人間」第二巻〕所収、岩波書店、一九九九年）、米山リサ「記憶と歴史をめぐる争い――スミソニアン原爆展と文化戦争」（『暴力・戦争・リドレス――多文化主義のポリティクス』岩波書店、二〇〇三年）、米山リサ「「文化戦争」における記憶をめぐる争い――トランス・パシフィックの視座から」（矢口祐人／森茂岳雄／中山京子編『真珠湾を語る――歴史・記憶・教育』所収、東京大学出版会、二〇一一年）五七―六二ページを、英語論文については、Lisa Yoneyama, “For Tranformative Knowledge and Postnationalist Public Spheres: The Smithsonian *Enola Gay* Controversy” (in T. Fujitani, Geoffrey M. White and Lisa Yoneyama, eds., *Perilous Memories: The Asia-Pacific War(s)*, Duke University Press, 2001）, Lisa Yoneyama, *Cold War Ruins: Transpacific Critique of American Justice and Japanese War Crimes*（Duke University Press, 2016）, especially Chap. 5, “Complicit Amnesia: For Transformative Knowledge” を参照。

（6）前掲「核・レイシズム・植民地主義」二三五ページ。「「慰安婦」捏造説」は、「「慰安婦」は基本的に売春婦であり、日本軍および政府に責任はない」とする主張を指し、「原爆投下による日米アジア救済説」は、原爆投下によって地上戦が回避され、日本、アメリカ、アジアのすべてで多くの生命が救われたとする歴史観を指す。なお、日本軍「慰安婦」制度について、当事者のなかにいわゆる公娼や自ら志願した人々がいたことを否定する意図はないが、本書が問題としたいのは、「捏造説」支持派が「慰安婦」を「売春婦」と一元化し、それによって日本国家の責任や問題の存在そのものを無効化しようとする点である。

（7）前掲『暴力・戦争・リドレス』九四ページ

（8）同書八九ページ

（9）Yoneyama, “For Tranformative Knowledge and Postnationalist Public Spheres”、前掲「「文化戦争」における記憶をめぐる争い」。「真珠湾／プーロワ」については、前掲『真珠湾を語る』および Jon Kamakawiwo'ole Osorio, “Memorializing Pu'uloa and Remembering Pearl Harbor,” in Setsu Shigematsu and Keith L. Camacho, eds., *Militarized Currents: Toward a Decolonized Future in Asia and the Pacific*, University of Minnesota Press, 2010, pp. 3-14.

（10）発言は、エノラ・ゲイ号にも同乗していたチャールズ・W・スウィーニー元少佐のもので、前掲『暴力・戦争・リドレス』八九ページに引用。翻訳は米山による。

（11）同書。ただし、スミソニアン原爆展をめぐる論争が、「新しい知」をめぐるアメリカ国内の文化論争でもあったという米山の指摘も想起する必要がある。

（12）同書九二ページ

（13）蓮池透「被害者意識が増殖している」「朝日新聞」二〇一三年七月十三日付、朴裕河『和解のために――教科書・慰安婦・靖国・独島』佐藤久訳（平凡社ライブラリー）、平凡社、二〇一一年

（14）Wen Jin, "Toward a U.S.-China Comparative Critique: Indigenous Rights and National Expansion in Alex Kuo's *Panda Diaries*," in Paul Lai and Lindsey Claire Smith, eds., *Alternative Contact: Indigeneity, Globalism, and American Studies*, special issue of *American Quarterly*, 62(3), 2010, p. 742.

（15）Dorinne Kondo, "(Un)Disciplined Subjects: (De)Colonizing the Academy?," in Chuh and Shimakawa, eds., *op. cit.*, p. 33. 翻訳は引用者による。

（16）梁澄子「WHRサポーターズ・ニュースレター」二〇一四年八月二日号。尹美香「戦時性暴力被害者の解放を夢見て行動するナビ（蝶）基金」、「特集 性奴隷制とは何か」「戦争責任研究」第八十四号、日本の戦争責任資料センター、二〇一五年。「慰安婦」制度サバイバーの金福童が韓国政府におこなったベトナムへの謝罪要求については、李信恵「韓国の元慰安婦らが会見、ベトナム戦争時の韓国軍による性暴力問題……「政府が解決すべき」＝韓国」「サーチナ」二〇一四年三月十日（http://news.searchina.net/id/1526365）［二〇一七年三月一日アクセス］。

（17）山崎豊子『二つの祖国』上・中・下、新潮社、一九八三年

（18）例外として、米山リサが、本書第1章でも取り上げる韓国系アメリカ人研究者ローラ・ヒュンニ・

カンの論考を紹介し、カンが「アメリカにおける「慰安婦」表象に対して投げかけた批判的なまなざし」について論じている（米山リサ「批判的フェミニズムと日本軍性奴隷制――アジア／アメリカからみる女性の人権レジームの陥穽」、金富子／中野敏男編著『歴史と責任――「慰安婦」問題と一九九〇年代』所収、青弓社、二〇〇八年、二三五―二四九ページ）。

(19) たとえば、山口智美／小山エミ「米国の日本人や日系人コミュニティは、「慰安婦」問題をどう受け止めているのか？」（日本軍「慰安婦」問題webサイト制作委員会編、岡本有佳／金富子責任編集『〈平和の少女像〉はなぜ座り続けるのか』〔FJムック〕所収、世織書房、二〇一六年）など。

(20) これらは、二〇一六年と一七年に全米アジア系アメリカ学会に提出された「慰安婦」決議案への反応である。

(21) アメリカの「慰安婦」運動への支援者として知られる小山エミは、自身のブログで、アメリカが「慰安婦決議」を採択したり「慰安婦」像を設置したりすることについて、「わたしは積極的には支持しません。それは、米国にそのような立場を取る資格はないと思うからです。積極的に反対もしませんが……」と述べている。ただし小山は、碑が設置された理由として、日本による正式な和解がなかったことを挙げ、日本政府および社会の責任も鋭く問うている（「慰安婦問題についての自分の認識や考えをせっかくまとめたので掲載しておく。」〔http://macska.org/article/412〕［二〇一七年三月二日アクセス］）。日系カナダ社会重鎮の発言は、乗松聡子に引用されたカナダ・バーナビー市での「慰安婦像」設置に対するゴードン・カドタの反応を示す。乗松聡子「設置反対の運動で試される多文化共存社会――カナダで「慰安婦像」の動き」に引用。「週刊金曜日公式サイト」二〇一五年五月八日（http://www.kinyobi.co.jp/kinyobinews/?p=5166）［二〇一六年六月十四日アクセス］

(22) 前掲「批判的フェミニズムと日本軍性奴隷制」二四六ページ

(23) 吉田裕「戦争責任論の現在」、倉沢愛子/杉原達/成田龍一/テッサ・モーリス‐スズキ/油井大三郎/吉田裕編『なぜ、いまアジア太平洋戦争か』(「岩波講座アジア・太平洋戦争」第一巻)所収、岩波書店、二〇〇五年、一一八ページ

(24) たとえばホンダは、複数のインタビューや演説で、「我が国は、〔市民的自由法という〕明確かつ正式で揺るぎない謝罪を通して、過ちを是正することが可能だということを示したのです」と述べ、これをモデルに日本に謝罪賠償を呼びかけるとともに、「アジア女性基金」など、日本の謝罪の不完全さを強調している("The Japanese Apology on the 'Comfort Women' Cannot Be Considered Official: Interview with Congressman Michael Honda," Interview by Kinue Tokudome, *Japan Focus*, May 31, 2007.〔http://apjjf.org/-Kinue-TOKUDOME/2438/article.html〕〔二〇一五年十二月二十八日アクセス〕)。同インタビューの日本語版は、徳留絹枝/Honda Michael「米下院議員マイケル・ホンダ氏に聞く 日本の謝罪は正式なものとは言えません」(「論座」二〇〇七年六月号、朝日新聞社、七六―八二ページ)。ほかにも、マイク・モチヅキ「「忘れない」と言い続けよう」(「朝日新聞」二〇一四年八月六日付)など。

(25) Christian Appy, "70 Years Later, We Still Haven't Apologized for Bombing Japan," *The Nation*, Aug. 4, 2015; John Torpey, *Making Whole What Has Been Smashed: On Reparations Politics*, Harvard University Press, 2006.(ジョン・C・トーピー『歴史的賠償と「記憶」の解剖――ホロコースト・日系人強制収容・奴隷制・アパルトヘイト』藤川隆男/酒井一臣/津田博司訳〔サピエンティア〕、法政大学出版局、二〇一三年)。日系人への戦後賠償を規定した「市民的自由法」成立の政治的背景や、特にほかのマイノリティとの関係については、タカシ・フジタニ「日系アメリカ人への戦後補償」(前掲『歴史と責任』所収、二五六―二五八ページ)を参照。

(26) Aryeh Neier, "Hiroshima Visit with or without Remorse?," *The Daily Star* (Lebanon), May 24, 2016. (http://www.pressreader.com/lebanon/the-daily-star-lebanon/20160524/281749858592760)［二〇一七年三月一日アクセス］。日本語版は、アリエフ・ネイヤー「オバマ「広島演説」に世界の注目が集まるワケ――米国の責任をどこまで滲み出せるか」（「東洋経済オンライン」二〇一六年五月二十六日〔http://toyokeizai.net/articles/-/119556〕［二〇一七年三月一日アクセス］）。原文は「Hiroshima With or Without Remorse?」（〔http://toyokeizai.net/articles/-/119383〕［二〇一七年三月一日アクセス］）で参照できる。また、酒井啓子「被爆国と中東――痛みに違いはあるのか」（「思考のプリズム」「朝日新聞」二〇一六年六月八日付）にも引用がある。

(27) Lisa Yoneyama, *Hiroshima Traces: Time, Space, and the Dialectics of Memory,* University of California Press, 1999, especially Chap. 4. 邦訳は、米山リサ『広島 記憶のポリティクス』（小沢弘明／小澤祥子／小田島勝浩訳、岩波書店、二〇〇五年）。

(28) Rebecca Jennison, "Feminist Visions: Contemporary Women Artists Remember the War," paper presented at the Berkshire Conference on the History of Women, University of North Carolina, Chapel Hill, N.C., Jun. 7, 1996.

(29) Chang-rae Lee and Sarah Anne Johnson, "An Interview with Chang-rae Lee," *Association of Writers & Writing Programs,* May/Summer 2005. (https://www.awpwriter.org/magazine_media/writers_chronicle_view/2464/an_interview_with_chang-rae_lee)［二〇一六年九月二十五日アクセス］

(30) Special Session, "Transpacific War Memories," Asian American Studies in Asia: an International Workshop, Academia Sinica, Taipei, Jun. 4, 2010. このセッションの全過程は、以下のサイトで視聴可能である。"Special Session Part 1/16〜16/16," (http://www.youtube.com/user/ieasgovcc#p/u/30/

lqtXHC26K8g）［二〇二三年八月十日アクセス］

また、同パネル・セッションについては、以下の拙稿でも触れた。Rika Nakamura, "Reorienting Asian American Studies in Asia and the Pacific," in Gary Okihiro and Yasuko Takezawa, eds., *Trans-Pacific Japanese American Studies: Conversations on Race and Racializations*, University of Hawai'i Press, 2016, pp. 288-312. ラムの詩については、Wing Tek Lum, *The Nanjing Massacre: The Poems*（Bamboo Ridge Press, 2013）を参照されたい。

第1部　アジア系アメリカと「慰安婦」言説

——「日米二つの帝国」という語り

序　「特集号」・決議案・追悼碑——アジア系アメリカの三つの応答

第1部では、日本の戦争犯罪のなかでも特に、朝鮮人女性を対象とした日本軍「慰安婦」制度への「アジア系アメリカ」の応答を、主に日系とコリア系の研究者、政治家、運動家に焦点を当てて検証する。(1) 序章でも述べたように、現在日本で伝えられる在米アジア系の人々の日本軍「慰安婦」問題への反応は、往々にしてその多様性や複雑性が消失し、単純化されているというのが本書の提起である。第1部の三つの章ではこの問題意識にもとづき、二〇〇三年に刊行された「特集　韓国・朝鮮人「慰安婦」をめぐって」(「アジア系アメリカ学会誌(JAAS)」第六巻第一号、アジア系アメリカ学会。以下、「特集号」と略記)など、現在の日本ではあまり知られていないアジア系の反応について、「特集号」と、〇七年にアメリカ下院で可決された「慰安婦謝罪決議案」、さらに決議案の可決を受けて一〇年頃からアメリカの複数の都市で建立が始まった「慰安婦」追悼碑という三つの視点から検証する。

それに先立ってまず、「特集号」の発行母体でもある、在米アジア系研究者の学術組織・アジア系アメリカ学会でのあるエピソードを紹介したい。二〇〇一年三月、初の国外開催となったカナダ・トロント市での学会最終日、カナダの日系人強制収容をテーマとした小説『おばさん』で高い評価を得た日系カナダ作家ジョイ・コガワへの「学会ライフタイム・アワード」の授与式がおこなわれた。そのバンケットの席で、中年のアジア系男性が立ち上がり、次のような趣旨の発言をおこなった。我々北米のアジア系アメリカ人コミュニティは、第二次世界大戦時の日系人強制収容に対する補償是正《リドレス》を勝ち取った。北米アジア系の次の運動目標として私は、日本の戦争犯罪への謝罪と賠償要求を掲げたい。この問題に対して私たちのなかで意見が分かれている《ディヴァイズ・アス》ことは承知しているが、私はそう考える。(2)

この男性の発言は、北米アジア系の人々による日本の戦争犯罪への取り組みを考えるうえで、二つの意味で示唆に富んでいるように思われる。まず、日本への謝罪賠償請求を「アジア系アメリカ」のアジェンダとして捉え、日系人への戦後補償との連続性を強調する姿勢は日本でも馴染み深いものであり、実際、これを連結点とした日系人活動家と、在米コリア系を中心とした「慰安婦」制度への謝罪賠償要求運動の連携は、最近では、アメリカでの「慰安婦」追悼碑の設置というかたちで日本でも報じられている。(3)

その半面、前述の男性の発言にあった「私たちのなかで意見が分かれている《ディヴァイズ・アス》」という言葉は、「慰安婦」問題をめぐる北米アジア系の人々の応答が決して一枚岩ではないことを示すものでもある。事実、トロントでの学会の二年後に刊行された「特集号」は、「慰安婦」制度に代表される日本帝国主義に対する当時の在米アジア系の批判のありようを問うたものであり、それは、第2部で論じる、一九九〇年代に韓国系アメリカ作家によって発表された複数の小説と同様に、日本軍「慰安婦」性奴隷制度を日系人への戦後補償やそれに代表される「アメリカの正義」ではなく、むしろ「日米二つの帝国」という視点から捉える在米アジア系の努力を表すものである。

中野聡は、『歴史経験としてのアメリカ帝国』で、一九九〇年代の在米フィリピーノ・コミュニティで興隆した第二次世界大戦のフィリピン人退役軍人への補償請求運動について論じ、運動内部でせめぎ合う、愛国主義を通したアメリカ社会への訴えと、フィリピン人退役軍人が被った不平等をアメリカの植民地支配への批判を通して表出する複数の語りを紹介している。[4] 同様に、「慰安婦」制度へのリドレスを支持するアジア系アメリカ・コミュニティも決して一枚岩ではなく、そのなかにはアメリカ政府による他世界への軍事介入を厳しく批判してきた人々もいれば、「アメリカの戦争は、世界平和と民主主義のためにおこなわれた」と言い切る人々もいる。さらにこの二つを戦略的に使い分ける運動家もいる。また、「はじめに」で紹介したポンセや「特集号」への寄稿者らのように、日本の戦争犯罪を語るうえで「アメリカ帝国」という言説の場を検証する必要性を唱える者もいれば、在米アジア系の人々は日本の軍事加害ゆえにアメリカへの移住を迫られたのであり、彼・彼女らがアメリカという場から日本の戦争犯罪を問うことに何ら問題はないという者もいる。

第1部では、このような日本軍「慰安婦」制度への在米アジア系の一様ではない応答について、三章構成で検証したい。まず第1章では、アジア系アメリカ研究で、日本軍「慰安婦」制度の暴力性を「日米二つの帝国」という批判的視座から見ることを提起した「特集号」を取り上げる。同号は、二〇〇三年に新進気鋭の若手研究者として注目を浴びていた三人の日系とコリア系研究者が、当時の在米アジア系作家や運動家、政治家、研究者、アーティストらによる「慰安婦」問題への取り組みに対しておこなった問題提起である。第1章では、三人が提起した内容と、そのような問題提起が「特集号」として、当時のアジア系学会全体で共有されるにいたった歴史的・思想史的・理論的背景を検証するとともに、在米アジア系研究者にむけた「特集号」の呼びかけを、日本という言説空間で取り上げることの危険と可能性についても考えたい。

続く第2章では、日本でもよく知られている日系アメリカ人元下院議員のマイク・ホンダに焦点を当て、ホンダが二〇〇七年にアメリカ下院に提出した「慰安婦謝罪決議案」など、ホンダの日本政府への謝罪と賠償の呼びかけを見ていく。アメリカでの日系人への戦後補償と、アメリカ議会による日本政府への謝罪決議案という「二つのリドレス」に関わるホンダは、日米で賛否が激しく分かれる人物でもある。片方で、「慰安婦」の史実否定派による、特にネット空間を中心とした民族主義的なホンダ批判が跋扈するなか、ホンダ支持者の側にも、ホンダの言説を形成する啓蒙主義アメリカ・ナショナリズムや、日米の軍事加害への二重基準といった問題点への批判の欠如が見受けられる。第2章では、「特集号」の提起を通してホンダの謝罪の呼びかけを見直すことで、ホンダ支持者によって見過ごされがちなこうした問題群を検証するとともに、研究者や在野の運動家ではなく、マイノリティの政治家として不正義の是正に取り組むホンダの限界についても考えたい。

第1部最後の第3章では、ホンダの決議案を受け、二〇一〇年頃から在米コリア系の人々を中心にアメリカで建立が始まった「慰安婦」追悼碑をめぐる論争を取り上げ、碑の設置に対して特に在米日本人と日系人がどのように反応したかを見ていく。アメリカでの追悼碑設置に反対する人々については、日本軍「慰安婦」制度を捏造と主張したり、日本の戦争犯罪それ自体を否認したりする「否認派《ディナイアリスト》」や「歴史修正主義者」の存在がよく知られている。しかし、ここではむしろ「慰安婦」制度をめぐる史実や日本の戦争責任それ自体には異論がない——言い換えれば、日本国内やアジア諸国での碑の設置には賛成である——にもかかわらず、北米での碑の設置に反対を表明したり、あるいは相克する思いを抱いたりするという日系人や在米日本人に注目し、それらの人々がなぜそのような反応を示すのか、また彼・彼女らが賛成に回るための条件など、それらの人々との連携の可能性についても考えたい。第3章ではさらに、在米「慰安婦」碑を通して、「他国による戦争暴力」という、いわば「他者の加害」を記憶する行為それ自体についても、アメリカだけではなく日本にも共通する問題として考える。

注

（1）周知のとおり、日本軍「慰安婦」として徴集、拉致、連行あるいは就労詐欺の対象になったのは、朝鮮だけではなく台湾や日本内地、さらにはフィリピン、中国、ビルマ、現インドネシア、現東チモールといった日本占領下のアジア諸地域の主に女性たちだった（男性もいた）。ただし、本書の考察対象は、植民地朝鮮出身の「慰安婦」の女性に限定されることをあらかじめお断りする。

（2）アジア系アメリカ学会年次大会（Association for Asian American Studies annual meeting）、二〇一一年三月三十一日、カナダ・トロント市

（3）小山エミ「アメリカ「慰安婦」碑設置への攻撃」、山口智美／能川元一／テッサ・モーリスｰス

ズキ／小山エミ『海を渡る「慰安婦」問題――右派の「歴史戦」を問う』所収、岩波書店、二〇一六年ほか

(4) 中野聡『歴史経験としてのアメリカ帝国――米比関係史の群像』岩波書店、二〇〇七年

第1章　アメリカで日本軍「慰安婦」問題を言説化すること
――「特集号」の問いかけ

1　一九九〇年代アメリカの人種・ジェンダー・戦争記憶と「慰安婦」問題

本章では、アメリカという場で日本軍「慰安婦」制度という性暴力を言説化することをめぐるアジア系アメリカ学会の問題提起を、二〇〇三年の学会「特集号」を通して見ていく。

一九七九年に設立されたアジア系アメリカ学会は、移民一世やアメリカで生まれ育った在米アジア系（以下、アジア系と略記）の人々を研究対象（と多くの場合には研究主体）とする学術組織である。ベトナム反戦運動など、六〇年代の急進的な変革運動から生まれた「アジア系アメリカ研究」という領域は、研究と教育、アクティヴィズムの連携を重視するとともに、多種多様な出自をもつアジア系の人々の相互理解や連帯と、主流社会のアジア系への理解の促進を目的としている。北米国家内の人種マイノリティ研究という意味で、アジア諸地域を研究対象とする「アジア研究」とは異なっている。[1]さらに「戦争記憶」という点でも、アジア研究が、アジアの戦争を直接的な考察対象とするのに対して、アジア系アメリカ研究では、祖国や出身国での戦争体験を、移民として移り住んだ北米でどのように記憶するかが大きなテーマとなる。「特集号」で問題提起されたのも、まさにその点であった。

「JAAS特集号――韓国・朝鮮人「慰安婦」をめぐって」（原題 *On Korean "Comfort Women"*）は、韓国系アメリカ人研究者のキャンディス・チュウが客員編集委員長を務め、当時新進気鋭の若手研究者として注目を浴びていた三人のアジア系アメリカ人研究者――チュウ自身に加え、同じく韓国系でジェンダー研究を専門とするローラ・ヒュンニ・カンと、日系文化人類学研究者のリサ・ヨネヤマ（以下、米山リサと表記）――の論文によって構成されている。[2]米山の呼びかけによって開かれた全米アメリカ学会でのパネル・セッションから始まったという「特集号」は、新進の研究者による問題提起という意味で、二〇〇三年当時のアメリカ・アカデミア、特にアジア系アメリカ研究やフェミニズム研究での認識論的転回を色濃く映し出すものと言える。「特集号」の内容を具体的に論じる前に、まずそれが刊行されるにいたった歴史的背景、特に「慰安婦」制度に代表される日本の戦争犯罪をめぐる、一九九〇年代から二〇〇〇年代初頭のアメリカ社会について簡単に整理、確認したい。

一九九一年に金学順が「慰安婦」制度サバイバーであることを名乗り出たのを契機に、何人もの女性が同様の名乗りをおこない、日本軍「慰安婦」問題は国際社会の関心を集めるようになった。アメリカでも、サバイバーを招いた証言集会やコリア系を中心とした支援運動の広がりによって、九〇年代、日本軍「慰安婦」問題はアメリカ社会の大きな関心事になっていった。朝鮮人「慰安婦」に関する著作をもつ映像作家のデイシル・キム＝ギブソンによれば、それまで一部の人権活動家を除いてはほとんど知られておらず、かつ関心ももたれていなかった有色人女性への軍事性暴力[3]がアメリカ主流社会で大きな関心を集めた背景について、少なくとも次の二点が挙げられるだろう。第一に、五〇年代から六〇年代のアメリカで興隆した公民権運動や女性運動の進展によってもたらされた人種やジェンダーをめぐる人権意識の向上と、第二に、それとは一部相反して展開した、冷戦の終焉や第二次世界大戦終結五十周年を迎えたことをきっかけにした、アメリカでのアジア太平洋戦争期の日本の戦争犯罪への関心の高まりである。

　アメリカでの人種意識の高揚は、一九八〇年代にその一部が多文化主義として主流社会に取り込まれ、分岐点を迎えた一方で、ジェンダーについて言えば、同時期に噴出した非主流派フェミニズムによる主流派フェミニズムへの異議申し立てによって、第二波欧米フェミニズムは、その西洋・白人・中産階級・異性愛中心主義への自省を迫られることになった。実際、「特集号」の寄稿者の一人であるローラ・カンは、アメリカの主流派フェミニストによる「慰安婦」問題への取り組みは、当時彼女らにむけられていた白人中産階級中心主義批判に対する「名誉挽回のための有用な手段」(Kang 43) だったと述べている。そのような批判のなか、八〇年代にかけて主張されるようになった「グローバル・シスターフッド」の掛け声とも相まって、アフリカ諸国の「女子割礼」の風習

（いわゆる「女性器切除／FGM」）など、非西洋世界での女性の抑圧が主流派のメディアでも注目を浴びるようになり、さらに九〇年代初頭に勃発した旧ユーゴスラビア紛争での民族浄化の一手段としておこなわれたレイプなど、同時進行形で起こった戦時性暴力は、それと関連する日本軍「慰安婦」制度への関心を集める起爆剤となった。

その一方、一九九〇年代のアメリカ・アカデミアではこれと並行して、「第三世界フェミニズム」や「ポストコロニアル・フェミニズム」といった新たなジェンダー研究が勢力を拡大し、ジェンダーの非対称性を帝国支配との関係から見直す動きが広まっていた。(4)同時期の日本でも、たとえば「慰安婦」制度という、主に植民地や占領地の女性を対象とした軍事性暴力に対して、それを日本人女性に対するDV（ドメスティックバイオレンス）やレイプなど「女性への暴力」と一般化して理解しようとした日本の主流派フェミニズムに批判がむけられたことは記憶に新しい。(5)九〇年代のアメリカ・アカデミアでのフェミニズム研究のキーワードの一つは「人種・階級・帝国主義とジェンダーの交差」であり、その意味で、日本の植民地統治下の貧困層女性を搾取対象とした日本軍「慰安婦」制度は、それら鍵となる問題をすべて網羅する、当時のアメリカ・フェミニズム研究の関心に合致するテーマだったのである。

このように、ジェンダー内格差に注目が集まり、それまで周縁化されていた非西洋世界の下層階級の女性の抑圧に目がむけられるようになった一方で、一九九〇年代から二〇〇〇年代初頭にいたるアメリカ社会は、冷戦の終結を受けて日本の戦争犯罪への賠償要求が噴出した時期でもあり、さらに第二次世界大戦終結五十周年に際してスミソニアン原爆展など原爆投下の是非をめぐる論争が勃発し、それらと並行して日本の植民地支配やアジア侵略、戦争犯罪が大きく取り上げられた時期でもあった。アメリカでの日本軍「慰安婦」性奴隷制度の告発は、それまで周縁化されてきた植民地や占領地での有色人女性の性と人間性への深刻な人権侵害を是正する取り組みを示す一方で[6]、もう片方でそれは、原爆投下など別の人種暴力との相殺や、経済摩擦を背景に八〇年代のアメリカで吹き荒れたジャパン・バッシングの延長線上の「日本特殊主義」という文脈で言説化された、もう一つの人種化の問題をはらむものでもあった。そのような意味で、二〇〇〇年代初頭のアメリカでの日本軍「慰安婦」問題は、ある種の危うさと二重性を内包した人権侵害是正への取り組みであり、軍事性暴力の告発だったと言えるのである。

2　複数の暴力と批判的アジア系アメリカ研究

二〇〇三年、「アジア系アメリカ学会誌」の常任編集委員長だったトニー・ペファーは、「特集号」の前書きで、カルチュラル・スタディーズを基盤としたアメリカのアジア研究の先鋭的学術誌「ポジションズ」誌が一九九七年に組んだ「慰安婦」問題をめぐるもう一つの特集号「慰安婦――植民地主義・戦争・性[7]」に言及し、それを用いた自身の授業について次のように述懐している。

この授業は、私の教師生活のなかで最も成功したものの一つだった。生徒たちは「ポジションズ」誌に収められた一つ一つの論文を読み込み、アメリカという自らの視点の限界を超えて、被害女性やその家族に共感しようと――あるいは少なくともその体験を理解しようと――懸命に努めた。（略）それらの学生の多くは現在卒業を間近に控えているが、いまなお私の研究室を訪れ、「ポジションズ」誌について語るのである。（JAAS v）

ペファーはそのうえで、「JAAS特集号」は、この「ポジションズ」誌の取り組みを継承するとともにそれとは異なった方向性を探るものだと述べ、「ポジションズ」誌が「慰安婦」制度の埋もれた歴史を掘り起こし、賠償問題を提起するものだとすれば、「JAAS特集号」はそのような動きに内包される文化的意味を問う、「慰安婦」研究の進展における重要な一歩だと評価する（JAAS v-vi）。

実際、「JAAS特集号」が検証を試みたことの一つは、ペファーの学生が示すような、この問題に対するアメリカ社会の熱烈な反応と言えるかもしれない。客員編集委員長を務めたキャンディス・チュウは、特集号の目的について「序文」で次のように述べている。

この十年の間に、「軍隊性奴隷」という名称でも知られる「慰安婦」に関する情報は、米国の一般社会とアカデミアの両方で広く浸透した。「JAAS特集号」は、そのような現象に応答するものである。より具体的に言えば、ここに掲載された三本の論文は、合衆国でこの問題が一般社会に広く受け入れられたことの意味を問うとともに、在米アジア系のこの問題への

関心と関与《インタレスト》の意味を問うものである。(Chuh 1)

つまり、「JAAS特集号」は、日本軍「慰安婦」制度の暴力性を大前提としたうえで、「慰安婦」として動員された当事者の体験や歴史それ自体ではなく、むしろアメリカ社会や在米アジア系の人々が、それらの体験をどのように言説化し、受容したのかを検証するものと言える。チュウによれば、「JAAS特集号」は、アメリカを発信の場とした「文学やアート、学術、法律、政治、メディアなどの多様な言説で「慰安婦」がさまざまに表象されるそのあり方」(Chuh 1)を検証し、「慰安婦」制度に関する表象や知識の再生産をめぐる倫理や政治性を問うものなのである。[8]

実際、そのような「受容の検証」という視点から言えば、前述のペファーの授業で、それがたとえばベトナムや沖縄、イラクなどアメリカ自身の加害や軍事性暴力を問うものだったとしたら、ペファーのクラス全体が「慰安婦」制度の場合と同じような熱心さを示しただろうかという疑問は当然生じるだろう（言うまでもなく、同様の問題は日本にも当てはまる）。「慰安婦」問題以外から例を挙げれば、二〇一二年にタリバンによって襲撃されたマララ・ユスフザイと、同年にアメリカのドローン爆撃の被害を受けたナビラ・レーマンという二人のパキスタンの少女をめぐるアメリカ議会やメディアの対応の落差は――ユスフザイがオバマ大統領直々の歓迎を受けたのに対して、レーマンの聴聞会に出席したアメリカ人の国会議員はたったの四人だった――アルジャジーラなどの国外メディアや、アメリカ内の非主流派メディアによって痛烈に批判された。[9]

もちろん、レーマン一家をアメリカに招聘し、アメリカ議会での聴聞会を主催したのは民主党選出の下院議員（当時）アラン・グレイソンであり、聴聞会に出席した四人の議員やアメリカ議会の対応を批判したアメリカのメディアを含めて、自国の加害と真摯に向き合う少なからぬ数のアメリカ人の存在を否定するのではないことはここで強調したい。(10) その半面、「特集号」が問うのは、日本軍「慰安婦」性奴隷制度という重大かつ深刻な人権侵害と向き合い、被害者の尊厳の回復に努めることの重要性とともに、誰による誰を対象としたどのような暴力行為が、誰によってどのような注目を浴びるのかという、暴力被害の認知に関わる差異と序列化なのである。それはまた、自国以外が犯した加害行為への取り組みを「アメリカの正義」として無批判的に称揚する一部のアジア系アメリカ人の反応と、そのようなアメリカ・ナショナリズムへの盲目的な一体化によって、被害の格差が「正義」の美名のもと隠蔽される構造に自己省察を促す行為でもある（繰り返すが、同じ批判は日本にも当てはまる）。

　チュウはそのことを踏まえたうえで、「賠償正義の問題」を、アメリカ発の一義的な正義の行使やその礼賛ではなく、「慰安婦」問題によって可視化される「アジア太平洋、合衆国、アジア系アメリカという三角形に結ばれた」(Chuh 3) 地政学的な場が、複数の利害が入り交じった「乱雑な空間《メッシイ・スペース》」(Chuh 3) として立ち現れ、賠償正義の希求が、その地政学的領域のなかで「アメリカ化」というグローバリゼーションの政治や利害と「絡み合って提示される」(Chuh 3)、その構造に注意を促す。チュウは「特集号」の目的について、「慰安婦」制度という重大な人権侵害を、アメリカの正義という単純な一元論ではなく、「正義の実現にむけて考慮されなければならない果てしない多元性」(Chuh 4) と「複雑性」(Chuh 3) のなかで捉え、「批判的思考」(Chuh 3) にもとづいた「自己省察的なアジア系アメリカ研究の実践を推進すること」（Chuh 2）だと述べる。「特集号」は、アジア系の一部によるアメリカ・ナショナリズムへの無批判的な参与を問うとともに、複数の帝国主義とレイシズムが拮抗するなか、それらとの交渉を通して賠償正義の実現を希求するそのありようを提起するものなのである。

3　ポストコロニアリズムの問題提起とアメリカのマイノリティ研究

以上、「特集号」が全体として目指すところを簡単に俯瞰したが、それでは二〇〇〇年代初頭のアジア系アメリカ研究で、なぜこのような動きが出現したのだろうか。「特集号」の個別の論文について論じる前に、それが刊行されるにいたった思想史的背景を、一九九〇年代のアメリカ・アカデミアを席巻したポストコロニアリズム理論や、それがアジア系研究やフェミニズム研究といった領域に起こした変化を参照しながら概観したい。

まず「特集号」の寄稿者は、全員が一九九〇年代のアメリカで人文社会科学系の大学院課程を修了した世代である。言い換えれば、彼女らは前述のポストコロニアリズム理論や、同時期にそれと並行して噴出した欧米フェミニズムへの批判のただなかで、それらの洗礼を受けてアメリカのマイノリティ研究に従事した（おそらく）最初の世代だった。このことは重要に思われる。

たとえば、一九八五年にナイロビで開催された国連の世界女性会議などの国際女性会議の席上で、

「女性器切除」という非西洋世界の女性差別を告発した欧米フェミニストに対し、現地でこれら風習の廃絶に取り組んでいたアフリカの女性活動家たちが抗議を表し退席するという事例が多発した。個人的な回想になるが、私自身も九〇年代をアメリカの大学院で過ごし、複数のジェンダー関連の授業でそのような事例について繰り返し聞かされたことを記憶している。もちろんそこで批判の対象となったのは、「女子割礼」に代表される非西洋の性差別的文化風習を、欧米を規範とした一元的視点から奇異で野蛮なものとして一方的にまなざし、糾弾する批判のあり方であり、さらに欧米フェミニストを啓蒙あるいは救済主体として前景化するかたわら、現地の人々を「無力な犠牲者」や単純化された「悪」として客体化するその認知のありようだった。

「特集号」でチュウが、フェミニスト法学者のレティ・ヴォルプを援用しながら論じるように、「女子割礼」などの非西洋世界の性暴力に対してしばしば示される「非難を表す反応《コンデムナトリ・リアクション》」は、観察する側（この場合、欧米主体）を問題行為とは「無縁あるいはその対極にある者として定義」し、それによって自国文化内の同様の行為実践や相応物の存在を否定する効果をもたらす（Chuh 7）。チュウは、「慰安婦」言説でそのような「反応」は、アメリカ自身の軍事性暴力行為を他者へ投棄する行為になると批判するのである。

もちろん、誤解がないように強調しておきたいが、「女子割礼」をめぐって発せられたこれらの批判は、「女子割礼」を「アフリカの伝統文化」として西洋文化帝国主義から守るべきだと主張しているのではない。問われたのはあくまで、他世界での性暴力を自国のそれとは「無縁」の「異質なもの」とみなす行為であり、「女子割礼」がもたらす身体的・精神的暴力性を、文化的他者化には陥らないかたちで問う言説のあり方だった。一九九〇年代のアメリカのフェミニズム研究はその意味で、こうした他世界に生きる女性たちから発せられた逆帝国主義的批判に真正面から向き合い、応答したのであり、「JAAS特集号」もその対話的文脈のなかで生まれたということは、何より強調されなければならない。

実際、このような他世界へのまなざしをめぐる問いかけは、「女子割礼」を告発したアメリカの黒人小説家アリス・ウォーカーへの批判に顕著なように、欧米在住のマイノリティ女性にもむけられた。(11) 第2部第6章と第7章で詳述するように、北米アジア系の人々は、アメリカやカナダ国家内の人種的他者化の対象であると同時に、欧米中心的な価値観を内在化させ、その価値体系を通して他世界をまなざすという二重性をもつ。「女子割礼」をめぐって一九九〇年代のアメリカで起こった、アメリカのフェミニストと第三世界および非西洋の女性たちとの対話や論争は、北米マイノリティであるアジア系研究者にそのような「ウェスタナー・オブ・カラー（有色人欧米主体）」としての自覚を迫る出来事であり、「特集号」の取り組みは、その名指しへの応答のうえに立った日本軍事性暴力の批判なのである。

アメリカを拠点とするアジア系アメリカ研究は、一九七〇年代以後のスローガンだった「クレイミング・アメリカ」という、アメリカ主流社会への加入を最終到達点とする文化ナショナリズムの思想から、九〇年代にはグローバルな権力構造のなかでアメリカ国民としての自らの立脚点を検証するトランスナショナルな問題意識へと、一部重心を移行させていった。これに伴い、在米アジア系の人々も、自らを人種的「被抑圧者」としてだけでなく、非西洋世界に対する「有色人欧米主体」として、あるいは北米先住民に対する「有色人入植者《セトラー・オブ・カラー》」として複層的に再定義し、アメリカ帝国主義への関与を検証することを迫られた。(12)「特集号」は、そのような歴史的文脈で、アジア系の人々のアメリカ帝国主義への関与を自己省察すると同時に、「慰安婦」性奴隷制度という、日本帝国主義が植民地および占領下の（主に）女性に対して行使した性暴力と人権侵害を検証する試みなのである。

そこにはまた、二〇〇〇年代初頭、九・一一後の二つの対外戦争に伴うアメリカ政府へのラディカルな批判や、ベトナム反戦を礎とする同学会のオープンでポリティカルな雰囲気なども影響していたと言えるかもしれない。以下では、「一・五世」あるいは「帰米」というトランスナショナルなバックグラウンドをもち、それぞれに専門分野や方法論、考察対象も異なる三人の研究者によってなされた問題提起の内容を検証する。(13)

4 「不安を生じさせる知」——K・チュウと在米アジア系「慰安婦」言説での脱アイデンティティのポリティクス

「特集号」の客員編集委員長も務めたキャンディス・チュウは、アジア系とアフリカ系文学を専門とする一・五世の在米コリア系研究者である。一九九六年にワシントン州立大学でアメリカ文学の博士号を取得していて、理論家としても広く知られている。「アジア系アメリカ人」という「ナショナルな」主体の「トランスナショナルな」形成を、日系、フィリピン系、コリア系文学から論じた研究書『イマジン・アザワイズ』[14]（二〇〇三年）は、アメリカ学会ロラ・ロメオ賞を受賞した。メリーランド州立大学を経て、二〇一〇年にニューヨーク市立大学大学院教授に就任し、一六年には、全米アメリカ学会の次期会長に選出された。

在米アジア系の人々による「慰安婦」問題への取り組みを検証するチュウの論考「不安を生じさせる知――あるいは韓国・朝鮮人「慰安婦」とアジア系アメリカの批判的実践」（原題“Discomforting Knowledge, Or, Korean ‘Comfort Women’ and Asian Americanist Critical Practice”）は、二〇〇〇年に開催されたアジア系アメリカ学会全米大会でのパネル・セッションの回想から始まっている。それは、当時大きく注目を集め始めていた日本軍「慰安婦」問題について小説や自伝、オーラル・ヒストリーなどを通して接近するというものだったが、チュウが違和感を抱いたのは、会場が「徐々に情動的な空気に覆われていったこと」（Chuh 5）だという。チュウは、「感情が大きく揺さぶられるような強い共感反応」（Chuh 6）が起きるとき、「批判的な問いかけをおこなう能力や必要性が凌駕される」ことに危機感を抱き、「アジア系アメリカ」で「慰安婦」の表象が果たす「役割」は何であるのか、「「慰安婦」という存在に対して、我々アジア系アメリカ人が関心を投入することの意味」（Chuh 6）は何かを考える必要を強調する（そのような関心が「同じアジア人ゆえ」という本質主義では説明できないことは、たとえば沖縄系アメリカ人の間で基地問題が共感を得ないことからも推測できる。言うまでもなく「何と共感するか《アイデンティフィケーション》」は選別的で恣意的なものである）。

チュウは、フェミニスト法学者のレティ・ヴォルプを援用し、「暴力にさらされた女性の身体がフェミニズム言説を組織化し、団結させるための語法《トロープ》として作用する」（Chuh 6）ことの危険に言及するが、それは暴力への「抵抗」を示すための言説が、新たな情動的全体主義を生み出すことへの危機意識とも言えるだろう。たとえば現在の日本でも、イラクやシリアへの空爆によって惨殺される無垢な幼い少女の映像や、沖縄でのアメリカ兵による性暴力の犠牲者の表象など、そのような言説によって発生する強い情動的反応が、一方で社会変革を喚起する原動力になるとともに、もう一方では特にそれが他国の加害行為、すなわち自らを加害者として認知する必要性を迫られない場合、それは正義を旗印にした全体主義や、暴力を他者へ投棄する反米ナショナリズムなどに容易に反転しうる（沖縄でのアメリカ兵や軍属を加害主体とする性暴力について、沖縄にアメリカ軍基地を押しつけている日本国家がその加害の共犯もしくは主体であることは言うまでもない）。チュウが指摘するのは、そうした危険性なのである。[15] それを踏まえたうえでチュウは、アジア系の研究実践でどのような学問知が生み出されているのかを自己省察することが、政治的にも倫理的にも必要だと主張する。

より具体的に言えば、「特集号」論文でのチュウの関心は、「慰安婦」表象がアジア系文学言説のなかで果たす「役割」（Chuh 7）の検証にあり、その関心事としてチュウは次の二つの問題を提起する。第一は、「長きにわたるアメリカ的想像力のなかで「朝鮮・韓国《コリア》」がどのように語られ」（Chuh 7）、想起されてきたのか、その文脈のなかで「慰安婦」の表象を検証することであり、第二は、アジア系アメリカ研究という学問のありように関する問い、すなわち「社会正義の実現や前進を目指す」（Chuh 8）マイノリティ研究としてのアジア系アメリカ研究が「慰安婦」に関わるどのような知を生み出し、「変革的学問」（Chuh 8）を促進させうるかという問題提起である。第一に関連してチュウは、「慰安婦」に関するアジア系アメリカの語りの構成が、植民地朝鮮の解放を「「アメリカからの贈り物[16]」とする」(Chuh 8)一方で、「この「恩人」たるアメリカが「韓国を自らの新植民地とした[17]」事実を隠蔽する」(Chuh 7)アメリカ帝国主義の語りを補強してしまう危険を指摘する。チュウは、「日本帝国主義の征服の究極の形である「慰安婦」という存在が、アメリカの介入の正当性を下支えする一方で、アメリカ自身が行使する帝国主義を隠蔽し、アメリカ例外主義を再構築」(Chuh 7)する言説の一環として用いられることに注意を促すのである。

ここでチュウが指し示すのは、ジェンダー化された帝国主義の語り、すなわちガヤトリ・C・スピヴァク風に言えば、白人男性による第三世界救済の物語であり、ジェンダー正義がそのような帝国主義の語りによって下支えされる構造である。それは、非西洋他者の野蛮さと対をなすアメリカの道義的優位性を前景化するとともに、性暴力を文化的差異に還元し、非西洋文化を特別に父権的かつ抑圧的とみなす一方で、対照的にアメリカを「解放的主体」として構築する言説構造でもある。そのような語りは、一九九〇年代のアメリカで人気を博した「脱出記」的物語——抑圧された中国人女性がアメリカで自由を手に入れる小説や自伝[18]——の一群や、あるいはチュウ自身が言うように、二〇〇〇年代初頭、アフガニスタンでの女性の抑圧がアメリカの軍事介入の「理論的根拠として用いられた」(Chuh 8)構造にも通底する。チュウは、主流アメリカ社会による「慰安婦」問題への関心が、そのような「女性の抑圧」の政治利用と共振する危険を指摘し、その文脈のなかで「知識が生み出す目的と手段に対して慎重になること」(Chuh 8)の必要性を強調するのである。実際、チュウの警告は、アメリカ軍兵士の「野蛮」で制御不能な性に脅かされる沖縄人女性の抑圧を政治利用する日本政府や主流日本社会の語りにも当てはまるし、またそれについて、沖縄の「基地・軍隊を許さない行動する女たちの会」などが、沖縄でのアメリカ軍の性暴力を日本軍「慰安婦」制度との連続性から捉え、日本政府による「沖縄人女性の抑圧の政治利用」に抵抗していることも、ここで確認したい[19]。

アジア系「慰安婦」言説と「自己サバルタン化」という問い

このように、日本軍「慰安婦」性奴隷制度がアメリカの帝国主義やナショナリズムに寄与するかたちで言説化される構造を問うことがチュウの目的の一つだとすれば、チュウのもう一つの関心はアジア系アメリカ研究という「学問のあり方」それ自体にむけられる。チュウは、「社会正義の実現という目的に対して、アジア系アメリカ研究はどのような知の供給者となりうるのか」を問い、「変革的学問」を促進させることの重要性を強調するが、そこでチュウが特に自省を促すのは、レイ・チョウが「自己サバルタン化」と呼んだ、「研究者が弱者と自己同一化することで逆説的に学究的権力を得る」構造である。チュウは、アジア系研究が自らの「権力の欠如や被害を言説化することで研究制度内での領土拡張を可能としてきた」過程を振り返り、「慰安婦」として動員された他国の女性の被害を、在米アジア系研究者が権力拡大のために領有することに自戒を促す。チュウは、アジア系研究がマイノリティ研究として社会正義の実現を目指し、「権力の非対称性の是正を目的とする」のならば、知識人である自らが他者なる女性に対して行使する表象／代行の権力性を自覚することが必要不可欠だと述べるのである（Chuh 8）。

そのためチュウは、アジア系アメリカ研究が「慰安婦」をどのように「認識論的に客体化」してきたのか、「小説における特定の語りは、アジア系研究の批判的実践のありようや目的について何を教えてくれるのか」(Chuh 8) を問い、在米コリア系作家による小説が「『慰安婦』をどのように用いているかを検証する」(Chuh 9) ことが必要だと述べる。チュウは、小説が体験を映し出す透明な鏡のように受容される状況に疑義を投じ、言説としての「慰安婦」像、すなわち表象する側の関心《インタレスト》と関与を問う必要を強調するが、ここでチュウが文学研究上もはや常識になっていることをあえて繰り返すのには、二つの理由があるように思われる。

まず、チュウ自身が説明するように、アメリカの文学研究で「マイノリティ文学」は文学テクストとして考察の対象ではなく、「マイノリティの体験を学ぶ場」(Chuh 11) へ同一化される傾向が強いことが挙げられる。デビュー作の「小説」が「自伝」と銘打って出版された中国系アメリカ作家のマキシーン・ホン・キングストンの事例は有名だが[20]、日本という言説空間でも、たとえば村上春樹の小説が「日本人の民族体験」の証左として読まれることはまれなのに対し、それが柳美里だった場合、小説はしばしばその言説性を剥奪され、「在日体験」を映し出す透明な鏡へと等式化される。チュウは、マイノリティ文学への関心が「真正性《オーセンティシティ》」にばかりむけられていることを問題視し、小説での表象がどのような知を生み出すかの分析が必要だと指摘する。「慰安婦」をテーマとする小説についても、体験を知るためのオーセンティックな物語ではなく、「特定の表象がいかなる真実をどのように提供するか」、それが示す「ヴィジョンを検証」し、「ある特定の真実が正統性(真正性の証明) を獲得し、ほかの真実が棄却される」(Chuh 12) 過程や、さらにそれが賠償に関わるどのような認識とコンセンサスを作り出すのかを明らかにすることが、アジア系研究にとって重要だと述べるのである。

ここでのチュウの問いかけは文学テクストにむけられているが、表象する側の正義や目的に合致した「慰安婦」像が、言説として選別的に産出される過程は小説以外の表現媒体にも当てはまるだろう。「特集号」でローラ・カンは、「生々しくショッキングな形で提示される「慰安婦」女性の身体的かつ精神的被虐体験は、(略)個々のテクストや作品が、ある特定かつ特有でさえある文化的・認識論的文脈で形成されたという事実を覆い隠す」(Kang 26)と述べるが、実際、それら媒体に示される当事者の壮絶な体験は、それをテクスト分析の対象とすることへの不謹慎さを抱かせることも事実だろう。チュウやカンが指摘するのは、そのようなかたで「体験」が「言説」ではなく、神聖化された絶対的固定的真実としてあがめられ、表象者の意図が不可視化される危険であり、チュウがテクスト分析の重要性に力点を置くのはそうした理由からなのである。

脱アイデンティティと正義への取り組み

実際、小説などの「文学テクスト」は、描かれる対象との感情的一体化《アイデンティフィケーション》が生じやすい場であり、だからこそチュウはこれらのテクストの読解で、感情の投入やアイデンティティを基盤としたアプローチではなく、テクスト分析や制度批判をおこなうことの重要性を強調する。チュウは、不正義への補償是正《リドレス》を推し進めるうえでのアイデンティティの有効性、すなわち「「慰安婦」という名のもと認知可能な被害階級として統合された」(Chuh 10)当事者の存在が「正義を促進させるための政治的力を結集させる」(Chuh 10)原動力になると認めたうえで、「社会正義というプロジェクトを、犠牲者のアイデンティティを通して言説化することの限界とそこに潜む危険」（Chuh 10）を指摘する。チュウは、そのうえで、暴力被害を犠牲者の「アイデンティティ」ではなく、被害を生み出す行為や制度を通して考察する必要性を提唱し、たとえば差別一般でも、「女性だから昇進できなかった」や「中国人だから移民が許されなかった」といった、被害を社会的アイデンティティに還元する語りではなく、「性差別的制度ゆえに昇進ができなかった」や「人種差別法ゆえに移民が許されなかった」という、被害者を生み出す制度やシステムに責任主体を移行させることの重要性を主張している。それは、「軍事性奴隷制度という不当行為をリドレスの根拠として強調」し、「賠償請求の根拠を（犠牲者という）一見固定的で不変のアイデンティティではなく、損害を発生させた（制度的）行為に位置づけるリドレスの存在論を提起すること」であり、「「犠牲者」を生み出す複雑な状況を認識し、我々の批判的応答をそこに移行させる」（Chuh 11）必要でもあるとチュウは言う。

チュウは、「「慰安婦」をアイデンティティの範疇として固定する」ことは、被害者を表象可能な存在として「言説的に再植民地化する」（Chuh 10）ことに等しいと述べるが、チュウがアイデンティティの政治を忌避するもう一つの理由に、それにまつわる感情の動員があるように見える。暴力にさらされた女性の身体の表象がフェミニズム言説を統合し、情動的全体主義を生み出す危険については前述したが、アイデンティティを基盤とした語り――たとえば先述のチュウの事例を「慰安婦」制度に当てはめた場合の、「金学順さんは、朝鮮人女性であるがゆえに「慰安婦」にされた」――のほうが、そうでない語り――「金学順さんは、日本の植民地主義と軍国主義的父権制および民族差別ゆえに「慰安婦」にされた」――と比べて、より大きな感情的投資を呼び込むことは事実だろう（加えて言えば、非難感情と対立感情をも喚起しうる）。もちろん、「朝鮮人女性」（あるいは「沖縄人女性」）という具象性とそこにむけられる強い共感がリドレス促進の大きな原動力になることは強調されなければならない。その半面、それは「朝鮮人」や「沖縄人」、「女性」というアイデンティティを通じてより強く共感できる犠牲者に関心が向かうという傾向も生み出し、その結果、性暴力での自国の被害者と他国の被害者、男女の被害者など、被害者間での格差も生み出しうる。[21]

アメリカの社会学者ジョン・トーピーは、リドレス運動でアイデンティティの政治が強化されがちなことに触れ、その理由について、賠償請求の過程ではしばしば不法行為が「犯されたときの基礎となった差異のカテゴリーを（略）再度力説することが必要とな」り、それが現在の被害者および加害主体の末裔の間の「境界をいっそうはっきりと引く」傾向を作り出すからだと述べる。[22] しかし、たとえば「原爆投下」に関しても、一九四五年の八月に日本在住の日本人だったという意味で投下の対象《ターゲット》とはなりえても実際には被爆体験はなく、その後の運動にもほとんど関わっていない日本人もいれば、被爆者の支援に日本人よりもはるかに熱心にコミットしてきたアメリカ人もいる。[23] アイデンティティの政治はそのような複雑性や日本人以外の被爆者の存在、あるいは日本国内での被爆者差別など、「敵・味方」には単純化できない被・加害関係をときに不可視にしてしまう。それはさらに、日本政府やメディアによる「唯一の被爆国」言説や韓国での「慰安婦」言説の民族化のような、大多数の国民が体験していない暴力被害を国民的アイデンティティのもとに同質化し、「被害国」としての道義的優位性のアピールを生み出す危険もある（トーピーは、それを「犠牲者の競争」と呼んでいる)[24]。そこで被害を想起することは、最悪の場合、「集団への自己同一化の衰退を防ぐため」の手段へと矮小化されうる[25]。チュウが指摘するのは、その危険なのである。

チュウは、自身の論文を、「不安を生じさせる知」と向き合う必要性を提起して終えるが、ここでチュウが「不安《ディスコンフォート》」という、「慰安《コンフォート》」の対義語をあえて用いていることは重要に見える。それは、研究者が「慰安婦」という他者なる女性を客体化し、それによって学究的資本を獲得する過程を、兵士が「慰安婦」とされた女性から性的慰安を得る過程になぞらえ、兵士による性の搾取に対して研究者による被害体験の搾取を示唆するがゆえである。もちろんチュウは、「慰安婦」制度研究に携わる在米アジア系研究者の多くが、被害当事者のために研究をおこなっていることを否定するわけではない。そうではなくチュウは、彼・彼女らが自らの研究実践に対して不安を抱くことは、「慰安婦」制度のような「重大な不正義の是正を目的とするがゆえにこそ重要だ」と述べ、研究実践の過程で行使される対象への「認識論的客体化」が「自己欲のための搾取」とならないためにこそ、「不安」の感覚が「貴重」(Chuh 20) なのだと言う。ここでのチュウの提起は、川田文子など日本で「慰安婦」制度サバイバーの体験を言説化してきたジャーナリストによって発せられてきた不安や、洪玧伸が、「慰安婦」について「書くことの倫理」を自問した師・中原道子を引用しながら発した不安とも共振するように見える[26]。チュウが強調するのも、「慰安婦」制度という甚大な人権侵害に関わることから生じる「不安」の感覚の重要にほかならない。

5　L・カンと在米コリア系「慰安婦」言説での「アメリカ的主体」であることへの問い

問題にすべきは、対象との一体化《アイデンティフィケーション》によって得られるかに見える親近感や透明性だけでなく、それが覆い隠す批判的知でもある。（共有の）アイデンティティという認識論的な特権を手放すことで、逆に何が得られるのだろう。アジア系アメリカ研究におけるそのような努力の意味を、私たちはどのように評価し、理解すべきなのだろうか。

（ローラ・ヒュンニ・カン「JAAS特集号」三六ページ）

ローラ・ヒュンニ・カンは、ジェンダー研究とカルチュラル・スタディーズを専門とするコリア系研究者である。カリフォルニア大学バークレイ校を卒業後、一九九五年に同大学サンタクルーズ校で博士号を取得した。博士論文をベースとした研究書『組成上の主体／主題――アジアン／アメリカ女性を形象する』[27]（二〇〇二年）はアジア系アメリカ学会ブック・アワードを受賞している。韓国ソウル市で生まれ、幼少期に一家でアメリカに移住したカンは、十二歳から自宅の縫製工場で働きながら大学まで通ったという。[28]現在は、カリフォルニア大学アーバイン校人文学科で、ジェンダー・セクシュアリティ研究と比較文学の教鞭を執っている。最近の在米「慰安婦」リドレス運動との関連では、二〇一七年、サンフランシスコ市に設置予定の「慰安婦」碑の碑文から「加害主体」として「日本政府」という固有名詞が削除されそうになった際、カンは、そのような削除は犠牲者へのさらなる加害となるだけでなく、「現在進行形の性的搾取」の曖昧化にもつながるという理由で、これに反対する書簡に署名している。[29] 本章で紹介するカンの在米「慰安婦」言説への問いかけは、この大前提のもとに発せられていることを指摘しておきたい。

「「慰安婦」を呼び起こす――コリアン／アメリカの越境性における媒介された交友関係と規律化された主体／主題」("Conjuring 'Comfort Women': Mediated Affiliations and Disciplined Subjects in Korean/American Transnationality")と題されたカンの論文は、チュウと同様に、アジア系「慰安婦」言説でのアイデンティティと知識の再生産に関わる諸問題を検証するものである。[30] しかし、チュウが主にコリア系小説を考察対象としたのに対し、カンはより広く在米コリア系作家やアーティスト、研究者らによる文学、映像、アート、学術言説など多様な媒体を対象に、それらテクストで「慰安婦」がどのように言説的に「呼び起こされている」かを検証し、そこに見られる「命名と一体化、表象行為と知の創出」(Kang 26)の関係を分析する。なかでもカンが特に注意をむけるのは、在米コリア系女性の一部が、朝鮮人「慰安婦」に抱く強い民族的絆や共有のジェンダー・アイデンティティを基盤に「慰安婦」問題に取り組む姿勢と、そこに潜む陥穽である。カンは、「対象への強い親近感情によってよりよい表象が可能になり、さらにそれが被害当事者により大きな正義をもたらす」(Kang 27)という、彼女たちが前提とする「一体化と表象、正義」の三位一体性に疑問を投げかけている。

カンの論文が提起する問題は主に二点あり、まず前述のような在米コリア系「慰安婦」言説での対象との過剰な一体化への自戒と、次にそれと関連して「コリア系アメリカ」にとっての「アメリカ」という位置性の検証である。カンは、コリア系「慰安婦」言説で「表象と賠償の問題を共感的一体化《アイデンティフィケーション》から解き放つ」(Kang 27)ことが必要だと述べ、チュウ同様にアイデンティティの政治には依拠しないアジア系による「慰安婦」問題への関与のありようを模索する。その一方で、前述のようにチュウがアイデンティティに還元しないリドレスのかたちを提起したのに対して、カンは在米コリア系の人々のなかにあるもう一つのアイデンティティ、すなわち「アメリカ人」としての位置性と向き合うことを提起する。カンは、自身の論文の目的として「現代のトランスナショナルなダイナミズムのなかで、アメリカを「慰安婦」問題に関する表象と裁きの中心かつ特権的な場として位置づけるコリア系アメリカの動きを懐疑的な視点から見直す」(Kang 28)ことを挙げ、コリア系による「慰安婦」問題をめぐる正義の希求が「アメリカ」という場に依拠することの「限界と危険」(Kang 29)を自覚したうえで、それに抗するオルタナティヴな取り組みの必要性を強調するのである。

このようなカンの論文に見られるのは、二〇〇三年当時までに、在米コリア系の人々が「慰安婦」問題に関してアメリカで果たしてきた役割への両義性である。カンは、一九九〇年代初頭に日本軍「慰安婦」制度が国際的認知を得て以降、在米コリア系の人々が被害者への強い共感をもとに証言集会やシンポジウムを開催したり、文学、アート、研究論文などの媒体を通して「慰安婦」制度に関する知識の普及に努めたりすることで、この問題をアメリカ社会に浸透させた功績を高く評価する。しかしその一方でカンは、コリア系の人々が被害者に示す「強い絆」ゆえに「慰安婦」問題が「コリア系アメリカ」の問題となり、それがコリア系の人々に「権威」を付与する一方、「慰安婦」問題が、コリア系が関わる多様で異なる研究領域を「無条件で団結しうる唯一の事柄」(Kang 29) となったことに、ある種の危うさを表明する。なかでもカンは、コリア系アメリカ人女性の一部が民族やジェンダーを基盤に被害当事者との無条件の一体感を示すことに、他者の体験の領有の危険を指摘するのである。

チュウが指摘したリドレスとアイデンティティの政治に関連して、日本での被爆言説が、人種暴力の対象としての国民的同一性と、被害体験の非同一性を喚起することは先述した。カンがここで提起するのも、民族やジェンダーの同一性の過剰な強調によって、被害当事者との体験の非共有性や、当事者および被害体験との「埋めることができない距離」(Kang 27) が不可視化される危険である。実際、そのような被害当事者との「距離の大きさ」は、「在日の慰安婦裁判を支える会」の梁澄子や朱秀子、李文子など、当事者の宋神道と深く関わり支援運動をおこなってきた在日コリアンの運動家らによっても指摘されてきた。たとえば梁は、支援運動に携わった当初「同じ在日朝鮮人女性として」梁が日本で感じてきた「生き難さと共通するものが、何かあるのではないかと思っていた」ことを述懐したうえで、「慰安婦」制度という「国家による重大な人権侵害の被害者が抱える闇は、通常の体験しかしたことのない者にはとうてい知り得ないものであることを知った。私たちの運動は「知り得ない」ということを「知る」ことから始まった」と述べ、「慰安婦」制度サバイバーとしての宋の体験と、日本での通常の民族差別との差異を強調している。(31)

だからこそカンも、本節冒頭の引用に示されるような共有のアイデンティティには依拠しない「慰安婦」問題の表象やリドレスのありようを追求し、共感的一体化ではなく、むしろ当事者と「慎重な距離を置くこと」(Kang 46) で得られる表象や追悼のあり方を提起するのである。その実践例としてカンは、コリア系視覚芸術家のヨンスン・ミンが、不着用の韓服を通して不在の「慰安婦」像を「呼び起こ」し、それによって単一的イメージには固定できない被害者の複数性や表象不可能性、さらにアーティストや観者にとっての「慰安婦」という対象の「知りえなさ」を表現していることを高く評価する (Kang 34-5)[32]。

他者の暴力とリドレスの呼びかけ

カンが在米コリア系女性に対して「アメリカ的主体」としての自覚を促すのは、被害者との共有性ではなく、差異を自覚することで得られる視座を重視するためだということは前述したが、そのようなカンの批判は、人種マジョリティである日本人がおこなうことが多い、日本の日系アメリカ研究にも当てはまることを、ここで指摘しておきたい。前述のようにカンは、在米コリア系女性が、自らの体験ではない「慰安婦」性暴力を「自身の物語」(Kang 42) として、被害者と一体化して語ることの危険を指摘するが、同様の問題は、日本での「日系人強制収容」や原爆投下といった、日本人の大部分は体験していないにもかかわらず、ある種「共有の人種暴力」として、民族性にもとづく共感の対象として言説化されがちなそれら事象にも当てはまるからである。カンが自省を促すのは、そのような体験の差異と共感的一体化との乖離なのである[33]。

実際、カンは、在米コリア系女性が「慰安婦」制度の被害者に対して抱く強い共感は、共有の民族性よりも、むしろアメリカでのダブル・マイノリティとしての彼女らの位置性に由来すると述べる。カンは、「コリア系アメリカ人は、人種差別的社会で生きているからこそ、〔「慰安婦」の：引用者注〕問題をとても身近に感じるのです」（Kang 31）と話す在米コリア系女性の言葉を引き、日本帝国主義のもと「慰安婦」として動員された朝鮮人女性への人種とジェンダーの複合的暴力が、同様にマイノリティ女性として「人種差別的社会に生きる」在米コリア系女性にとって共感を生じさせるのだと説明する。カンによれば、これらのコリア系女性の「慰安婦」問題への取り組みはそのため、「アメリカ国内の人種および性的客体化の抑圧的過程に対して声を上げる」（Kang 32、傍点は原文）ことを意味するのだという。

だとすれば、カンが提起するのは、在米コリア系女性が自らの人種・ジェンダー体験を他世界という文脈に置換し、自身の被害意識を他者へ投射して語ることから生じうる問題でもあるのかもしれない。その点で、カンが、在米コリア系による「慰安婦」問題への取り組みに対し、次のような警鐘を鳴らしていることは意義深い。

> もし私たちの強い関心が「他国」の「過去」の出来事へむけられることで、「現在」の「ここ」〔アメリカ：引用〕で、私たち自身が、困惑しながら不完全なかたちで関わっている事柄や、それらとの関わりから生じる可能性や落とし穴を忘れ去ってしまうのであれば、私たちは、在米コリア系による「慰安婦」問題への取り組みが、「他国」の「過去」へ強く引きつけられる

ことに抗わなければならない。（Kang 47）

ここでカンが注意を促すのは、「現在」の「ここ」での自らの問題を、より安全な他者や他世界へ投影して語る際に起こりうる単純化や理想主義という「落とし穴」であり、言い方を換えれば、人種・ジェンダー暴力を「現在」の「ここ」での自身の問題として捉えたときにはじめて見えてくる、現実の複雑さや困難と向き合うことの重要性である。それはチュウが言う「乱雑な空間《メッシイ・スペース》」（Chuh 3）とも共鳴し、一元的な正義では解決できない複雑な現実のなかで、それへの抵抗のあり方を模索する必要でもある。そのような複雑な現実と対応しながら問題解決に取り組むことの必要性は、前述の「女子割礼」をめぐる論争でも提起された。「女子割礼」という性暴力の即時廃絶を訴える欧米フェミニストに対して、摂食障害や美容豊胸手術など欧米社会に存在する問題も即刻解決することが困難だと自覚するべきだと訴え、そうすることで、他者の問題を批判する際に陥りがちな単純化や一方的正義の押しつけを自省し、他者の複雑な現実を尊重しながら問題解決に取り組むことの重要性が再確認されたことは想起する価値がある。

そこで問われたことの一つは、自らを絶対的正義と位置づけ、そこから他世界の人々を一方的に啓蒙したり叱責したりする欧米先進国の姿勢だが、その意味で、二〇一五年にアメリカの日本研究者によって発表された「日本の歴史家を支持する声明」（以下、「声明」と略記）が、日本軍「慰安婦」制度と、欧米諸国の「人種差別［や］植民地主義と戦争、そしてそれらが世界中の無数の市民に与えた苦しみ(34)」を並列化し、それら不正義への補償是正をめぐる共通の困難に言及していることは重要に見える。声明への賛同者の一人アンドルー・ゴードンは「毎日新聞」のインタビューで、「声明」に署名したことで受けた批判を、学生時代に「ベトナム戦争に反対して「反米」と言われた」体験と重ね合わせ、日本批判に際して「私たちが高いところからものを言っていると見られないこと」が「重要だった」[35]と述べている。「声明」が示すのは、まさにそのような「高いところから」の啓蒙や叱責を回避したうえで、不正義の是正を呼びかける言説のありようなのである。

国際政治学者の大沼保昭は、これに対し、「声明」を評価しながらも、そこに「日本と同じように現代史の罪を背負う彼らも努力するという気持ちがもう少し示されれば[36]」と述べている。その意味では、前述のようにカンが、「「現在」の「ここ」「アメリカ」で、私たち自身が、困惑しながら不完全なかたちで関わっている」(Kang 47) 問題に言及していることは重要である。米山リサは、近年アメリカで開かれる日本の戦争犯罪や「世界正義」をテーマとする研究集会で、若い世代のアジア系アメリカ研究者から、日本の戦時加虐行為をアメリカによる現在進行形の戦争やそこでの加虐行為に結びつける必要性が提起されると述べている。[37]これに関連して、近年の在米コリア系研究の主な関心が、アジア太平洋戦争から、コリア系がアメリカ帝国主義とより複雑に関わる朝鮮戦争へと移行していることや[38]、「アメリカ市民として」沖縄のアメリカ軍基地撤去をアメリカ政府に呼びかける運動を主導してきた沖縄系アメリカ研究者のウェスリー・ウエウンテンが、「戦争花嫁」などアメリカ軍関係者が多数を占めるサンフランシスコの沖縄系コミュニティで、在沖アメリカ軍基地撤廃運動への共感を得ようと努力しているがそれが難しいと語っていることも注目に値する。[39]このように、在米アジア系の人々が、「現在」の「ここ」アメリカで、自らの「不完全」で困難な取り組みを通して他者の努力を見つめ、両者を結びつけることで、共通の努力の道を模索していることこそ、カンが述べていることなのである。

暴力の告発と救済の場としてのアメリカ——「慰安婦」および拉致言説との関わりから

以上述べてきたように、カンは、在米コリア系女性が「アメリカ的主体」として「慰安婦」問題と向き合うことの重要性を強調するが、そこでカンが自己省察を促すのは、「慰安婦」制度という暴力を告発し、それへのリドレスを求める過程で起こる別種の暴力や権力構造への加担である。カンは、在米コリア系女性が自身に内在する無意識的な欧米的思考を自覚し、「慰安婦」問題に関する自らの視覚や表象行為がどのように西洋主義的な認知様式に依拠しているかについて、自省を促している。

このようなカンの批判は、「慰安婦」をテーマとしたコリア系小説に内在するアメリカのナショナリズムにもむけられる。カンは、これらの小説に通底する、出身祖国の凄惨な過去を想起することで得られる「アメリカ的自己」というテーマに、アメリカ主流言説が構築してきた「さまざまな民族的主体が、［祖国の］追憶や表象行為に携わることが可能となる場」（Kang 33）としての「アメリカ」を見、その基盤をなす「アメリカ国家」像を指摘する。カンは、在米コリア系による「慰安婦」言説が、アメリカをそのような特別な地として定義する「アメリカ例外主義」を下支えし、アメリカの入植者ナショナリズムに無批判的に加担することへの自己省察を促すのである（これについては、在米「慰安婦」碑に関連して、第3章でさらに論じる）。

カンは、アメリカ政府が、日本軍戦争犯罪の「「犠牲者とその苦しみ」を包み込」み、「正しい未来の保証人」としての自身の役割を「自画自賛」するさまに言及し、コリア系アメリカによる「慰安婦」問題への取り組みもまた「私たちを、「慰安婦」問題のアメリカ化に寄与しうるアメリカ的主体として指し示すことはないのだろうか」(Kang 41、傍点は原文)と問う。カンが批判する、「犠牲者とその苦しみ」を包み込」み「正しい未来の保証人」を自負するアメリカの役割について、本節では最後に、日本自身がこのようなアメリカ像を支持した例を挙げ、その非対称性を指摘したい。二〇〇七年、「拉致被害者」横田めぐみの母・早紀江が、拉致問題解決の支援を求めてアメリカ大統領ジョージ・W・ブッシュと面会した。面談では、当時十三歳だった娘を北朝鮮政府によって拉致された横田一家の「苦しみ」に耳を傾け、北朝鮮政府による人権侵害を糾弾し、解決にむけて「働きかけを強め」ることを約束した、言わば「正しい未来の保証人」としてのブッシュ・アメリカ政権の姿が示されたという[40]。

アメリカでの「慰安婦」碑設置をめぐる論争が示すように、日本で「慰安婦」問題へのアメリカの介入を批判する声は多い。その半面、右に述べたように、拉致問題に関しては、「非当事国」であるアメリカ政府へのロビー活動や、あるいは「慰安婦」制度という人権侵害を記憶するためにアメリカで追悼碑が建立されたのと同様に、「拉致の実態をアメリカの人々に知ってもらう目的で」アメリカ・カナダ人監督夫妻によって製作されたアメリカ映画『めぐみ――引き裂かれた家族の三十年』(監督:クリス・シェリダン/パティ・キム、二〇〇六年)が制作されるといった、拉致問題への「アメリカの介入」がなされているが、それを批判する声は「慰安婦」問題への介入に比べてはるかに少ないことも事実である。しかしながら、「慰安婦」制度という人権侵害に関し、コリア系の人々が「非当事国」アメリカにはたらきかけるのを批判するのならば、拉致に関しても同様に批判されたり自省が求められて当然だろう。あるいは、米山リサが言うように、多くの日本人が拉致被害者家族にむける共感を、「日本軍によって同じように強制的に連れ去られた」「慰安婦」制度サバイバー女性たち——そのなかには十三歳の少女もいた——の家族にむけたり、「娘や妻を突然失った両親や夫の絶望の、また、娘や妻を永遠に捜しつづけ、待ちつづけた家族の苦悩の日々[41]」に思いを馳せたりすることも、また必要なのではないか。在米コリア系の人々による「慰安婦」問題への取り組みに対するカンの自己省察を、日本という言説空間で受容する際に求められるのは、カンが示すのと同様の自己省察であるように、私には思われるのである。

6　L・ヨネヤマと「日本の戦争犯罪のアメリカ化」の両義性

「特集号」寄稿者のうち唯一の在米日系研究者であり、「特集号」のもとになった二〇〇一年の全米アメリカ学会でのパネル発表「「慰安婦」を批判的に位置づける／引用する」の提案者でもあるリサ・ヨネヤマ／米山リサは、アメリカ・イリノイ州で生まれ京都で育った「帰国子女／帰米」である。上智大学大学院を卒業後、スタンフォード大学で博士号を取得した。博士論文をベースとし、日本語にも翻訳された『ヒロシマ・トレーシーズ』（一九九九年）や、タカシ・フジタニらとの共編著『危機にさらされた／危険を生み出す記憶――アジア太平洋（諸）戦争[42]』（二〇〇一年）、日本語で出版された『暴力・戦争・リドレス』（二〇〇三年）など、アジア太平洋戦争の記憶と歴史表象、補償是正に関する多くの先鋭的な著作は、アメリカだけではなく日本、韓国、台湾などのアジアの研究者にも多大な影響を与えてきた。カリフォルニア大学サンディエゴ校を経て、現在はトロント大学教授である。一六年には『冷戦の廃墟――アメリカの正義と日本の戦争犯罪への太平洋横断のクリティーク[43]』が刊行された。

チュウとカンが、主に在米コリア系作家や研究者、アーティストらによる「慰安婦」の表象とその問題点に焦点を当てたのに対し、「旅する記憶・感染する正義――ポスト冷戦の終わりと日本の戦争犯罪のアメリカ化」（原題 "Traveling Memories, Contagious Justice: Americanization of Japanese War Crimes at the End of the Post-Cold War"）と題された米山の論考[44]は、司法や立法も含めた在米アジア系にとっての「対日リドレス」の意味を、その危険だけではなく可能性にも着目しながら考察する。米山は、冷戦終結後、それまで主にアジアで展開されてきた第二次世界大戦の対日賠償請求が「急速に合州国の司法と立法を巻き込」み、「日本の戦争犯罪や人道に対する罪への関心」が、「新たに「アメリカの」関心事となってきた」（Yoneyama 58）過程を注視する。米山は、そこで在米アジア系の人々が、アメリカ発リドレスの代理主体として立ち上がることの危険と可能性を、立法、司法、文学などの諸言説から検証するのである。

米山の論考は、米山が「日本の戦争犯罪のアメリカ化」と名づけた言説的過程を考察するものであるが、米山によれば、そこには複数の「アメリカ化」と、それに伴う対日戦争の記憶がある。まず、アメリカを人権や正義の擁護者と規定する「世界正義のアメリカ化」の過程で、アメリカの支配的な戦争記憶は、対日戦争を「日本国民も含めたアジアの人々を日本の軍事的圧政から「解放」」(Yoneyama 58) し、日本に戦後民主主義と経済的繁栄をもたらした「よい戦争」として、アメリカ国家が布置する「解放と治癒・更生《リハビリ》の帝国神話」(Yoneyama 58-59) を補強するものとして想起される。それに対して、近年アメリカ内で「重要な地位を占めるようになった」(Yoneyama 60) 在米アジア系の人々によって体現される対日戦争記憶のアメリカ化は、「日本の残虐行為をめぐる記憶」が、アジア系移民を通して「アジアから合州国の主流のナラティヴへと移行する、いわば旅する戦争の記憶がもたらした」(Yoneyama 60) 帰結である。米山は、この「アジア」を発生源とする、アメリカの軍事的関与にまつわる「矛盾に満ちた」(Yoneyama 69) トランスナショナルな記憶が、アメリカでのアジア系の人々の国民化、すなわち三つ目の「アメリカ化」の過程を通して「合州国の「解放とリハビリ」の帝国神話を是認するかたちで接収」(Yoneyama 61) される危険と、同時にそれがアメリカ社会の支配的戦争記憶に亀裂を生じさせる可能性の両面を指し示すのである。

　米山は、「米国におけるリドレスの言説は、概ね、合州国のナショナリズムによって譲歩させられているものの、アジアン／アメリカが必然的に提示するトランスナショナリティの矛盾から逃れることはでき」(Yoneyama 57-58) ないと述べ、アメリカの人種マイノリティとしてのアジア系が、国民化と規律化の危険にさらされながらも、日本の植民地支配がもたらしたさまざまな暴力を、アジア系がもつトランスナショナリティに由来する記憶の多元性や余剰、両義性から可視化し、アメリカ自身が行使する帝国主義暴力や人種暴力と結びつけるかたちで「歴史的正義の問題を語り直す」（Yoneyama 74）可能性を提示する。換言すれば、米山の論考は、そのような在米アジア系によるリドレスのかたちと可能性を提起するものなのである。

戦争記憶のアメリカ化の可能性と陥穽――カリフォルニア州の修正州法

このような意図で展開する米山の論考がチュウやカンと大きく異なるのは、米山が「日本の戦争犯罪のアメリカ化」に、問題点だけでなく可能性も見ていることである。たとえば米山は、アメリカでの対日企業訴訟を可能とした一九九九年のカリフォルニア州民事訴訟法の修正（以下、修正州法と表記）を検証し、それが白人のアメリカ人元捕虜のみならず、日本による強制労働のサバイバーとしての在米アジア系の人々も対象とすることを高く評価する。米山は、それまでナチズムに限定されていた賠償請求の範疇を、日本を含む同盟国とそれを支えた組織や個人に拡大させたこの修正州法が、サンフランシスコ講和条約や日韓基本条約など、戦後補償を「決着ずみ」とし、補償請求への障害となってきた国際関係上の「行き詰まりを打開する手段」（Yoneyama 64）を提供しうると述べ、州法が「補償問題の法的解決を求める人々にとってオルタナティヴな回路を差し出す」（Yoneyama 64）意味を評価するのである。

米山はまた、対日提訴がメディアを通して伝えられることで、日本の戦争犯罪に関する知識が拡散され、アメリカでのこの問題への周知が図られるとともに、「慰安婦」性奴隷制度など、東京裁判では十分に問われなかった戦争犯罪に対しても政治的解決への機運が高まることを期待する。そして、これらのアメリカ主導による対日賠償の動きを批判する声に対しても、戦後五十年もの間、日本政府が適切な賠償をしてこなかったことがアメリカの介入を招いたと指摘し、その責任について自省を促すのである（Yoneyama 84）。

米山はこのように修正州法を評価するが、その一方で問題点も指摘する。たとえば州法が白人アメリカ人元捕虜とアジア人犠牲者を等式化し、それによって日本の戦争犯罪から植民地支配やレイシズム、戦後賠償での白人アメリカ人元捕虜とアジア人犠牲者の間の差別や格差をかき消してしまうことを懸念する。米山は、そのような消去は、日本が「アジア人に対して犯した数々のアトロシティを、「人道に対する罪」として把握できなかった」（Yoneyama 67）東京裁判の問題を反復するものにほかならないと言い、それがアメリカや連合国による日本の戦争犯罪の処罰それ自体内包した「西洋中心主義」という問題を曖昧化させたことを批判するのである。

米山の批判は、概括すれば、次の点に向けられているように見える。すなわち、主流アメリカ社会が、修正州法を通して在米アジア系の人々を新たに日本の戦争犯罪の被害者として認知し、賠償請求の有資格者グループに包摂する一方で、日本の戦争犯罪を規定した東京裁判の人種論理や力学——すなわち、東京裁判で「慰安婦」制度を含む大多数のアジア人の被害を不可視化した「選別的で不均衡で人種化された「人間性」の概念」（Yoneyama 66）や、戦争犯罪の裁定での西洋中心主義——は、自省も脱構築もされることはない。それは、アメリカ社会が日本の戦争犯罪被害者のカテゴリーを再定義し、拡大化する一方で、第二次世界大戦をめぐるアメリカの支配的記憶や「歴史的知のパラダイム」（Yoneyama 67）は自省も変容も迫られないという、脱構築なき拡張に対する批判でもある。

米山は、アメリカ社会における対日戦争の支配的記憶からは、冷戦下のA級戦犯の免責や、七三一細菌戦部隊についての隠蔽工作など、アメリカ政府による事後共犯の問題が欠落し、「アメリカ人はあくまでアジア太平洋諸地域に民主主義をもたらすために自己犠牲を払った英雄的な殉難者、解放者」(Yoneyama 67)としてのみ表されると述べる。米山が問うのは、そのような「アメリカの支配的な記憶を背景」(Yoneyama 67)に日本の戦争犯罪を裁くことが、リドレスの主体であるアジア系の人々にとって何を意味するかなのである。

「市民性の配置転換」と戦争記憶の多文化主義化

実際、脱構築なき包摂という、伝統的多文化主義と強く関連づけられ批判されてきた問題は、米山が考察対象とするもう一つの立法措置、すなわち修正州法と同年に当時カリフォルニア州下院議員だった日系人マイク・ホンダによって提出された両院合同決議二十七号にも当てはまる。同決議は、日本政府に対して第二次世界大戦の戦争犯罪への謝罪と補償を求めたものだが、そこで決議が想起した被害者は、アメリカの支配的な戦争記憶では「馴染み深い、日本軍に虐待される飢えた」(Yoneyama 68)アメリカ人捕虜だけでなく、南京大虐殺や強制労働、「慰安婦」制度など、日本の軍事的、植民地主義的暴力にさらされたアジア人でもあった。合同決議はその意味で、賠償請求の受益者をナチズムの被害者から日本の軍国主義の被害者へと拡大した前述の修正州法と同様に、合衆国で「誰が、そして何が、米国のナショナル・ヒストリーの不可欠」(Yoneyama 67)かつ正統な要素として認知、表象されうるかを示す、アメリカでの「市民性の配置転換」(Yoneyama 68)と、戦争記憶およびリドレスの多文化主義化を表すものである。

その一方で合同決議は、修正州法と同様に、主流アメリカ社会の戦争観や歴史認識を脅かさないかたちでのアジア系の包摂を示す、もう一つの脱構築なき拡張でもある。米山は、決議がアジア（系）の人々を被害者として包含する一方で、アメリカ自体の帝国主義や東京裁判での役割への自己批判を欠落させ、アメリカ支配言説による旧来の戦争記憶——政治家の演説や教科書の記述、博物館の展示やハリウッド映画など、主流文化テクストによる第二次世界大戦の叙述——を反復し、「米国のイノセンスと正義の語り」（Yoneyama 69）を復唱するものだと批判する。

米山は、ホンダの決議が示すアメリカの支配的戦争記憶の反復に、在米アジア系の人々が体験する国民としての「主体化＝従属化の過程に内在する諸矛盾」（Yoneyama 68）を指摘し、特に「アジア」を敵として戦った二十世紀のアメリカの戦争のなかで、常に「敵性外国人」としてまなざされる危険を背負わされてきた在米アジア系の人々の生存戦略を指摘する。とりわけ日本との近接性ゆえに「敵国人」として迫害対象になった日系人については、次のように述べる。

「日系アメリカ人にとって」その公的生活の何らかの時点において、日本との結びつきと日本にたいする忠誠を否認することは、敵性外国人としての汚名を克服し、完全で第一級の市民となることの必要条件とみなされてきた。アジア系アメリカ人にとって、合州国が二〇世紀に戦った数多くの対アジア戦争に関する支配的な記憶を体現してみせることは、アメリカ国民としての「同化可能性」を効果的に証明するためのわかりやすい身振りなのである。

(Yoneyama 68-69)

北米日系人の多くが、リドレスを勝ち取る以前、主流社会で生き残るために内在化を迫られた「反日感情」については、アジア系研究者や作家らによっても広く指摘されてきた。また歴史的文脈は異なるが、中野聡は、米比戦争後のフィリピンでの「敗者のアメリカニゼーション」に言及し、米比戦争に関するフィリピン人の選択的記憶を、「アメリカ植民地という現実への適応が生んだ記憶の抑圧」と解析したうえで、その「記憶喪失で生じた間隙を埋め」るために「米比共同の論理としてのデモクラシー」や「共同の記憶としての第二次世界大戦[45]」が動員されたと論じている。同様に、「日系アメリカ」による第二次世界大戦時の強制収容へのリドレス運動も、アメリカ民主主義と正義への訴えを媒介とした、第二次世界大戦に関する「共同の」国家的記憶構築の作業だったことは再確認の価値があるだろう。そしてその意味では、ホンダの決議案も、多文化主義国家によるマイノリティの包摂と、マイノリティ自身の生存戦略のうえに立ったアメリカの「解放とリハビリ神話」の再演と言えるのかもしれない。——ただし、米山自身は、ホンダの言説の問題点を指摘しながら、それが「アジアン／アメリカンという共同《コミュニティ》参加性にもとづくリドレス」の事例として、「感染する正義の感受性に根差した主体性の意思表示」(Yoneyama 73) である可能性も示唆している。ホンダについては次章で詳しく論じ、北米日系人が内包することを迫られた「反日感情」については、第3章と第6章、第7章でさらに論じたい。

支配的戦争記憶とアジア系アメリカ

米山は、在米アジア系の人々によるこのようなアメリカ支配言説への順応を指摘する一方で、「合州国のアジアにおける戦争をめぐるトランスナショナルな記憶は、国民化の力によって完全に封じ込められるものではありえない」(Yoneyama 69) と述べ、文学など複数のテクストに、主流国家の戦争記憶を脱臼させるマイノリティの語りや記憶の噴出を見る。たとえば、一九九〇年代以降のアジア系文学のカルト・テクストとなった、韓国系作家テレサ・ハッキョン・チャの『ディクテ』(一九八二年) について米山は、『ディクテ』が示すトランスナショナリティと「植民地化された人種化された記憶」が、アメリカの「解放とリハビリの帝国神話」の「進化主義的で一貫した語りを絶えず揺るが」(Yoneyama 70) すことを評価するのである。

米山は、同じく韓国系作家であるノラ・オッジャ・ケラーの小説『慰安婦』(一九九七年)(46) についても、それが日本軍「慰安婦」制度という、それまでアメリカで周縁化されていたアジアの戦争被害を合衆国の「支配的な歴史の舞台に登場させる」(Yoneyama 70) と同時に、その支配的語りに「ある種の亀裂」(Yoneyama 70) を生じさせると述べ、『慰安婦』という小説が、日本による朝鮮植民地支配とともに、植民地朝鮮内部の「経済的・ジェンダー的階層化」やアメリカによる朝鮮人と朝鮮文化の服従化、さらにはアメリカ国家内のレイシズムといった「歴史を複合的に描く」(Yoneyama 70) ことを評価するのである。またこうした文学テクストのほかにも米山は、二〇〇一年に開催された対日補償請求に関する国際会議の席上、会場から一九〇五年の桂・タフト協定に触れ、朝鮮植民化での日米の共犯関係を問うたコリア系アメリカ人男性の発言があったことを紹介している（Yoneyama 74)。

米山は、これらのアメリカの支配的ナラティヴからこぼれ出る余剰としての記憶が主流アメリカ国家の戦争記憶を揺るがす事例に、アジア系による「「批判的想起」の実践」（Yoneyama 61）と、それを媒体とした「歴史的正義の問題を語り直す」（Yoneyama 74）可能性を指し示すのである。それは、日本の戦争犯罪を、前述のローラ・カンの言葉で言えば、「ここ」アメリカでの人権侵害や、アメリカ自身が行使する帝国主義や人種・ジェンダー暴力など、アメリカ国内外の不平等とその是正へ連結させていく努力とも共振すると言えるだろう。

米山は、在米アジア系の人々が対日賠償請求をおこなうことを可能にした修正州法成立までの十年間、同じカリフォルニア州で、積極的是正措置《アファーマティブ・アクション》を禁止する二百九号条例やヒスパニック系移民に対する排外主義的な百八十六号条例といった複数の人種差別法が制定されたことを指摘し、「カリフォルニア州民の権利の擁護」を謳ったはずの修正州法が「不均等で選別的な権利付与」（Yoneyama 73）だったことを問題視する。米山は、修正州法は、アジア系の人々と同様にアメリカ国家によるリドレスを求めるアフリカ系や先住民などの在米マイノリティの存在を「法の記憶から省略し去ることで、カリフォルニアの公共空間における特定の主体（白人とアジア人）を中心化する」（Yoneyama 73）と述べ、「「解放とリハビリ」の神話を維持する」アメリカ国家によって、「誰にたいする、どの歴史的損傷だけが選別的かつ戦略的に強調されてきたのか」（Yoneyama 74）を問う必要を強調するのである。それは、アジア太平洋戦争を含む複数の戦争の「批判的想起」を通して、日本に対する補償請求運動を、アメリカ国家内外の人々が被った暴力やそのリドレスに連結させていく必要性を提起する行為でもあるだろう。米山は、「この意味においてのみ、合州国における日本の戦争犯罪の裁きを追求するアジアン／アメリカンの代理主体の領域は、反植民地主義と反レイシズムの位置からアメリカを構想しなおす可能性を差し出している」（Yoneyama 74）と述べるのである。

このような米山の問題提起は、在米アジア系の人々がリドレスの主体として出現した背景に、アメリカにおけるアジア系の社会的・経済的地位の向上、すなわちアジア系の人々がアメリカ国民として「無視できないほど重要な位置を占めるようになった」（Yoneyama 60）状況があることを考えれば、きわめて重要に見える。つまり、そこで米山が問うのは、在米アジア系が「模範的マイノリティ」として、国家権力側に取り込まれて終わるのか、という問いにほかならない。

言い換えれば、米山が提起するのは、在米アジア系の人々が「パンエスニック」という近視性を超えて、アメリカ内外の人々と「インターエスニック」で「トランスナショナル」な連結を探っていくことの必要性だろう。それはまた、日本軍「慰安婦」性奴隷制度という非西洋世界での性暴力の現状を、前述の「女子割礼」などと同様に、欧米主導の帝国主義的啓蒙主義には陥らないかたちで問題化し、批判するための言説形態構築の必要性でもある。「特集号」に代表されるような、非西洋世界での暴力を批判する言説への批判や、それら暴力の表象の問題点を指摘する行為は、一歩誤れば「批判の批判」に終始し、「慰安婦」制度や「女子割礼」といったそもそもの暴力に対する批判それ自体をタブー化したり、批判を投じることへの自己検閲を招いたりもする。米山が提起するのは、そのようなタブー化と、同時に欧米諸国による啓蒙主義の双方に警鐘を鳴らしながら、暴力を批判する言説への批判を、その根源となる暴力行為の根絶やリドレスの実現のためにどのような実りある批判的実践へ結びつけ、発展させていくかという問いなのである。

次章では、これら「特集号」による問題提起を通して、在米アジア系政治家や活動家といった人々による「慰安婦」問題への取り組みを検証する。

注

（1）ただし「はじめに」の注で示したように、最近では、アジア系アメリカ研究とアジア研究の領域横断的な研究も増えている。フジタニの前掲書 *Race for Empire* に加え、アジア系を含むアメリカ国内のマイノリティの多様な戦争体験を、沖縄やグアム、台湾、ミクロネシア、シンガポールといったアジア太平洋地域の、同様に多義的な戦争記憶へ連結させた Takashi Fujitani, Geoffrey M. White and Lisa Yoneyama, eds., *Perilous Memorie: The Asia-Pacific War(s)* (Duke University Press, 2001) など。

（2）Kandice Chuh, ed., *On Korean "Comfort Women,"* special issue of *Journal of Asian American Studies*, 6(1), 2003. これ以後、本章の「特集号」からの引用はこの版からとし、ページ番号は、*JAAS* あるいは寄稿者名とともに本文中に記す。

（3）Dai Sil Kim-Gibson, "They Are Our Grandmas," Chungmoo Choi, ed., *The Comfort Women: Colonialism, War, and Sex*, special issue of *positions: east asia culture critique*, 5(1), 1997, pp. 255-275.

（4）代表的なテクストとしてたとえば、Gayatri Chakravorty Spivak, *In Other Worlds: Essays in Cul-*

tural Politics (Routledge, 1987) や Chandra Talpade Mohanty, Ann Russo and Lourdes Torres, eds., *Third World Women and the Politics of Feminism* (Indiana University Press, 1991) など。

(5)「慰安婦」制度を「女性への暴力」として一般化し、それによって人種・階級・国籍など女性間の格差を不可視化する、もう一つの帝国主義的フェミニズムへの批判については、米山リサ「批判的フェミニズムの系譜と女性国際戦犯法廷」(前掲『暴力・戦争・リドレス』)を参照。

(6)周知のように、日本軍「慰安婦」制度の被害者には白人オランダ人女性も含まれるが、スマラン事件などに見られるように、白人女性を対象とした事例は、アジア人女性の場合と異なり連合軍によって処罰の対象になってきた。

(7)Chungmoo Choi, ed., *op. cit.*

(8)ただし、チュウは、「特集号」は対象者を朝鮮人に限定し、なおかつ議論の場もアメリカ内でのものに限定した、包括的な「慰安婦」問題の検証ではないと断っている。

(9)“Congressional No-Show at 'Heart-Breaking' Drone Survivor Hearing,” *Common Dreams*, Oct. 29, 2013. (http://www.commondreams.org/news/2013/10/29/congressional-no-show-heart-breaking-drone-survivor-hearing)［二〇一七年三月九日アクセス］、“Drone strikes: tears in Congress as Pakistani family tells of mother's death,” *The Guardian*, Oct. 29, 2013. (http://www.theguardian.com/world/2013/oct/29/pakistan-family-drone-victim-testimony-congress)［二〇一七年三月九日アクセス］、“Congress Disgraces United States Fails To Show For Drone Hearing,” *Popular Resistance*, Oct. 30, 2013. (https://www.popularresistance.org/congress-disgraces-united-states-fails-to-show-for-drone-hearing/)［二〇一七年三月九日アクセス］、“Malala and Nabila: worlds apart,” *Aljazeera*, Nov. 1, 2013. (http://www.aljazeera.com/indepth/opinion/2013/11/malala-nabila-worlds-apa

rt-20131119385754991З.html)［二〇一七年三月九日アクセス］

（10）Jameel Jaffer, *Drone Memos: Targeted Killing, Secrecy, and the Law* (The New Press, 2016.) なども参照。

（11）たとえば、Alice Walker and Pratibha Parmar, *Warrior Marks: Female Genital Mutilation and the Sexual Blinding of Women*, Harcourt Brace, 1996; Alice Walker, *Possessing the Secret of Joy*, Harcourt Brace Jovanovich, 1992; Pratibha Parmar, dir., *Warrior Mark*, 1994, UK.

（12）「アジア」との関係性を通して「アジア系アメリカ人」を「有色人欧米主体」として再考する試みとしては、Chuh and Shimakawa, eds., *op. cit*; Laura Hyun Yi Kang, *Compositional Subjects: Enfiguring Asian/American Women* (Duke University Press, 2002) を、ハワイでの「有色人入植者」言説については、キャンディス・フジカネとジョナサン・オカムラによる先駆的研究がある。Candace Fujikane and Jonathan Y. Okamura, eds., *Whose Vision? Asian Settler Colonialism in Hawai'i*, special issue of *Amerasia Journal*, 26(2), 2000; Candace Fujikane and Jonathan Okamura, eds., *Asian Settler Colonialism: From Local Governance to the Habits of Everyday Life in Hawai'i*, University of Hawai'i Press, 2008. またハワイではなくアメリカ本土の文脈では、日系アメリカ人詩人のミツエ・ヤマダが、北米の日系人が、砂漠の収容所に拘禁された少数民族であるとともに、アメリカ先住民の土地の「開拓」に携わった「有色人入植者」でもあることを、日系人にとっての砂漠の二重性を通して描いている。詳細は、中村理香「帝国の少数民族ということ――ミツエ・ヤマダの『砂漠の囲い』にみる「有色人入植者」言説と「日系市民権」再考」（松本昇／横田由理／稲木妙子編著『木と水と空と――エスニックの地平から』所収、金星堂、二〇〇七年、二八八―三〇四ページ）。また、アジア系内部の序列や差別、搾取関係についても、一九九七年にハワイ在住の日系人作家ルイス・アン・ヤマナカが発表した小説のなかでフィリピン系男性が差別的に表象されていることをめぐって論争が起きたのを契機に、大きく注目を浴びるようになった。論争の詳細については、Candace Fujikane, “Sweeping Racism under the Rug of ‘Censorship’: The Controversy over Lois-Ann Yamanaka's *Blu's Hanging*” (in Fujikane and Okamura, eds., *Whose Vision? Asian Settler Colonialism in Hawaiʻi*, pp. 158-194); Kandice Chuh, *Imagine Otherwise: On Asian Americanist Critique* (Duke University Press, 2003); Mark Chiang, *The Cultural Capital of Asian American Studies: Autonomy and Representation in the University* (New York University Press, 2009) ほかを参照。

(13) 「一・五世」とは、幼少期に渡米した主にコリア系アメリカ人を、「帰米」は、アメリカで生まれ、教育などのために一時期を日本で過ごした日系アメリカ人を指す。

(14) Chuh, *Imagine Otherwise*.

(15) 性暴力被害者が「無垢な少女」として具象化されることで、暴力への批判や抗議が動員される危険について、米山リサは、グレンデー市に設置された「慰安婦」追悼碑「少女の像」と、一九九五年の沖縄での少女レイプへの抗議を結びつけている。Yoneyama, *Cold War Ruins*, p. 172. 沖縄の女性運動家や研究者らによっても、性暴力被害者としての「少女」が特権化される状況に疑義が投じられてきたことは、周知のとおりである。

(16) カッコ内は、Chungmoo Choi, “The Discourse of Decolonization and Popular Memory: South Korea,” *positions: east asia cultures critique*, 1(1), 1993, p. 80 からの引用である。

(17) カッコ内は、Nae-hui Kang, “Mimicry and Difference: A Spectralogy for the Neo-colonial Intellectual,” *Traces: A Multilingual Journal of Theory and Translation*, 1, 2000, p. 129 からの引用である。

(18) ベストセラーとなり映画化もされたエイミ・タンの小説『ジョイ・ラック・クラブ』はその代表例

と言えるが、文化人類学者のアイワ・オングも、一九九〇年代の英米社会を席巻したアジア人女性による国外脱出記の「驚異的な受容」に、西洋社会による非西洋人女性の解放の欲望を指摘している。Amy Tan, *The Joy Luck Club*, Putnam's Sons, 1989; Aihwa Ong, "Women Out of China: Traveling Tales and Traveling Theories in Postcolonial Feminism," in Ruth Behar and Deborah A. Gordon, eds., *Women Writing Culture*, University of California Press, 1995.

(19) たとえば、高里鈴代「日本軍「慰安婦」と今――なぜ沖縄から問い直すのか」(「女性・戦争・人権」第十二号、行路社、二〇一三年、七〇―七五ページ)ほか。wamの「沖縄展」については、第2章を参照。

(20) Maxine Hong Kingston, *The Woman Warrior: Memoirs of a Girlhood Among Ghosts*, Knopf, 1976. *The Woman Warrior* 出版の経緯に関する詳細は、David Leiwei Li, *Imagining the Nation: Asian American Literature and Cultural Consent* (Stanford University Press, 1998) の第二章 "Can Maxine Hong Kingston Speak? The Contingency of *The Woman Warrior*," pp. 44-62 が詳しい。

(21) チュウは「アジア系アメリカ研究」についても、固定的アイデンティティを脱し、言説に先行する主体を想定しない「主体なき批評 (subjectless critique)」を提唱した。Chuh, *Imagine Otherwise*.

(22) Torpey, *op. cit.*, pp. 60-61.(前掲『歴史的賠償と「記憶」の解剖』九三―九四ページ)。引用は翻訳版に従った。

(23) 前掲『日米戦争観の相剋』

(24) Torpey, *op. cit.*, p. 160.(前掲『歴史的賠償と「記憶」の解剖』二四一ページ)

(25) *Ibid.*, p. 161.(同書二四三ページ)。トーピーがここで挙げる事例はホロコーストだが、ほかにもアルメニア人の虐殺や南京大虐殺が、海外在住のディアスポラ集団にとって同様の役割を果たすとトーピーは述べている。

(26) 川田文子『赤瓦の家――朝鮮から来た従軍慰安婦』筑摩書房、一九八七年、洪玧伸『沖縄戦場の記憶と「慰安所」』インパクト出版会、二〇一六年

(27) Kang, *op. cit.* 書名の邦訳は、米山リサによる。

(28) Laura Hyun Yi Kang, *Compositional Subjects: Enfiguring Asian/American Women*, Ph.D. dissertation, University of California at Santa Cruz, 1995, pp. 28-29.

(29) "Letter to Ms. Susan Pontious, Ms. Dorka Keehn, and members of the San Francisco Visul Arts Commission." (http://sfgov.org/arts/sites/default/files/CW_ALL.pdf) [二〇一七年三月九日アクセス]

(30) 「特集号」のカンの論文については、前掲の米山リサによる論考と、以下の拙論も参照されたい。前掲「批判的フェミニズムと日本軍性奴隷制」二三五―二四九ページ、Rika Nakamura, "What Asian American Studies Can Learn from Asia?: Towards a Project of Comparative Minority Studies," Chih-ming Wang, ed., *Asian American Studies in Asia*, special issue of *Inter-Asia Cultural Studies*, 13 (2), 2012, pp. 251-266; Nakamura, "Reorienting Asian American Studies in Asia and the Pacific."

(31) 梁澄子「宋さんと「支える会」の一〇年」、在日の慰安婦裁判を支える会編『オレの心は負けてない――在日朝鮮人「慰安婦」宋神道のたたかい』所収、樹花舎、二〇〇七年、六二ページ。同様に、宋を描いたドキュメンタリー映画『オレの心は負けてない』のなかで朱秀子も、「一緒に裁判をやっていけるかどうか」自信をもてないほど、宋は朱の「周りにいるハルモニたちとは違っていた」と述べ、日本軍「慰安婦」とされた宋の体験と、在日一世の人々が日本で受けた、それ自体大多数は過酷だったはずの民族差別との境界線を示している。『オレの心は負けてない』監督：安海龍、制作：在日の慰安婦裁判を支える会、二〇〇七年。この点については、第7章で再度考えたい。

（32）当該作品と「慰安婦」制度へのリドレスをテーマとするミンのほかのインスタレーションについては、ミンのウェブサイト（[http://www.yongsoonmin.com/art/motherload/]［二〇一七年三月二十日アクセス］）を、戦争の記憶へのアートの批判的介入のありようについては、香川檀『想起のかたち――記憶アートの歴史意識』（水声社、二〇一二年）ほかを参照されたい。

（33）日本での人種マジョリティとしての日本人が、アメリカのマイノリティ研究である「アジア系アメリカ研究」に従事することの意味と、そこから発生する比較マイノリティ的視座の重要性については、以下の拙論でも論じた。Nakamura, "What Asian American Studies Can Learn from Asia?"; Nakamura, "Reorienting Asian American Studies in Asia and the Pacific."

（34）引用は、日本語版からとした。声明（日本語版）の全文は、「日本の歴史家を支持する声明」(https://networks.h-net.org/system/files/contributed-files/japan-scholars-statement-2015.5.4-jpn_0.pdf)［二〇一五年十二月十八日アクセス］を、英語版は、"OPEN LETTER IN SUPPORT OF HISTORIANS IN JAPAN," (https://networks.h-net.org/system/files/contributed-files/japan-scholars-statement-2015.5.4-eng_0.pdf)［二〇一五年十二月十八日アクセス］を参照。

（35）「Listening〈戦後七十年〉在外日本研究者声明――日中韓の和解、願い」「毎日新聞」二〇一五年五月二十七日付（http://mainichi.jp/articles/20150527/org/00m/030/010000c）［二〇一五年十二月十八日アクセス］

（36）同記事

（37）"Transpacific War Memories," Asian American Studies in Asia: an International Workshop, Jun. 4, 2010, Academia Sinica, Taipei での発言。以下のサイトで視聴可能（[http://www.youtube.com/user/ieasgovcc#p/u/30/lqtXHC26K8g]［二〇一三年八月十日アクセス］）。また、このセッションについて

は、以下の拙論で詳しく取り上げた。Rika Nakamura, "Reorienting Asian American Studies in Asia and the Pacific."
(38) 本書の第4章と第5章で論じるノラ・オッジャ・ケラーとチャンネ・リーも、アジア太平洋戦争だけでなく、朝鮮戦争をテーマにした小説を刊行している。
(39) ウェスリー・ウエウンテン「「世界のウチナーンチュ」言説の批判的検証」("Critically Examining 'World Uchinanchu' Discource")、成城大学グローカルセンター講演会(二〇一四年十一月十四日)およびアメリカ・フロリダ州マイアミ市で開催されたアジア系アメリカ学会(二〇一六年四月二十九日)ほかでの複数の個人的な会話による。
(40) 「横田さん拉致解決訴え、ブッシュ大統領が協力約束」「読売新聞」二〇〇六年四月二十九日付[二〇一〇年五月二十一日アクセス]
(41) 米山リサ「二つの廃墟を越えて——広島、世界貿易センター、日本軍「慰安所」をめぐる記憶のポリティクス」、小澤祥子/小田島勝浩訳、冨山一郎編『記憶が語りはじめる』(ひろたまさき/キャロル・グラック監修「歴史の描き方」第三巻)所収、東京大学出版会、二〇〇六年、一六二ページ
(42) 英語タイトルは、それぞれ以下のとおりである。Lisa Yoneyama, *Hiroshima Traces: Time, Space, and the Dialectics of Memory*, University of California Press, 1999; T. Fujitani, Geoffrey M. White, and Lisa Yoneyama, eds., *Perilous Memories: The Asia-Pacific War(s)*, Duke University Press, 2001.『ヒロシマ・トレーシーズ』の日本語タイトルは引用者による。『危機にさらされた/危険を生み出す記憶』は米山自身による日本語タイトル。
(43) Yoneyama, *Cold War Ruins*. 日本語訳は、引用者訳とした。
(44) 同論文の日本語版は、若干短縮されて、前掲『暴力・戦争・リドレス』第五章「旅する記憶・感染

する正義——世界正義のアメリカ化とリドレス（補償）」（一五八—一九二ページ）として再掲されている。なお、本書での引用は、日本語版の米山自身の訳文を用い、「特集号」のページ番号を示した。同論文の最新版については、Yoneyama, *Cold War Ruins* を参照されたい。

（45）前掲『歴史経験としてのアメリカ帝国』一〇八ページ

（46）Theresa Hak Kyung Cha, *Dictee*, Third Women Press, 1982; Elaine H. Kim, Lisa Lowe, Laura Hyun Yi Kang et al., *Writing Self, Writing Nation: A Collection of Essays on Dictee by Theresa Hak Kyung Cha*, Third Women Press, 1994; Nora Okja Keller, *Comfort Woman*, Penguin, 1997.

第2章　二つのリドレス
――マイク・ホンダとアメリカの正義の限界

第1章では、二〇〇三年の「特集号」を通して、日本では紹介されることがまれな在米アジア系研究者による日本軍「慰安婦」問題への応答を考察した。これに対して第2章では、在米アジア系の「慰安婦」問題への応答としては、おそらく「慰安婦」碑と並び、現在の日本で最もよく知られている言説、すなわちアメリカ政府による日系人強制収容への謝罪賠償をモデルに掲げた日本への謝罪の呼びかけを取り上げる。ここでは特に、自らもアメリカの日系人強制収容のサバイバーであり、同時に「慰安婦」制度をはじめとする日本の戦争犯罪への謝罪賠償請求の熱心な支援者として知られる日系の元米下院議員マイク・ホンダに焦点を当てる。第1章ではホンダによる一九九九年の合同決議に言及したが、本章では、その後の二〇〇七年にホンダが米下院に提出した「慰安婦謝罪決議案」について、決議案の文面や米下院外交委員会での演説、日米双方のメディアに掲載されたインタビュー記事や、ホンダが自身のウェブサイトや「Twitter」などで発信する情報を通して見ていきたい。本章の目的は、「特集号」の問題提起を踏まえて、「日系リドレス」を規範とするホンダの日本への謝罪の呼びかけを検証することである。

実際、「特集号」を通して見たとき、ホンダの言説にはいくつかの問題点が見えてくる。たとえば、日系リドレスだけをもってアメリカの正義を絶対化する近視性や、アメリカを「成熟した民主主義のお手本」[1]とし、それを見習うよう促す古典的な「文明化の使命《シヴィライジング・ミッション》」の言説などである。アメリカの歴史家アレクシス・ダデンは、日本の「慰安婦」否定派の攻撃からホンダを擁護し、日本人右派によるホンダ批判は、日本が何も悪いことをしていないと確信する人以外には意味をなさないと述べる。[2]これに対して本章では、日本人右派によるホンダ批判が「的外れ」であることについてはダデンに同意しながら、そのうえでホンダの謝罪の呼びかけを形成する言説が、日本の「慰安婦」否定派ではない一般市民、特に日本の戦争犯罪に関して謝罪の必要は認識しながらも、欧米諸国による優越性を振りかざした啓蒙主義には反発を感じるという層にとってもつ意味を考えたい。ダデンは、日本人右派によるホンダ批判を在米マイノリティへの人種差別にもとづくものとみなしているが、本章はむしろ、ホンダの欧米マイノリティとしての二重性や、日系人を含むアメリカのマイノリティの一部が、アメリカ国家が主導する他世界の啓蒙と文明化の使命に参与してきた経緯などとの関連から考察したい。[3]すでに述べたように、在米マイノリティの人々は、アメリカ国内の人種的他者化の対象であると同時に、欧米中心主義の価値観を内在化させ、しばしばその価値体系を通して他世界をまなざすという二重性をもつ。本章はこの二重性について、ホンダの世代の日系人の一部に特徴的なアメリカと日本に対する相矛盾する感情や、ホンダのマイノリティ政治家としての立ち位置などから複層的に考えたい。また本章後半では、ホンダとは対照的に、アメリカのマイノリティとしての人種体験を、米国が海外で展開した軍事攻撃の犠牲者に連結させている事例も見ていく。

1　日系リドレスとアメリカの正義の聖典化

本論に入る前に、ホンダの経歴を簡単に紹介しよう。マイク・ホンダは、アジア太平洋戦争下の一九四一年にアメリカ・カリフォルニア州に生まれ、一歳のとき家族とともにコロラド州の日系人強制収容施設であるアマチ収容所に収監された。戦後は、高校教師やカリフォルニア州下院議員などを経て、二〇〇〇年にシリコン・ヴァレーを含むカリフォルニア州第十七選挙区で民主党下院議員として当選を果たし、一六年まで議員を務めた。州下院議員時代に、アジア太平洋戦争時のアメリカ人戦争捕虜や、日本による強制労働を経てのちにアメリカへ帰化したアジア系移民への賠償を日本政府に求める「合同決議二十七号」を提出したことは、前述したとおりである。

「慰安婦謝罪決議案」（以下、決議案と略記）を含むホンダの言説を貫くのは、日系人強制収容に対するアメリカ政府の公式謝罪、いわゆる一九八八年の「市民的自由法」をモデルとする、日本政府への国家謝罪と賠償の呼びかけである。同様の呼びかけは、日本で紹介される多くの日系アメリカ人の言説にも共通している。(4) それは、ホンダ自身も明言するように、自ら強制収容という国家暴力を体験した日系アメリカ人として、政府による正式な謝罪と賠償がどれほど重要か、その体験と実感のうえに立つ主張にほかならない(5)。また、決議案が提出されるにいたった背景としても、それと同年、日本の首相・安倍晋三が「慰安婦」制度の強制性を否定したことや、同時期の日本での河野談話見直しの動き、さらに日本の右派知識人たちがアメリカ紙「ワシントン・ポスト」に「慰安婦」制度の犯罪性を否定する悪名高い意見広告「The Facts」を掲載したことなども想起する必要があるだろう(6)。決議案は、その意味で、日系アメリカ人としてのホンダの危機感や使命感と責任感の表れであり、それはたとえばノーム・チョムスキーなど著名なユダヤ系アメリカ人が、米国という位置からイスラエルの占領政策を批判する行為とも通底する。

その一方で、市民的自由法の絶対的な称揚とは対照的に、ホンダの言説や政治活動から抜け落ちるアメリカの軍事加害行為への謝罪や賠償の呼びかけは、ホンダが日系人として日本の戦争犯罪に責任は感じても、アメリカ人の国会議員として米国の軍事加害行為に対してどの程度の責任を感じているのかという疑問を生じさせる。アメリカの無人爆撃機による被害を知らしめるための聴聞会を主催したアラン・グレイソン下院議員については第1章で言及したが、チョムスキーもホンダとは対照的に、沖縄の米軍基地建設反対や原爆投下への謝罪の呼びかけに積極的に名を連ねたり、米国政府によるイスラエルの占領政策支援を強く非難したりしていることは、周知のとおりである(7)。

対照的に、アメリカの戦争加害にまつわるホンダの言説を特徴づけるのは、米国政府やその加害行為への批判ではなく、むしろアメリカによる補償是正《リドレス》の称揚、つまり米国が過去に過ちを犯したとしてもそれを自力で改めうることの証明としての「市民的自由法」への言及であり、これに体現されるアメリカの正義と道義的優位性の称賛である。その意味では、ホンダが日系人への戦後賠償を繰り返し称賛しながらも、アメリカ政府による今後の謝罪賠償の必要性には言及しないのは偶然ではないだろう。ホンダの公式ウェブサイトには、アメリカ人帰還兵に与えられるべき諸権利が列挙される一方で、ベトナムやイラクなどアメリカ国外の被害者に対する謝罪や賠償の必要性を示す記述は見当たらない(8)。

ホンダは、複数のインタビューや演説で、「我が国は、「市民的自由法という」明確かつ正式で揺るぎない謝罪を通して、過ちを是正することが可能だということを示したのです(9)」と述べ、これをモデルに日本にも同様の謝罪賠償を呼びかける。言うまでもなく、国家による正式謝罪と個人への金銭的賠償、さらに再発防止を目的とする公的教育基金の設立を規定した市民的自由法は称賛すべきものだし、リドレスのあるべきかたちとして日本が学ぶ点も多い。しかし、同法を聖典化するホンダの言説にはいくつかの問題点が見受けられる。たとえば、日系人への戦後補償を、現実政治的事象としてではなく道義的な問題に還元してしまっている点や、さらにそのような道義的観点から日米の謝罪の現状を単純に対極化している点などである。

歴史家のタカシ・フジタニは、「歴史的正義の勝利」としての「市民的自由法」を高く評価し、「運動を推し進めた活動家たち」の功績をことに称賛したうえで、「しかし、この法律をアメリカの公正と人種的平等の根本原理の成果と決めつけ、単純にアメリカの政治指導者を褒め称えることは適切でない」と述べる。フジタニは、ロナルド・レーガン大統領をはじめ、「公民権運動に対し終始冷ややかな態度を示してきた保守派の政治指導者たちがなぜ、日系人の補償を積極的に奨励したのか」と問い、日系人への戦後補償が、奴隷制や人種隔離法、先住民の土地略奪といった米国におけるほかの歴史的不正義を排除しただけでなく、「ブラック・パワー」など、アメリカの「保守勢力に不安をもたらした」よりラディカルな国家批判や人種主義解体運動を封じ込めるための対抗言説として、日系人を「模範的マイノリティ」とする言説が配置されたことを指摘する。フジタニは、強制収容という国家による明白な差別にもかかわらず、日系人が「忠誠心を失うことなく、アメリカ人兵士などとして国家に忠誠を尽くし」、「耐え忍んだ結果、戦後社会で成功を遂げた」とするこの模範的マイノリティ神話が、「報償」としてのリドレスを可能とし、「他のマイノリティの過激な要求をしりぞける」ための「好都合な武器」として用いられた点を問題化するのである。(10)

もちろん、このような議論が市民的自由法の重要性や、その実現のための努力を否定することになってはならないことは、繰り返し強調したい。しかし、日系人への戦後補償をアメリカでの普遍的な人権正義の勝利として日米を単純に比較し、米国の「揺るぎない謝罪」への対比として日本の謝罪の不完全さを強調するホンダの言説は、本来は有用であるはずの日本への謝罪賠償の呼びかけを、アメリカのナショナリズムや道義的優位性の問題に回収させてしまう。市民権と愛国心に強く訴えることで成功した、政府による国民への賠償である日系リドレス運動を「慰安婦」問題という対外賠償と同列に並べ、一方を基準に他方を断罪するホンダの言説は、双方の対話を阻害するだけでなく、アメリカで対外賠償が欠落する現実までも不可視にする。(11)

実際、その意味では、ホンダが市民的自由法を称賛し、日本の軍事加害行為を糾弾する一方で、アメリカの軍事加害についてはほぼ沈黙を保っていることは重要だろう(ホンダが反対票を投じたイラク戦争については後述する）。たとえばホンダは、「慰安婦」性奴隷制度をボスニアやダルフール、ビルマなどの戦場での女性への人権侵害として批判しながらも、それを少なくとも公の場で、沖縄や韓国、ベトナムといった地域でのアメリカ軍の性暴力と関連づけて語ることはない。また、日本軍「慰安婦」制度を「戦時下の組織的な性暴力」と捉え、サバイバーのために正義がなされるべきだと主張する一方で、アメリカ国内の自身の政治活動では、軍との関係がより曖昧な「人身取り引き《トラフィッキング》」や「現代版奴隷制」として問題化し、その啓発や防止のための法制化の必要性を説くのである。(12) むろん人身取り引きへの取り組みの重要性は言うまでもないし、日本軍「慰安婦」制度への批判やその被害者への共感を、アメリカで起きている「現代版奴隷制」や人権侵害と連結させ、その防止や処罰に取り組むホンダの努力がたたえられるべきものであることは強調したい。その一方で、性暴力の加害主体として米軍を名指すことがないホンダの言説からは、オリバー・ストーンが「別種の症候群」と呼んだアメリカでの軍隊の崇拝や、それと対をなす「誇り高く国に尽くした」(13) 兵士たちを批判することへの忌避感が見え隠れすることも否めない。ホンダがアメリカの支配的戦争観を踏襲していることは第1章で論じたが、実際、ホンダの「Facebook」や「Twitter」は、米軍兵士や帰還兵への惜しみない賛辞であふれている。

「ワシントン・ポスト」紙とのインタビューで、安倍首相が日本軍「慰安婦」制度を「人身売買《トラフィッキング》」と呼び、加害主体としての日本国家と軍の存在を不可視化させたことは、日本国内外から大きな批判を浴びた。(14) 安倍と同様に、自国での「軍隊と性」という認識論的カテゴリーを回避するホンダや、同じくサンフランシスコ市での「慰安婦」碑設置の決議に際して、米軍による性暴力ではなく「人身取り引き」を引き合いに出したサンフランシスコ市議のエリック・マーやエド・リー市長らの発言には、日米の政治家に共通する、自国の軍隊や兵士の性暴力を批判することへの忌避感が見え隠れすることも事実である。[15] このことは、たとえば沖縄での米軍の性暴力の歴史を日本軍「慰安婦」制度と結びつける視点を交じえて問題化したアメリカ人監督ジャン・ユンカーマンの『沖縄うりずんの雨』(二〇一五年)や、「沖縄の日本軍慰安所と米軍の性暴力」の連続性を示したwam特別展「軍隊は女性を守らない」、「基地・軍隊を許さない女たちの会」をはじめとした在沖女性運動家らの努力と比べれば明らかだろう。[16] その意味で、「慰安婦」性奴隷制度を含む日本の戦争犯罪への謝罪賠償の不完全さを、アメリカにも共通の、前述の大沼保昭的に言えば、自らも努力するための課題として捉えるのではなく、[17] アメリカの「明確で揺るぎない謝罪」への対比として言説化するホンダの謝罪の呼びかけは、その重要性と同時に、限界も示すのである。

2　アメリカ・マイノリティの二重性とトランスナショナルな連結

韓国人研究者のクンジョン・リーは、アジア系アメリカ作家による戦争表象に触れ、多くの作家が、「「慰安婦」や「南京大虐殺」といった、アジア国家間の民族対立に大きな関心を示す一方で、朝鮮戦争やベトナム戦争での米軍のおこないや、イラクやアフガニスタンで現在進行形でおこなわれているアメリカの行為についてては語ろうとしない[18]」ことに疑問を投げかける。リーの問題提起は、ホンダや第3章で論じる朝鮮戦争帰還兵のロバート・ワダといった日系人にも共通するアメリカ・マイノリティの二重性、すなわち彼・彼女らがアメリカ国内の被差別主体である一方で、他世界との関係性では加害主体にもなりうることへの自覚の欠如を示すものとも言えるだろう(チャンネ・リーの小説が描く朝鮮人皇軍兵士については、第5章で取り上げる)。

実際、このようなアメリカ・マイノリティがもつ二重性は、「一級市民」としての権利獲得のため、アメリカの戦争への従軍を余儀なくされてきた日系人を含むマイノリティ兵士や、あるいは一九八二年に首都ワシントンに建立されたベトナム帰還兵追悼碑(通称、ベトナム戦争戦没者記念碑)の設計者として、一部の帰還兵の攻撃にさらされた中国系アメリカ人マヤ・リンをめぐる論争にも象徴的に表れている。リンへの攻撃は、ベトナム戦争という対アジア戦争で犠牲になったアメリカ兵の慰霊碑を、「アジア系」でかつ女性のリンが制作することの不適切さにむけられたものだったが、それに対してリンを擁護した在米アジア系の人々の多くも、アジア系女性であるリンへの差別を問題視する一方、慰霊碑にベトナム人犠牲者の名前がないことへの「アジア系」としての共感や自省の欠如については、その無自覚さを露呈するものだった(19)。

もちろん、自身の加害性と向き合うことは、マイノリティであるがゆえにより困難であることも確かである。しかし(あるいは、だからこそ)、現在のアメリカで一部のマイノリティ研究者や運動家が、そのような状況を問題にしていることはきわめて重要に見える。たとえばアメリカの黒人神学者コーネル・ウエストは、二〇一三年にオバマ大統領が、白人の自警団員ジョージ・ジマーマンに射殺された黒人少年トレイヴォン・マーティンに対して、同じ黒人として共感を示した行為の二重基準を批判した。ウエストは、オバマ自身がパキスタンやイエメンといった国々で、「国防」の名のもとに無人爆撃機による無辜の犠牲を作り出しながら罪に問われない状況は、正当防衛として訴追を免れたジマーマンと何ら変わらず、「オバマ大統領は世界レベルのジマーマンだ」と述べ、オバマやオバマを支持する黒人知識人がアメリカ黒人を被害者としてのみ定義し、アメリカが国家として犯した加害行為に自らも加担している事実を省みないことに疑義を投じるのである(20)。

アメリカの歴史家ニキル・シンは、アメリカの人種マイノリティが、主流米国社会で承認を獲得するためにアメリカ国家が起こした戦争に協力してきた一方で、彼・彼女らのなかには自らをアメリカ国家ではなくその軍事犠牲者と重ね合わせ、犠牲者との連帯を試みたもう一つの歴史があったことを示している。シンは、米西戦争後のフィリピンで反乱軍に寝返った伝説のデイヴィッド・フェイガンを含む黒人兵士たちや、「世界最大の暴力の提供者」であるアメリカが、ベトナムでのその暴力の行使に貧困層の黒人アメリカ人を用いることの「残酷さ」を痛烈に批判したキング牧師の一九六七年の演説、さらに二〇〇六年のニューヨークで丸腰の黒人男性ショーン・ベルを射殺した警官の不起訴を、アメリカ占領下のイラクでの人権剝奪に結びつけた男性の遺族の発言などを紹介し、主流社会によってマイノリティのアメリカ・ナショナリズムへの参与が礼賛されるなか、なおざりにされてきたそれら歴史に光を当てる(21)。シンはまた、アメリカ国内でアフリカ系の人々が被る人種暴力を中東パレスチナでの人権弾圧と結びつけ、両者の連帯を呼びかける「ファーガソンからガザへ(22)」という最近の動きも紹介している。

日系人強制収容への国家賠償を求めたリドレス運動や公民権運動の一部に見られるように、アメリカでマイノリティが差別から逃れ、権利や主流社会の承認を求める過程で市民権や愛国心、アメリカの正義に訴えることとは、アメリカのマイノリティ運動でのある種のしきたりであり、有効な戦略であり続けてきた。実際、ホンダのような強制収容を体験した日系人がアメリカの正義を称賛し、その正当性を承認することは主流国家にとっては免罪行為であり、ホンダがマイノリティ政治家としての存在価値を獲得するための有効な手段でもある。そのようななか、シンやウエストが示すのは、アメリカ・マイノリティが自らが被る人権侵害を主流国家への愛国心のアピールではなく、アメリカがおこなった軍事行為の犠牲になった国外の被害者たちへ連結させてきたもう一つの運動の軌跡であり、それはまたアメリカでの被差別主体がその権利獲得の過程で他世界に対して加害者になりうることとの自省を通して、グローバルな反暴力の連帯を模索する努力にほかならない。(23)

この最後の点に関連して、ユリ・コーチヤマやジャニス・ミリキタニなどの日系人を含む「第三世界連帯」の運動家らが、「日系人強制収容」をアメリカの正義や愛国心ではなく、むしろアメリカ先住民への植民地主義的人種暴力や広島・長崎への原爆投下、さらには日本軍による南京大虐殺などへ連結させてきた歴史も想起したい。(24)実際、アメリカ政府による軍事攻撃を日系人強制収容に結びつけ、犠牲となった三つの地名を並列化させたミリキタニの詩の一節「ヒロシマ／ベトナム／ツーリーレイク」(25)はよく知られている。そのような姿勢はまた、二〇一五年、第二次世界大戦終結七十周年に際して提出されたサンフランシスコ市の決議で、アメリカ自身の加害が想起されないことに疑問を投げかけたミリキタニの問いにも表されている(26)（サンフランシスコ市での碑の設置をめぐるミリキタニの応答については、次章で取り上げる）。あるいは、九・一一後のアメリカで、一部のアジア系作家や研究者、運動家たちが、「アメリカのために勇敢に闘った」伝説の四四二部隊に代わり、第二次世界大戦への従軍を拒否して投獄された日系人たちを、アジア系の新たな反戦運動の象徴として掲げたことも、想起する必要があるだろう。[27]

二〇一六年、日本政府が、国連女性差別撤廃委員会で「慰安婦」制度の強制性を否定する発言をおこなったことへの抗議として、アジア系アメリカ学会有志が、「学会「慰安婦」決議案」を提出した。この決議に賛同し署名した研究者のなかには、キース・カマッチョをはじめとしたアジア太平洋諸地域でのアメリカ軍の組織的な暴力や軍事支配の実態を鋭く問うてきた人たちや、ディーン・サラニロなどアメリカでのアジア系の入植者コロニアリズムを自己省察してきた人々、さらにナオミ・ヒラハラなど、原爆被害をアメリカ社会に周知してきた作家も含まれている（二〇一六年に出版されたヒラハラの新著『サヨナラ・スラム』[28]は、日系アメリカ人被爆者と「慰安婦」サバイバーを結びつける視点で書かれている）。なかでも決議案提出者の一人、沖縄系アメリカ研究者のウェスリー・ウエウンテンが、沖縄のアメリカ軍新基地建設の反対運動をアメリカで組織してきたことは重要である。ウエウンテンは、新基地建設反対に関してカリフォルニア州を地盤とする有力議員らへのロビー活動を展開するとともに、北米在住の沖縄系市民に対しても、「アメリカ国民として」アメリカ政府に対し基地建設反対の声を上げるよう呼びかける運動を続けている。[29]もちろん、前述のようにアジア系アメリカ研究者も一枚岩ではなく、そのなかには「特集号」が批判の対象としたような人々や、むしろホンダと米国の戦争観や歴史観を共有する人々もいる。ドナルド・トランプ大統領によるシリア空爆が国際法違反ではないかと問われるなか、「アメリカの戦争は世界平和と民主主義のためにおこなわれてきた」と断言する人もいた。しかし、「慰安婦」制度へのリドレスに取り組む在米アジア系研究者のなかには、右に挙げたような、日本軍「慰安婦」制度を日米に共通する軍事帝国主義暴力として問題化する人々も多く含まれているのである。

3　マイノリティ政治家と正義の限界

その一方で、そうした研究者や反戦運動家と、ホンダのような政治家を同列に論じることについては慎重になる必要もある。左派思想やポストコロニアル理論が一定の市民権と市場性をもつ現在のアメリカの人文社会科学系学科に身を置く大学教員や、在野の平和運動家とは異なり、日々アメリカの一般選挙民と接しその審判を受けなければならない――そして前述のように、マイノリティ政治家としてアメリカの正義に存在証明を与えることを要請されてきた――ホンダ世代の日系人政治家がアメリカ国家や米軍を批判することの困難さは想像に難くない。その意味では、ウエウンテンも、主流アメリカ社会で生きる一般の沖縄系アメリカ人の基地問題への反応の鈍さと交渉しながら、運動を進めることの難しさを語っていることは想起する価値がある。[30]

アメリカのアジア系研究者ジュディ・ウは、有色人女性として初めて米下院議員になった日系人パティ・タケモト・ミンクが、冷戦期にアメリカ政府がおこなった核実験やベトナムでの軍事行為に関して、被害者や被害国ではなく、アメリカの国益やリベラリズム言説に依拠するかたちでそれらへの批判を展開したことに、アジア系マイノリティの国会議員として反戦を訴えたミンクの努力とその限界を指摘する。[31] その意味では、九・一一直後の米国議会で、大統領に軍事力行使の権限を与える決議案にただ一人反対票を投じた黒人女性議員のバーバラ・リーも、投票直後の議会演説で、一時的な報復感情にもとづく軍事突入の危険性を、アメリカの国益に反するという論理で訴えたことは想起する価値があるかもしれない。[32] これらの事例は、ホンダがイラク戦争への反対を表明する際に、ブッシュ大統領の戦争手法が「アメリカ大統領として相応しくない」と述べ、イラク戦争をアメリカの軍事介入における例外的な過ちであることを強調したり、[33] あるいは第二次世界大戦時の日系人と同様に現在のアメリカで迫害の対象になっているイスラム系住民やシリア難民の権利を擁護する際に、難民を作り出したアメリカの国家責任ではなく、アメリカの正義と寛容さに訴えている行為とも共通するだろう。[34]

ホンダの「Facebook」や「Twitter」、公式ウェブサイトからは、在米イスラム系の人々やシリア難民、アメリカ国内の人種および性的マイノリティや、戦地からの帰還後に十分な医療が受けられずにいるアメリカ人帰還兵など、アメリカ社会の弱者に対してホンダが示す強い共感と、彼・彼女らの権利を擁護すべく闘う姿が見て取れる。ホンダが「慰安婦」制度サバイバーに対して示す共感や、日本政府に謝罪賠償を呼びかける行為も、その同一線上にあることに疑いはないだろう。その一方で、ホンダの共感や正義感の対象が、アメリカでそれを安全に投入できる人々に限定されていることも、すでに述べてきたとおりである。そこには（そしてホンダのウェブサイトには）、ウラン弾や枯れ葉剤、米軍による住民虐殺や戦時性暴力の後遺症で苦しむアメリカ国外の犠牲者が含まれることも、それら暴力行為の実行犯《エージェント》として米軍や米兵が名指されることも、さらにそれら行為への謝罪や賠償がアメリカ政府へ呼びかけられることもない。

むろん、ブッカー・T・ワシントンなどの例を引くまでもなく、公的に言い表されないということは存在しないことと同義ではない。実際、公的言説での沈黙とは対照的に、日本人ライターによるインタビューでホンダは、「広島市長が始めた平和運動」に自身も参加していることを述べている。(35)その一方で、アメリカ政府による日系人への「明確かつ正式で揺るぎない謝罪」を唯一絶対の基準として、日本の謝罪の不十分さを糾弾するホンダの啓蒙主義言説とその二重基準が、そのように呼びかけられ、啓蒙される側の一部との間に不和を生じさせていることも事実だろう。

ネット上の日本語で書かれたホンダへの攻撃には、「なぜ日系人なのに日本を批判するのか」といった、戦争犯罪の免罪化を民族的アイデンティティと等式化する、アレクシス・ダデンの言葉を借りれば、まさに「的外れな」コメントがあふれている。(36)キングやウエストを引くまでもなく、それらコメントが圧倒的に「的外れ」である一方で、ダデンを含む日米のホンダ支持者による無批判的なホンダへの称賛にもまた問題があるように感じざるをえない。ホンダの日本への謝罪の呼びかけをアメリカ版「家永三郎」などと理想化するのではなく、ホンダがマイノリティの政治家として弱者に示す共感や正義感とともに、その限界と問題点も注視する必要があるのではないだろうか。(37)

注

（1）Eunjung Cho and Jee Abbey Lee,“US Congressman: America Has Key Role to Play in ‘Comfort Women’ Issue,” *Voice of America*, Aug. 13, 2014.（http://www.voanews.com/a/us-congressman-america-has-key-role-to-play-in-comfort-women-issue/2411930.html）［二〇一五年十二月二十八日アクセス］

（2）Alexis Dudden, *Troubled Apologies Among Japan, Korea, and the United States*, Columbia University Press, 2008, p. 132.

（3）たとえば、エミリー・チェンは、日系アメリカ作家ルース・オゼキの小説『私の肉年』に見られる、日系アメリカ人女性の主人公が、多文化主義やジェンダー平等といった「アメリカ的価値観」を通してＤＶに苦しむ日本人主婦を救済するプロットを批判する。同様に、日系アメリカ人研究者のロン・クラシゲは、自身と日本人研究者との交流を振り返り、自らが日本の研究者に対していかに「脱植民地化の教義を拡散」しようとしていたかを自己批判する。在米アジア系研究者の一部に見られる、アジア諸国のレイシズムへの啓蒙としてのアジア系アメリカ研究の実践という問題については、拙稿も参照されたい。Emily Cheng, “Meat and the Millennium: Transtional Politics of Race and Gender in Ruth Ozeki’s *My Year of Meats*,” *Journal of Asian American Studies*, 12(2), 2009, pp. 191-220; Lon Kurashige, “Asian American History across the Pacific,” in Okihiro and Takezawa, eds., *op. cit.*, pp. 378-384; Nakamrua, “What Asian American Studies Can Learn from Asia?”

（4）たとえば、マイク・モチヅキ「「忘れない」と言い続けよう」（「朝日新聞」二〇一四年八月六日付）や、アメリカでの日系人の運動を紹介する小山エミがそうである。カナダの文脈でも、乗松聡子や田中裕介が日系リドレスとの連結から「慰安婦」問題への補償を支持する日系人を紹介している。前掲「アメリカ「慰安婦」碑設置への攻撃」四三―四四ページ、乗松聡子「「慰安婦」問題「日韓合意」を批判する――カナダの視点」「Peace Philosophy Centre」(http://peacephilosophy.blogspot.jp/2016/05/a-canadian-perspective-on-japan-korean.html)［二〇一六年六月十四日アクセス］、田中裕介「日本の戦争責任とカナダのエスニック・マイノリティ運動――一九九一年から二〇一一年までの軌跡」、「特集 性奴隷制とは何か」「戦争責任研究」第八十四号、日本の戦争責任資料センター、二〇一五年、五〇―五九、七三ページ

(5) アメリカ下院外交委員会アジア太平洋環境小委員会でのスピーチ "Honda Testifies in Support of Comfort Women" (Feb. 15, 2007) ほか参照。このスピーチのトランスクリプトはホンダの公式ウェブサイトに掲載されている(〔https://honda.house.gov/news/press-releases/honda-testifies-in-support-of-comfort-women〕［二〇一四年一月十八日アクセス］)。

(6) 決議案提出の背景については、以下のインタビューなどを参照。"The Japanese Apology on the 'Comfort Women' Cannot Be Considered Official." (日本語版は、前掲「米下院議員マイケル・ホンダ氏に聞く 日本の謝罪は正式なものとは言えません」。本章でのこのインタビューの引用は、すべて前記の日本語版からとする)。"Honda Testifies in Support of Comfort Women."「The Facts」の問題点については、吉見義明『日本軍「慰安婦」制度とは何か』(〔岩波ブックレット〕、岩波書店、二〇一〇年)ほかを参照。

(7) ただし後述のように、徳留絹枝によるインタビュー(前掲「米下院議員マイケル・ホンダ氏に聞く 日本の謝罪は正式なものとは言えません」)でホンダは、「広島市長が始めた平和運動にも参加して」いることに言及している(七九ページ)。さらに「琉球新報」によれば、二〇一五年十一月、アメリ

カ軍普天間飛行場の移設に伴う新基地建設計画への反対を訴えるため訪米中の「沖縄「建白書」を実現し未来を拓く島ぐるみ会議の訪米団」は「人権問題に取り組むカリフォルニア州選出のマイク・ホンダ下院議員」ほかと面談し、「米国も当事者として移設問題に取り組むよう求めた」とある。ただし、それに対するホンダの応答は記されていない。またこの面談について、ホンダの「Facebook」や「Twitter」などに言及はない（「島ぐるみ訪米団、市民団体と連携強化　沖縄の現状訴える」「琉球新報」二〇一五年十一月九日付〔http://ryukyushimpo.jp/news/entry-174193.html〕［二〇一六年九月一日アクセス］）。

なお、同基地建設については、カリフォルニア州バークレー市やマサチューセッツ州ケンブリッジ市、ワシントン州シアトル市、退役軍人らでつくる平和団体ベテランズ・フォー・ピース（ＶＦＰ）などが、建設の中止を求める決議案を採択している。

（8）ホンダの公式ウェブサイト（http://mikehonda.com/issues）［二〇一六年七月五日アクセス］参照。その意味で、ホンダの戦後賠償へのスタンスは、犠牲者への賠償よりも日本人への軍人恩給を優先させた日本政府と共通する。

（9）前掲 *Japan Focus* 掲載のインタビュー（"The Japanese Apology on the 'Comfort Women' Cannot Be Considered Official"）および、Cho and Lee, op. cit. ほか参照。

（10）前掲「日系アメリカ人への戦後補償」。フジタニは、この「模範的マイノリティ」神話／言説が、「徴兵拒否やその他の方法で政府の不正に抵抗した日系人の歴史を隠蔽」し、「模範的」ではなかった日系人の存在を不可視化することで成立したことを批判する。また、ジョン・トーピーは、アメリカの日系人への戦後補償が、「日系アメリカ人の抑留体験を合衆国の歴史での「人種」の経験に一般化することを、とりわけ避けようとしたものだった」と述べ、日系人への賠償をほかのマイノリティ集団への賠償に連結させたカナダと対比させている。Torpey, *op. cit.*, p.90, pp. 102-106.（前掲『歴史的賠償と「記憶」の解剖』一三五、一五五―一五九ページ）参照。

（11）同様の事例として、二〇一六年十二月、バラク・オバマ大統領が、アメリカ先住民と環境への配慮から「ダコタ・アクセス・パイプライン」建設を不許可とする一方、沖縄のアメリカ軍新基地建設には推進の立場を堅持したことに、「琉球新報」は国内と国外の先住民に対する二重基準を指摘している（「米本土では住民抗議で工事中止 陸軍管理地の送油管建設、沖縄と〝二重基準〟「水源、環境に配慮」」「琉球新報」二〇一六年十二月六日付〔http://ryukyushimpo.jp/news/entry-406737.html〕［二〇一六年十二月八日アクセス］）。

（12）"Honda Testifies in Support of Comfort Women" およびホンダの公式ウェブサイトを参照。

（13）オリバー・ストーン／ピーター・カズニック／乗松聡子『よし、戦争について話をしよう。戦争の本質について話をしようじゃないか！――オリバー・ストーンが語る日米史の真実 二〇一三年来日講演録広島 長崎 沖縄 東京』金曜日、二〇一四年、八七ページ

（14）「安倍首相の「人身売買」表現に隠れた通訳方法」（「中央日報日本語版」二〇一五年四月二十九日付）ほか参照（〔http://japanese.joins.com/article/708/199708.html〕［二〇一七年三月十二日アクセス］）。

（15）これについては、政治家だけでなく、女性運動団体など運動組織の発言にも同様の傾向が見られる。また、サンフランシスコ市での決議に、「日本以外の他の国家による同様の加害」に言及する一文が修正項目として盛り込まれたことは注目に値するが、「他の国家」にアメリカが含まれているかは不明である。Tomo Hirai, "S.F. Board Unanimously Passes 'Comfort Women' Memorial Resolution," *Nichi Bei Weekly*, Oct. 1, 2015.（http://newamericamedia.org/2015/10/sf-board-unanimously-passes-comfort-women-memorial-resolution.php)［二〇一六年七月二十六日アクセス］、Joshua Sabatini, "Korean 'comfort woman' survivor appeals to San Francisco for a memorial," *San Francisco Examiner*, Sept. 16, 2015.（http://www.sfexaminer.com/korean-comfort-woman-survivor-appeals-to-san-francisco-for-a-memorial/）［二〇一六年七月二十六日アクセス］。ただし、ニューヨーク州選出の下院議員のグレース・メンは、日本軍「慰安婦」制度を「戦時下の女性への暴力」へ連結させている。"Honda, Chu Disappointed by Abe's Speech," *The Rafu Shimpo*, May 5, 2015.（http://www.rafu.com/2015/05/honda-chu-disappointed-by-abes-speech/）［二〇一五年十二月二十八日アクセス］

（16）『沖縄うりずんの雨』監督：ジャン・ユンカーマン、制作：シグロ、配給：シグロ、二〇一五年、日本、アクティブ・ミュージアム「女たちの戦争と平和資料館」編『軍隊は女性を守らない——沖縄の日本軍慰安所と米軍の性暴力 第十回特別展カタログ』アクティブ・ミュージアム「女たちの戦争と平和資料館」、二〇一二年、前掲「日本軍「慰安婦」と今」、秋林こずえ「「沖縄戦と日本軍「慰安婦」展」解題」「女性・戦争・人権」第十二号、行路社、二〇一三年、七六—七九ページ

（17）前掲「Listening〈戦後七十年〉在外日本研究者声明」。大沼は、声明を評価しながら「日本と同じように現代史の罪を背負う彼らも努力をするという気持ちがもう少し示されれば」と述べている。

（18）Kun Jong Lee, "The Asian American Studies in Asia: An International Workshop" での質疑応答での発言（二〇一〇年六月四日）。セッション（14/16）は、以下のサイトで視聴できる。（http://www.youtube.com/user/ieasgovcc#p/u/30/lqtXHC26K8g）［二〇一五年六月十三日アクセス］

（19）リンをめぐる論争については、Freida Lee Mock dir., *Maya Lin: A Strong Clear Vision* (1994, DVD); Lisa Lowe, *Immigrant Acts: On Asian American Cultural Politics* (Duke University Press, 1996)、白井洋子『ベトナム戦争のアメリカ——もう一つのアメリカ史』（〔刀水歴史全書〕、刀水書

房、二〇〇六年）などを参照。ベトナム帰還兵からの攻撃は、リンの人種とジェンダーに加え、碑が採用したモダニズム様式の抽象的デザインにもむけられた。また、リンの「壁」に抜け落ちている三百万人のベトナム人犠牲者の名を、ベトナムの電話帳から無作為的に抜き出した名前を作り替えて『もう一つのベトナム記念碑』（一九九一年）として刻んだアメリカ人造形芸術家クリス・バーデンの存在も記憶にとどめたい。追悼を目的とする公共芸術のありようについては、香川檀が前掲『想起のかたち』で刺激的な議論を展開している。

（20）“Cornel West: Obama’s Response to Trayvon Martin Case Belies...,” op.cit.

（21）Nikhil Pal Singh, “Beyond the ‘Empie of Jim Crow’: Race and War in Contemporary U.S. Globalism,” *The Japanese Journal of American Studies*, 20, 2009, p. 97.

（22）“Race, Violence, Resistance. From Gaza to Fergason,” Bernard College, Columbia University, Dec. 1, 2014 など。

（23）ヴィエット・グエンは、ベトナムの戦場でのアメリカ・マイノリティ兵士の二重性について論じ、有色人種としてベトナム人に共感を抱く兵士がいる一方で、より残忍で支配的になるマイノリティ兵士もいることに言及している。Viet Thanh Nguyen, *Nothing Ever Dies: Vietnam and the Memory of War*, Harvard University Press, 2016.

（24）Diane Carol Fujino, *Heartbeat of Struggle: The Revolutionary Life of Yuri Kochiyama*, University of Minnesota Press, 2005 など。

（25）Janice Mirikitani, *Shedding Silence: Poetry and Prose by Janice Mirikitani*, Celestial Arts, 1987, p. 27.

（26）Janice Mirikitani, Letter to the Commission on the Status of Women, Sep. 3, 2015. ミリキタニの書

簡は、ウェスリー・ウエウンテン氏とスコット・ツチタニ氏のご好意によって入手した。両氏に深く感謝したい。

(27) これに関連して、在米日系とアジア系コミュニティの一部が、イラク戦争を「誤った戦争」として派兵命令に背き、軍法会議にかけられた日系人兵士アーレン・ワタダへの支援運動を展開した。詳細は、「アメレージア・ジャーナル」特集号、*World. War. Watada*, *Amerasia Journal*, 33(3), 2007 ほかを参照。ワタダの支援者には、「慰安婦」碑設置運動への支持で知られる日系市民団体のNCRRやホンダも含まれているが、ホンダは、ワタダのイラク従軍拒否を支持する一方で、アフガニスタンを含むアメリカ軍の軍事拡張主義それ自体は否定しない。"Army Lt. Watada Risks his Freedom for Peace," *San Francisco Chronicle*, Jan. 30, 2007.［二〇一六年九月十一日アクセス］

(28) "The Proposed AAAS Resolution: Standing with the 'Comfort Women': Resisters and Survivors of Japanese Historical Denialism," April 27-30, Miami, U.S.A.; Shigematsu and Camacho, eds., *op. cit.*; Naomi Hirahara, *Sayonara Slam*, Prospect Park Books, 2016. この決議案は、翌年二〇一七年の大会に再び提出された。

(29) 平安名純代「辺野古移設中止へ 在米県系人動く」「沖縄タイムス」二〇一四年八月二十四日付(http://www.okinawatimes.co.jp/articles/-/43334)［二〇一四年九月十二日アクセス］。"Okinawan Americans demand halt of U.S. military base construction" の書簡と署名は、以下のウェブサイトでも閲覧できる。"Okinawa Americans demand halt of U.S. military base construction," (http://www.nichibei.org/2017/03/okinawa-americans-demand-halt-of-u-s-military-base-construction-v/)［二〇一六年九月十二日アクセス］

(30) 個人的な会話による（二〇一六年四月二十九日）。これに関連して、日本でも、マイノリティとして在日コリアンの多くが、拉致問題や「慰安婦」問題をめぐって、少なくとも表向きは主流日本社会の考え方に同調せざるをえない状況があることも再確認したい。二〇一七年一月、釜山の日本総領事館前に設置された「少女の像」をめぐり、碑の撤去への支持を表明した「民団」団長・呉公太の発言が主流日本メディアの注目を集めた一方で、「日刊イオ」は、SNS上で釜山の少女像設置を支持する在日コリアンの投稿が賛同を集め、「小さなムーブメントになっている」ことを伝えている。さらに、一月十六日には在日本朝鮮民主女性同盟と在日韓国民主女性会が、「在日本大韓民国民団・団長の「慰安婦」少女像撤去妄言にたいする抗議文」を、一月十八日には、百九人の在日有志による「民団中央・呉公太団長の「少女像撤去賛同」の暴言に抗議する!!在日同胞有志の声明文」が発表され、「日本の政治家・メディアが、この民団団長の暴言を少女像撤去の世論づくりに悪用しないこと」を求めた。「韓国民団が慰安婦像撤去求める「在日同胞は息を殺して生活」」「産経新聞」二〇一七年一月十三日付（http://headlines.yahoo.co.jp/hl?a=20170113-00000071-san-pol）［二〇一七年三月一日アクセス］、「「#私は釜山の少女像を支持します」「日刊イオ」編集後記（http://blog.goo.ne.jp/gek-kan-io/e/e39ec6b349188474643b3960072644e）［二〇一七年一月十九日アクセス］

（31）Judy Tzu-Chun Wu, "Patsy for President: Patsy Takemoto Mink, Cold Ward Liberalism, and the Viet Nam War," unpublished paper presented at the "Intersecting the Global with the Local: Activism and American Minorities"workshop, Jun. 25, 2016, Kyoto University.

（32）"Barbara Lee's 9/14/01 Speech,"（https://www.youtube.com/watch?v=Zh_sxilhyV0）［二〇一七年三月十三日アクセス］ほか参照。

（33）ピーター・カズニックは、ベトナム戦争を「例外的な過ち」として、アメリカの「歴史浄化」をおこなう「ベトナム戦争の語り方」を批判している（前掲『よし、戦争について話をしよう。戦争の本質についても話をしようじゃないか！』八八―八九ページ）。総じて、ホンダの公的発言には、アメリカの戦争や軍事拡張主義それ自体への批判はほとんど見られない。"Army Lt. Watada Risks his Freedom for Peace."

（34）Mike Honda, "What My Time in a Japanese Internment Camp Taught Me About Hate," *The Time Magazine*, Dec. 16, 2015.（http://time.com/4152095/rep-mike-honda-japanese-internment-camp/）［二〇一六年七月五日アクセス］。注（12）も参照。

（35）前掲「米下院議員マイケル・ホンダ氏に聞く 日本の謝罪は正式なものとは言えません」七九ページ

（36）Dudden, *op. cit.*, p. 132.

（37）*Ibid.* ダデンは、ホンダを家永三郎になぞらえるが、しかし自国の加害を追及した家永とは異なり、ホンダの批判対象が出身国とはいえ実際には他国であることを考えれば、ホンダはむしろ日本で日本国家の犯罪は免責しながら、出身国の北朝鮮や韓国を批判する在日の政治家のポジションに近い。ただし、ダデン自身は前掲の自著で、日本、沖縄、韓国を含むアメリカの軍事加害を批判している。

第3章　(不)在を映し出す場としての在米「慰安婦」追悼碑《メモリアル》

第1章と第2章では、在米アジア系の人々による日本軍「慰安婦」問題への対照的な応答を検証した。本章では、前章で取り上げた米下院の「慰安婦謝罪決議案」を受けて、二〇一〇年頃から主にコリア系の人々によってアメリカの複数の都市で建設が始まった「慰安婦」追悼碑をめぐる論争を見ていく。本論に入る前にまず、在米「慰安婦」碑についてその多義性と、追悼碑一般に関するアメリカ社会の認識を簡単に確認したい。

まず「慰安婦」碑と一口に言っても、在米「慰安婦」碑は、その形態から設置場所にいたるまで多岐にわたっている。いわゆる「少女の像」と呼ばれるソウルの日本大使館前の像とほぼ同一の具象碑もあれば（写真1）、プレート状の碑や蝶をかたどったものまでその形状はさまざまである（写真2・3）。また設置場所についても、北米で最初に建立されたニュージャージー州パリセイズ・パーク市のように市の人口の半分がコリアンという街や、パリセイズ・パーク市があるバーゲ

写真1　グレンデール市中央図書館裏の公園に設置された「平和の少女像」と碑文（2015年3月26日、筆者撮影）

ン郡のように「コリアン・アメリカンの日」[1]を積極的に実施するコミュニティがある一方で、そこから車で二十分ほど行った同じくニュージャージー州のユニオン・シティのようにマジョリティはヒスパニック系でコリア系はほとんどいない街や、カリフォルニア州グレンデール市のように、コリア系住民は少数でも、多数派のアルメニア系住民の共感にもとづいて設置が決定されたという事例もある。

　また、日本では往々にして「慰安婦」碑だけが独立して語られがちだが、アメリカ社会での碑の設置の伝統を理解し、たとえばメアリー・マッカーシーが言うように「米国では、各移民の歴史やそれぞれの先祖から受け継いだ記憶を碑や像で示すことが珍しくない[2]」という文脈から「慰安婦」碑を理解する必要もあるだろう。アレクシス・ダデンも指摘するように、「出身祖国の歴史的トラウマを記念する碑の建立[3]」は、ホロコーストやアルメニア人虐殺、アイルランドの「血の日曜日事件」などに関してもなされていて、

「慰安婦」碑は、日本の右派が主張するような、コリア系が日本だけにむけておこなう反日行為というよりは、むしろアメリカの「伝統的慣習」の多文化主義バージョンと言えるのである（碑の建立はまた、中野聡が「フィリピーノ・ベテラン」への支援運動について述べたような、アメリカのなかの「見えないマイノリティ」が存在感を高め、可視化を勝ち取る手段でもある[4]）。前出のグレンデール市に関して、市職員として碑の設置に携わったアルメニア系アメリカ人のアーディ・カサシアンは、アルメニア系住民が多数を占めるグレンデール市で日本軍「慰安婦」碑の設置が賛同を得た理由について、「慰安婦」の史実をめぐる日本政府の対応がアルメニア人虐殺へのトルコ政府の対応と酷似していて、そのための共感があったことを語った[5]。

写真２　パリセイズ・パーク市公共図書館脇のプレート状の追悼碑。2012年にコリア系市民グループによって設置された（2015年3月23日、筆者撮影）

　このように在米「慰安婦」碑を文脈化する重要性が認識される一方で、碑は「アメリカ社会の慣例的行為」（Dudden 2012）だとする

写真3　2014年にユニオン・シティに設置された蝶をかたどった追悼碑。近くには、9・11や米西戦争の碑もあった（2015年3月23日、筆者撮影）

ダデンやマッカーシーの主張には、その「慣例」に内在するナショナリズムや入植者コロニアリズム、「アメリカ例外主義」を顧みる姿勢が抜け落ちていることも事実である。たとえばマッカーシーは、アメリカに出身国の苦難を記憶する碑が多いことは、アメリカが「どこの国よりも多くの移民を受け入れてきたことの表れ[6]」だと肯定的に評価するが、移民やその子孫が祖国の惨禍を記憶するという「アメリカ的」行為に関してローラ・カンが「特集号」で指摘したのは、「さまざまな民族的主体が「祖国の」追憶や表象行為に携わることを可能とする場」（Kang 33）としての「アメリカ」という、語りの政治性であった。実際、アジア系に限っても、北米生まれの娘が「祖国アジア」で移民の母が体験した凄惨な過去を発見するというアジア系文学の定番になっている語りで、それがアメリカを他国の暴力をまなざす場として、それら暴力とはかけ離れたヒューマニズムを体現する地として特権化する危険は、研究者によって指摘されてきた[7]（北米という地を基点に「祖国の戦禍」を記憶し、言説化するアジア系アメリカ小説の語りについては、第2部第6章と第7章で取り上げる）。その意味では、出身国の苦難を追憶するという言説行為は、「信教の自由と個人の権利を求めて西欧の古い支配から自らを解放し共和制民主主義を打ち立てたという合衆国の建国神話[8]」としてのアメリカ例外主義と共振し、「入植者国家」としてのアメリカの歴史を隠蔽しうることも、注意する必要がある[9]。

本章では、これらの前提を踏まえ、在米「慰安婦」碑について、次の二点に関心を絞って考えたい。まず、右のような両義性を内包する「慰安婦」碑の建立に対し、（主に）在米日系人や日本人がどのような反応を示したかということ、第二に「出身国における加害」を記憶するという「アメリカ的行為」を、日本にも共通する問題として考えることである。

序章でも述べたように、在米「慰安婦」碑に関する本書の問いかけの一つは、現在の日本で紹介される、特に日系人や在米日本人による碑への応答がきわめて二極的だということである。片方で、碑の設置に絶対反対を唱え、撤去を求めて裁判まで起こす「慰安婦」制度および日本の戦争犯罪否認派の、主に在米日本人の活動が伝えられる一方、もう片方では、「慰安婦」制度という人権侵害への共感から、碑の設置を全面的に支持する日系人や在米日本人の反応が紹介される。本章ではこれに対して、日本軍「慰安婦」制度へのリドレスを求める動きには強く共感を寄せる一方で、北米での碑の設置にアンビバレンスを感じたり、運動の方法に違和感を覚えるという人たちに焦点を当てて、賛成か反対かの二元論では理解できない在米日本人や日系人の応答を見ていく。彼・彼女らの応答は、何を意味するのだろうか（言うまでもなく、これらの人々も一枚岩ではない）。本章では、

「碑の設置に反対する人々」を「歴史修正主義者」と一括りにしがちな現在の日本では紹介されることがまれなこれらの人々の反応について、アメリカで日系人がたどってきた歴史や植えつけられた反日感情ゆえの懸念、あるいは在米日本人について言えば、アメリカに限らず、移民一世や在外外国人がしばしば移住先で抱く疎外感やそれにもとづく出身国の美化と擁護、居住国によるレイシズムやオリエンタリズム的な二重基準への反発など、複数の要因から考えるとともに、リドレスの実現にむけて彼・彼女らとどのようにして連携が可能かについても考える。なお、碑の設置に尽力してきた日系やコリア系の人々については、小山エミなどによる優れた文献がすでに存在することから、本章では触れず、稿を改めて論じたい[10]。

本章後半では、在米「慰安婦」碑を通して、自国以外の戦争暴力を記念するという行為について、アメリカだけでなく日本にも共通する問題として考え、追悼碑を、不在の暴力を含む複数の暴力を可視化する場として概念化することを試みる。ある公共の場で、誰のどのような被害を追悼する碑が存在し、どのような碑が存在しないのだろうか。また、それら被害や加害が碑を介してどのように記憶されているかについても、バーゲン郡に設置されたアメリカの「奴隷制」を追悼する碑と「慰安婦」碑との比較を通して考える。

1 北米の「慰安婦」碑をめぐる日系人と在米日本人の反応

在米「慰安婦」碑をめぐる日系人や在米日本人の反応について、現在の日本の、特に「慰安婦」問題解決推進派の言説で、碑への反対や懸念を表明する日系人の存在が紹介されることはまれである。(11)北米で戦後賠償を勝ち取った日系人は、その体験から「慰安婦」問題にも全面的な支持を表明しているという言説が支配的であるなか、碑の設置への「反対運動を起こしてきたのは、一部の在米日本人や、「新一世」と呼ばれる戦後（大部分は高度成長期以降）に移住した人たち」(12)であることが強調される。あるいは、設置をめぐって初めて「日系人社会からの組織的な反対論」が起こったという二〇一五年のサンフランシスコ市の事例のように、まれに言及されても、なぜそれら日系人が反対の立場をとるのか、その理由は十分には掘り下げられず、日本政府や日系企業による「圧力」という説明に力点が置かれる。(13)確かに、そのような不当圧力の存在を指摘することの重要性は計り知れないが、しかし日系人の反対理由を日本政府や企業の圧力だけに還元するのは、彼・彼女らの行為主体性《エージェンシー》を否定し、それぞれがこの問題に対して抱く複雑な思いも不可視化してしまう。

実際、北米の日系人が碑の設置に反対する理由はさまざまであり、単純に「中国陰謀説」などを唱える保守的・右翼的な日系人もいれば、日本軍「慰安婦」制度の犯罪性に異議はなくとも、碑の設置が北米国家内の多民族共生の妨げになることを危惧する人や、日系人が日本という「外国の問題」に巻き込まれることに強い抵抗感を示す人もいる。特に「真珠湾攻撃」など、日本の軍事行為によって強制収容の対象とされた世代の日系人（特に当事者）のなかには、その原因になった「日本」と「日系（人）」の混同に対して強い拒否感をもつ人は多い。それはたとえば、現在の欧米でイスラム系の人々が自分たちはイスラム原理主義者や過激派とは違うとその差異を強調したり、あるいは日本でも在日コリアンの一部に、北朝鮮と自身を区別することで自己防衛に努めたりする人がいるのと同様である。その一方で、碑の設置運動などに見られる、日系人による日本の戦争責任の追及に、日系人が北米で生き残る過程で吸収を余儀なくされた「反日感情」の残滓を感じ取りその危うさを指摘する人や、「慰安婦」問題がアメリカやカナダのナショナリズムや対日レイシズムに転用されることを危惧する人々もいる。サンフランシスコ市やカナダ・バーナビー市での設置運動に際して、日系リドレス運動で重要な役割を果したジャニス・ミリキタニやゴードン・カドタのような活動家が碑の設置に反対を表明したことは、その点で重要である。ここでは、そのような日本の戦争犯罪それ自体には異論がなかったり、あるいはミリキタニのように過去に「慰安婦」サバイバーと面会し、その運動を強く支持してきたにもかかわらず(14)、北米での碑の設置に反対あるいはアンビバレントな立場をとる日系人について、三つの事例を通して考えたい。

まず、二〇一三年に自身が居住するカリフォルニア州ブエナパーク市で「慰安婦」追悼碑の設置が提案されて以来、北米の候補地に対して設置への抗議を示す書簡を送ってきた日系二世の朝鮮戦争帰還兵ロバート・ワダの事例を見てみよう(15)。バーナビー市へ宛てた書簡のなかでワダは、碑の設置への反対表明が、「日本の戦争加害を見逃したり、擁護したりするものではない」ことを明言したうえで、日本と韓国という「二つの外国国家間の問題」である「「慰安婦」問題への謝罪は、日本から発せられるべき」であることを強調する。「外国」という言葉が何度も繰り返し用いられる書簡のなかでワダは、北米の地にそのような「外国の問題を記憶する碑」を建てることは、北米のマイノリティ間に無用な亀裂や緊張関係を引き起こし、日系人への偏見を増大させるだけだと述べる。さらに、自身のようにアメリカと韓国のために命を懸けて戦った日系アメリカ人が、碑の設置によって「非難」や「憎悪」の対象にされたり羞恥にさらされたりすることは許されないと主張する。

朝鮮戦争をはじめとしたアメリカの軍事行為への日系人の参与を愛国心の証しとして称賛し、朝鮮戦争でのアメリカ軍兵士の犠牲は強調しても、韓国・朝鮮人の被害には一切触れないワダの書簡には、大きな問題と偏りがあることは否めない。その一方で、ワダの主張の根幹にあるのは、強制収容という人種暴力にもとづいた抵抗意識であり、日系アメリカ人が、第二次世界大戦時と同様に日本の軍事加害と結びつけられ、再び人種暴力の対象とされることへの危機感である。実際、前述のミリキタニなど、リドレス運動に寄与した急進的フェミニスト活動家のなかにも、「慰安婦」問題それ自体には強い共感を寄せる一方で、日本だけを対象とした北米での碑の設置が反日感情を引き起こし、在米日系人への偏見として跳ね返ってくることを危惧する人は少なからず存在する。[16] それは、ある在加日系人の言葉を借りれば、「「日本人は残虐」だからと言われて強制収容された日系人達が、その戦時の残虐な歴史を避けたいという気持ち故に、南京大虐殺などが表沙汰になる事を不安に感じている[17]」心理とも言えるだろう。ある在米日系三世の男性は、そのような「不安」が「不合理な恐れ」であることを認めたうえで、碑の設置を推進する運動家らが、収容当事者である一部の日系人の不安や恐れに真摯に向き合うことをせず、碑に反対した人々を一律に「修正主義者」と切り捨てたことに違和感をもったと述べた。[18]

その一方で（あるいはそれと並行して）、日系人が北米で生き残る過程で内在化させてきた「反日感情」を懸念する日系アメリカ人もいる。多文化主義以前の北米で、日系人が「正統なアメリカ・カナダ国民」としての承認を得るために、長きにわたり「出身国日本」を否認しなければならなかった歴史はよく知られているが、米山リサは、そのような経緯と戦争記憶の関係について次のように述べている。

「日系アメリカ人にとって」その公的生活の何らかの時点において、日本との結びつきと日本にたいする忠誠を否認することは、敵性外国人としての汚名を克服し、完全で第一級の市民となることの必要条件とみなされてきた。アジア系アメリカ人にとって、合州国が二〇世紀に戦った数多くの対アジア戦争に関する支配的な記憶を体現してみせることは、アメリカ国民としての「同化可能性」を効果的に証明するためのわかりやすい身振りなのである。

(Yoneyama 173-174)

ここで米山が指摘するのは、マイノリティが生き残りのためにしばしば主流社会の戦争記憶への同化を迫られるという日本にも共通する構造だが、そのようななか、たとえば第2章で論じたマイク・ホンダのような一部の日系人による日本の戦争責任の追及に、対日戦争に関する主流アメリカ社会の戦争観の反復や、その残滓としての「反日感情」、あるいは、再び米山の言葉を借りれば「日本の戦争犯罪のアメリカ化」といった動向を感じ取り、違和感をもつ日系人や在米日本人がいても驚くにはあたらない。

実際、日系人強制収容への謝罪と賠償を求めた日系リドレス運動の一部に内在した「反日的」思考や感情については、近年研究者や作家らによって指摘されてきた。たとえば、日系人が頻繁に口にしたという「仕方がない」という言葉に示される「諦め」の観念や、「受容」「我慢」などを称揚する日本の文化思考様式を負の遺産と捉え、日系アメリカ人がアメリカで抵抗運動に携わり正義を勝ち取るためには、そのような負の遺産を克服しなければならないという主張はその一つである。そこでリドレスは、「日本」という出身国の文化価値体系から自らを分離させ、「アメリカ人」として再構築することで、「日系アメリカ人」という抵抗の主体を立ち上げる行為と密接に結びつけられ言説化された（ただし、リドレス達成後の一九九〇年以降、このような「抵抗の不在」を日本文化に帰するオリエンタリズム的・文化本質主義的考え方は、強制収容での「日系人の抵抗の不在」という神話とともに批判的に省みられている）[19]。ある日系人男性は、北米での「慰安婦」碑設置の運動にもそれと同様の「日系コミュニティ内に残存する反日感情」や日本への優越意識を読み取り、一部の日系アメリカ人が主流アメリカ社会と同一化して日本の戦争犯罪を批判する姿勢に対して懸念を表した。そのうえで、この男性は、第二次世界大戦のアジア人犠牲者への追悼碑は、東京の中心部にこそあるべきだと語った[20]。

そうであれば、この男性と同様に、北米社会での戦争犯罪の他者化を懸念しながら、それを忌避する方策を条件に碑の設置を検討可能とする日系人の存在は注目に値する。「週刊金曜日」公式ウェブサイトへの寄稿で乗松聡子は、バーナビー市での「慰安婦」碑設置の動きをめぐり、カナダ「日系社会の重鎮」で「「リドレス運動」に貢献した」ゴードン・カドタが、設置に対する「日系人の反対署名をとりまとめようとしている」様子を紹介し、そのうえで、カドタの行動が日本人右派が主導する「排外的で歴史否定の観点からくる反対運動とは一線を画している」と述べる。乗松によれば、カドタは、現行の「韓国人女性の被害だけを扱う」碑の設置については、「カナダに貢献しない」「多文化共存が崩されうる」などの理由で反対しながらも、「たとえば「カナダの先住民も含む、すべての女性の人権侵害を扱うのなら考えうる」[21]」と答えたという。ここでカドタが、カナダ先住民女性の「人権侵害」に言及し、日本軍「慰安婦」制度という他国で起きた帝国主義的軍事性暴力を、カナダでの同様の植民地主義下の性暴力に結びつけていることは重要に見える（カドタと同様にリドレス運動で重要な役割を果たしたミリキタニも、「慰安婦」制度とともに、アメリカ先住民やベトナム戦争などアメリカの加害を含む「すべての戦争暴力」を記憶する必要を訴えている）。カドタの提起は、北米での「慰安婦」問題への取り組みが暴力の他者化となりうる危険を指摘する、ミリキタニや前述のアジア系アメリカ研究者らの問題提起とも合致するのである。

前述のように日系アメリカ人文化人類学者のドリーン・コンドウは、アメリカで正義がしばしばレイシズムとセットで行使されてきた歴史に触れ、アメリカ「支配言説による日本やその他の人種的刻印を受けた国家への批判が、アメリカの優位性を補強するために用いられ[22]」ることの危うさを指摘している。コンドウが懸念するのは、ある特定の暴力の是正とそのための正義の行使が、別種の暴力や権力構造に加担してしまう陥穽であり、たとえば性暴力の処罰というジェンダー正義を求める行為が、アメリカの文脈で言えば「黒人レイピスト神話」や有色人男性の「過剰な性」といった、米国で歴史的に生成されてきたステレオタイプを助長し、既存のレイシズムやオリエンタリズム言説と共犯関係を構築してきた歴史である。[23]

たとえば、元フットボールのスター選手だったO・J・シンプソンが白人の妻ニコールへのDVと殺人の罪で起訴されたシンプソン事件や、クラレンス・トマス最高裁判事による元同僚の黒人女性アニータ・ヒルへのセクシュアル・ハラスメントの嫌疑をめぐる公聴会など、一九九〇年代のアメリカで著名な黒人男性が性暴力の加害主体として名指された事例で、多くの黒人女性が、白人および黒人被害女性ではなく、黒人の加害男性に共感を示すということが起きた。その際に、それら黒人女性の反応をめぐって指摘されたのは、二人の黒人男性への性暴力の告発が、いわゆる「黒人レイピスト神話」として知られる「黒人男性の過剰で制御不能な性」というステレオタイプを補強し、白人中心社会のレイシズムに加担してしまうことに対する、これら黒人女性の懸念であった。[24]その意味では、『ライジング・サン』や『チート』などの文化テクストに言及するまでもなく、「有色人男性の過剰な性」という語りには、アメリカでしばしば日本人も含まれてきたことは想起する必要があるだろう。[25]

カドタが、北米という文脈で日本軍「慰安婦」制度の暴力性を記憶する際、「カナダの先住民を含む、すべての女性の人権侵害」にこだわるのは、「慰安婦」制度という重大な人権侵害に対する正義の希求が、主流カナダ社会のレイシズムやナショナリズムに加担し、暴力を他者へ投棄する行為として帰結することに対して慎重であろうとするためであるように思われるのである。そしてその意味では、前述のミリキタニも、日本の加害行為だけを問題にする碑の設置が反日レイシズムにつながることを危惧し、それを回避するためにも、アメリカで現在進行形の性暴力に苦しんでいる

「「弱者女性のためのシェルター」といった生きた碑」（傍点は引用者）を設置すべきだと提案したことは興味深い(26)。

カナダで多くの先住民女性が被害者となっている性暴力事件について、乗松は、それらのなかの「未解決のままの殺人や行方不明事件」に対する本格的な真相究明作業が「トルドー新政権によって始まった」ことに触れ、カナダでは「植民地主義の中での女性の人権侵害」が「現在進行形の問題」として存在することを指摘する。乗松は、そのため「日本軍性奴隷制度の歴史をカナダ人が学ぶことには意義がある(27)」と主張するが、日本帝国主義下で行使された「慰安婦」性奴隷制度という暴力を、「植民地主義の中での女性の人権侵害」として、カナダという入植者国家での先住民女性への暴力と連結させようとする乗松の提起は、同様に「複数の（軍事）帝国主義」という視点から「慰安婦」問題への接近を試みるアジア系アメリカ研究者らの問題提起と共振する。実際、サンフランシスコ市で設置予定の碑文から「日本政府」という固有名詞が削除されそうになった際、そのような加害主体の消去は「現在進行形の性的搾取」の曖昧化にもつながり、犠牲者へのさらなる加害となるという理由から反対を唱えた人々のなかに、ローラ・カンをはじめ、イェン・リ・エスピリトゥ、セツ・シゲマツ、ミミ・グエンといった、ベトナムを含むアジア太平洋地域でのアメリカの軍事帝国主義を鋭く批判してきたフェミニスト研究者らがいたことは想起する価値がある(28)。これらの人々はともに、暴力の他者化という危険を回避したうえで、「慰安婦」制度という深刻な人権侵害を批判するための言説空間の構築を目指しているのである。

2　他者化的視線と在外外国人の応答

ここまで、主に北米日系人の反応を見てきたが、本節では、日本人を中心とする、アメリカ在住のアジア人の反応を検証したい。在米アジア系のコミュニティ・サイト「AsAmNews」によれば、カリフォルニア州が規定する歴史と社会科学教育の知の枠組みをめぐって、二〇一六年、州教育委員会には、日本軍「慰安婦」制度と並び、イスラム教とインドのカースト制度に関する抗議が寄せられたという。なかでもカースト制度に関しては、「特に発信力が高い」インド系アメリカ人から、一万通のメールと千に及ぶ記述修正案が送られてきたと記事は伝えている。欧米諸国による自国文化の他者化への反発については、「女子割礼」に関連して、現地でその廃絶運動に携わる活動家からも異論が表明されたことは第1章でも述べた。カリフォルニア州の歴史教育が準拠する知の枠組みに対するインド系の人々の反発の根底にも、インドのカースト社会を、アメリカなどの西洋民主主義文明社会の対極としてまなざすオリエンタリズム的視線への違和感があることは想像に難くない[29]。

しかしそこにはまた、「在外外国人」という立ち位置や、その体験の被傷性にもとづく防御意識も関わっているように見える（インド系アメリカ人には新移民が多いことも知られている）。ある在米ロシア人移民の女性は、アメリカ在住のロシア人や移民一世の多くが、主流アメリカ社会やメディアの反プーチン主義に反発し、ロシアにいた際にはそうではなかった人までもがプーチン支持派になってしまうのだと語った[30]。この逸話は、アメリカに限らず日本にも当てはまる、移住先国家で移民一世や在外外国人がしばしば抱く周縁者意識や、そのような状況下で移住先の社会が出身国にむける一方的で他者化的なまなざしへの反発、またその裏返しとしての祖国の美化や擁護感情がもたらす現象とも読めるだろう。もちろん移民一世や在外外国人がすべてそうだというわけではなく、ナショナリズム的防御感情には陥らない人もいれば、逆に西洋社会と一体化することで出身国への優越性を誇示したいと望む人や、さらにそれに反発して出身国に対して擁護的になる人もいる。その一方で、在米日本人のなかには、「慰安婦」制度という史実を否認する右派の動きには反対しながらも、出身国を美化し「強制連行はない」という主張に影響を受けている人たちもいるという[31]。

時代はさかのぼるが、日系アメリカ作家のジョン・オカダは、第二次世界大戦前後のアメリカを舞台とした小説『ノーノー・ボーイ[32]』(一九五七年)で、日系人への人種偏見とそこから生じる被害者意識から、軍事帝国としての祖国と過剰に一体化し、祖国を理想化した末に、日本の敗戦を認められずに精神を破綻させ自死にいたった移民一世の姿を、アメリカ生まれの二世の息子の侮蔑的な視線を通して描いた。それは現代で言えば、欧米社会への絶望からIS(「イスラム国」)などの過激組織に参加するイスラム系の若者と、それら「過激派」と距離をとることによって主流社会で生き延びなければならない「一般の」イスラム系市民・住民の姿とも重なるかもしれない。

シンプソン事件に関連して、白人中心社会への不信感ゆえに、そこへむけて黒人男性を批判することに抵抗感を抱く黒人女性たちについて述べた。私が知る在米日本人のなかにも、もし人種マジョリティとして日本にいたならば、「慰安婦」問題の解決や碑の設置を全面的に支持したのではないかと思われる政治思想をもつにもかかわらず、主流アメリカ社会が掲げる一元的正義や二重基準への反発からこの問題と距離を置いたり、あるいは「否認派」とは一線を画しながらも、碑の設置に対して両義的感情を抱いたり違和感を示したりする人々がいる。

さらにこうした反応は、日本での一部の在日外国人の反応とも共通している。たとえば、日本在住の複数の中国人女性が、中国政府のウイグルやチベット政策を批判しながら、その一方で、日本のなかでマイノリティの立場にある沖縄に対して非人道的政策をとり続ける日本政府や、それを放置する日本の多くのメディアが、自らを顧みることなく一方的に中国政府を批判する態度に強い違和感を示す姿はしばしば目にしてきた。あるいは、日本で北朝鮮の批判をしても日本人を喜ばせるだけだと語り、シンプソン事件をめぐる黒人アメリカ人女性と同様に、主流日本社会への不信感を表した在日コリアンの女性もいた。

在米「慰安婦」碑の設置運動に携わってきた美穂・キム・リーは、日本人の「慰安婦」制度否認派が、アメリカで日系人をターゲットに、「慰安婦」問題は反日バッシングにつながると述べ、反日差別の歴史を背負ってきた日系人の感情に訴えている状況と、そのような右派の戦略に共鳴する日系人が増えていることを危惧する。[33] このように、日米両国の「他国の加害」の記憶をめぐる現状に対し、主流社会への不信感やマイノリティとしての被害感情から歴史修正主義者の主張に共感してしまう人々が存在するとしたら、それらの人々を単に「否認派」と切り捨てるのではなく、彼・彼女らが抱く不信感を軽減させ、暴力への批判を可能にするための共通の基盤や言説空間を構築する努力もまた必要であるように思われるのである。

3 「他国の暴力」と(不)在を映し出す碑

ここまで、在米「慰安婦」追悼碑に対する日系人や在米日本人の反応を見てきた。これに対して本節では、追悼碑それ自体に目をむけ、以下の二つの問いについて考えたい。まず、公の場で誰のどのような被害を記憶する碑が建てられ、誰の碑が建てられないのかという問いと、第二に、それらの碑には被害者や加害者がどのように記憶されているのかという問いである。

まず、在米「慰安婦」碑にまつわる不在としてただちに目に留まるのは、アメリカの対外戦争によって生じたアメリカ人以外の犠牲者と、アメリカの入植者コロニアリズムの歴史だろう。前出のカサシアンは、グレンデール市には広島や長崎の犠牲者やアメリカ先住民への追悼碑がない現状を自己省察したが[34]、私が訪れたいくつかの都市には、米軍兵士の碑と「慰安婦」追悼碑が同一敷地内に設置されていて、そのことに少なからず違和感を覚えた[35](写真4)。すなわち、「慰安婦」追悼碑にアメリカ以外の国の戦争犯罪とその被害者が記憶される一方で、米軍の軍事行為に関しては、朝鮮戦争の碑にもベトナム戦争の碑にも、アメリカ人兵士の犠牲とアメリカ国家への貢献だけが記憶され、その同じ戦争での国外の犠牲者が思い起こされることはない。マイク・ホンダをはじめとする「慰安婦」碑設置を推進するアジア系アメリカ人の一部が、アメリカの戦争を、自由と民主主義のためだと主張していることは前述したが、「慰安婦」制度という他国の戦争犯罪を記憶する行為が、アメリカ自体の軍事（性）暴力の抹消とセットになっている構造は、追悼碑にも共通する。その点で、グレンデール市になぜ米軍「慰安婦」の碑がないのかを問う右派の批判にも一理はあるだろうし、前述のカドタの提起をはじめ在米「慰安婦」碑の存在に疑問を投げかける「進歩的な日系アメリカ人三世、四世の間」で「「戦争犯罪で、世界一の犯罪国家はアメリカ政府なのに」という声が増えている(36)」ことを危惧する意見があることは傾聴すべきだろう。

写真４　バーゲン郡裁判所正面入り口前の「名誉の円環（サークル・オブ・オナー）」。第一次世界大戦から湾岸戦争までの退役兵のための追悼碑（2015年3月23日、筆者撮影）

設置推進派の間で、碑は「歴史から学ぶ」ためのツールだという声はよく聞かれるし(37)、その重要性にむろん異議はないが、学ぶべき対象としての歴史がきわめて選別的であることも再認識する必要はあるだろう。そしてその意味では、先述のミリキタニによる問いかけ、すなわち第二次世界大戦終結七十周年を

写真５　バーゲン郡裁判所横の追悼石碑群。手前の碑はアイルランド大飢饉の犠牲者を追悼するもので1995年に設置された（2015年3月23日、筆者撮影）

記念するサンフランシスコ市の決議で、なぜ「慰安婦」制度だけが記憶され、「広島・長崎」や日系人強制収容、あるいは戦争終結四十周年でもあるベトナムの惨禍は記憶されないのかという問いも、この点で重要だと思われる[38]（後述のように、これらはすべて日本にも共通する問題であり、特に最後の問いは、アジア太平洋戦争終結七十周年の日本でどの暴力が選別的に記憶されたのかを問う、まさに日本に投げかけられた問いでもある）。

　記憶をめぐるこの不均衡は、被害や加害がどのように記憶されているのかという第二の問いとも関連する。ニュージャージー州バーゲン郡の裁判所横には、日本軍「慰安婦」追悼碑と並んで、オスマン・トルコによるアルメニア人虐殺とナチスによるホロコースト、さらに「英国政府が引き起こした」アイルランド大飢饉といった「他国の暴力」を記憶する石碑とともに、奴隷制への追悼碑が半円を描くように並んでいる[39]（写真５）。しかし、これらの碑文から見て取れるのは、他国での暴力を記憶する四つの石碑が犠牲者の数と加害主体のみを記しているのとは対照的に、奴隷制の碑には、犠牲や暴力に加えて、それに抵抗し闘った人々の努力も記されていることである。そこには、「中間航路で命を落とし、奴隷制の恐怖に苦しみ、人種隔離という非人道的政策に耐えた数百万のアフリカ（系）の人々」とともに、「自由と平和、正義のために闘い、尽力し続けている英雄たちの存在も、私たちは記憶にとどめる」と刻まれている（碑にはキング牧師の名も記されている）(40)（写真6）。

写真6　同じくバーゲン郡裁判所横の奴隷制を記憶する石碑。2009年に設置された（2015年3月23日、筆者撮影）

　前述した「女子割礼」をめぐる論争では、初期の欧米フェミニズムが現地の人々を「犠牲者」と「加害者」に二分化し、暴力的慣習の廃絶にむけて「尽力する」現地の人々の努力やエージェンシーを不可視化したことが批判された。同様の問題はバーゲン郡の追悼碑群にも当てはまる。言うまでもなく、奴隷制だけではなくホロコーストやそのほかの加虐行為でも、「自由と平和、正義のために闘い、尽力し続け」た現地の人々は存在したはずであり、過去の暴力や惨禍を、犠牲者と加害者だけでなくそれと闘った人々の努力を通して記憶することは、対象社会の他者化を回避するとともに、暴力の克服と未来にむけ社会を再構築させていくうえでも重要である。だとすれば、問題は、バーゲン郡の追悼碑群によって想起される「他国の暴力」には、そのような他者への配慮がないことなのである（ただしこれは、悪意というよりは視点の欠損に近いのだろう）。しかしそうであればこそ、「特集号」が日本や韓国を含むアジアの運動家の努力に言及したり、ダデンなどの在米日本研究者による「日本の歴史家を支持する声明」が、アジア太平洋戦争の歴史叙述への圧力に抵抗し、「正確で公正な歴史を求め」尽力する主体を「日本の多くの勇気ある歴史家」とし、アメリカ主導の文明化の使命に抵抗したうえで、日本国家による戦時暴力を問うていることは重要なのである。

4 「対話の場」としての「慰安婦」追悼碑

マッカーシーは、在米「慰安婦」碑の設置に反対する日本の右派勢力に対して、「単に撤去を求めるのではなく、共に議論し、共に考えていくことこそが米国社会に快く受け入れられてもらえるはずだ(41)」と述べ、碑を対話の場とすることの重要性を強調する。このマッカーシーの提案には強く同意する一方、しかしそのためには「アメリカ社会側」（言うまでもなく、単一集団ではない）もまた、碑への異論や批判に対して聞く耳をもち、それらを通して自己を振り返る努力が求められるのではないだろうか。

米山リサは、日本人右派がグレンデール市の碑の撤去を求めて起こした訴訟に触れ、原告団が碑への「不同意」についての判断を司法に委ねることで国家権力を再強化するのではなく、彼・彼女らの「違和感」を生産的な自問や「批判的思考の機会」としえたと述べる。米山は、「なぜ日本政府による複数の謝罪が「真摯なもの」として受け入れられなかったのか」を振り返るとともに、像の脇に設置された「空の椅子」の象徴性を通して、「リドレスの（不）可能性の弁証法に関する批判的思考」の重要性を提唱する（写真7）。

写真７　グレンデール市の碑は、ソウルの碑と同様に、少女像とその横に設置された空の椅子からなっている（2015年3月26日、筆者撮影）

［碑の設置という出来事］は、それがなぜいまなのか、なぜこれほどの時間がかかったのか、ある特定の喪失や暴力が、いかに他のものよりも特権化されてきたかという一連の問いを生み出す機会となりえたのだ。（略）実際、少女の像の横に置かれた空の椅子が示す明白な不在は、同様に不可視化

され、いまだ補償是正《リドレス》されずにいる他の損傷や国家暴力を思い起こさせ、見る者の心を乱すのである。(42)

米山の言葉は、在米「慰安婦」碑にまつわる不在が、アメリカだけでなく、日本での同様の欠落を振り返るための反射鏡になりうることを示唆する。たとえば、アメリカでの兵士の碑が、性暴力を含むアメリカ国家外の被害者の存在を不可視化することは先述したが、森川万智子は、戦後一貫して日本兵を追悼する碑がアジア各地に建立されてきたにもかかわらず、そこに「慰安婦」の追悼碑は作られなかったことを批判している。(43) その意味で、在米「慰安婦」碑は、何よりも日本国家による公的な「慰安婦」追悼碑の不在という、その根本的な欠損を映し出すものであることは強調されなければならない。(44) また、序章でも触れたアメリカでのスミソニアン原爆展への中止圧力は、「慰安婦」問題を裁いた女性国際戦犯法廷を取り上げたNHK・ETV特集『問われる戦時性暴力』への政治介入など、日本での同様の事例を喚起するが、NHKをはじめとした日本の主要メディアの多くが、スミソニアン原爆展という他国の問題については報じても、自国で起きている言論弾圧とそれにメディア自体が加担している事実には沈黙を保つという、自他に関する二重基準も映し出す。(45) そのような自己免責とセットでおこなわれる他者の暴力を記憶する行為は、戦後の日本で『アンネの日記』が、日本がナチス・ドイツの同盟国だったという史実を思い起こさないままに聖典化され続けたことにも顕著に現れており、「慰安婦」問題をめぐるアメリカ主流社会の対応と同一の欠落を示すのである（同様の問題は、北方領土「返還」言説に、日本の入植者コロニアリズムの視点が欠けていることにも当てはまる）。

アメリカなど「慰安婦」問題に関する「第三国」が、自国の加害行為は不問のままに、他国の暴力を一方的に断罪することへの不満や反発は、日本でしばしば発せられてきた。その一方で、第1章でも述べたように、北朝鮮政府による日本人拉致問題に関して、同様に「非当事者第三国」であるはずのアメリカ政府やメディアが、グアンタナモなどでの自国の人権侵害を振り返ることなく北朝鮮政府を非難したり、あるいはカナダが、マンハッタン計画へのウランの供給という事実は不問のままに、原爆被害を悼む碑を国内に設置することの政治的妥当性については、アメリカの「慰安婦」問題支援を厳しく批判する態度とは対照的に、日本ではほとんど問われてこなかったことも事実である。欧米国家による「二重基準」を批判する日本の右派に決定的に欠落しているのは、この自国の被害と加害をめぐる二重基準であり、自らの加害を振り返ることなく一面的な被害だけを主張するその議論に説得力がないことは明白である。

これまで論じてきたように、公共の場に「慰安婦」追悼碑設置を呼びかけるための言説が、設置国のナショナリズムに依拠したり、それによって選別的な記憶の産出やその国の加害の消去に加担したりする危険をはらむものであることは留意しなければならない。と同時に、在米「慰安婦」碑は、そこに記憶される暴力とともにそれを取り巻く複数の不在の暴力も映し出し、あるいはそれらを読み取るリテラシーを養成する場としての意味ももつ。アメリカの首都ワシントンにあるベトナム帰還兵追悼碑（通称、ベトナム戦争戦没者記念碑）にベトナム人犠牲者の存在が欠落していることは前述したが、白井洋子は、碑の建立から二十余年を経て、碑にベトナム人の名が刻まれていないことを疑問視するアメリカ人が増えていると述べている。[46]「慰安婦」碑についても、その設置をもってゴールとするのではなく、そこからさまざまな「歴史」や現在進行形の暴力を学ぶ場として、見る者がそれぞれの自己省察を経た「対話」を形成する場とすることもまた、追悼碑の重要な役割なのではないのだろうか。ユニオン・シティでの「慰安婦」碑の除幕式に出席した現地の女性支援団体「ウィメンズ・ライジング」のマーガレット・エイブラムスは、市に碑が設置されることで、市内の酒場で拘禁され、売春を強要されている中南米出身の女性が「助けを求めたり、周囲の人間が犯罪行為を通報したりする後押しとなる[47]」と述べたという。

二〇一六年十一月、アメリカ・サンフランシスコ市とグレンデール市の「慰安婦」碑設置運動に携わる在米活動家を招いた会が、東京で開かれた。活動家の一人で日系ペルー人を両親にもつグレース・シミズは、第二次世界大戦時にアメリカ人捕虜との交換のために南米から拉致された日系人が、アメリカ政府による日系人戦後補償から排除されたことに言及し[48]、この「第二次世界大戦をめぐる未解決の事象」が、同様に未解決の戦争犯罪である「慰安婦」問題への自身の共感の原点だと述べた。シミズがそこで、「日米両政府による未解決の不正義への真の国際的な連帯」を呼びかけ、国家によって人権を剝奪された人々への国を超えた連携の必要性を強調したことは印象的だった。その一方で、そのような「国際的連帯」の一環として、たとえば沖縄でのアメリカ軍新基地建設反対の決議を、バークレー市やシアトル市、ケンブリッジ市など複数のアメリカ市議会に続き、サンフランシスコ市も議決する意図はないかとの質問がフロアから上がったのに対し、当日出席した活動家らからの応答は、「予定はない」「聞いたことはない」「状況的に困難である」であり、「困難ではあるが努力する」という声がなかったのは残念だった[49]。

米山は、アメリカ・サンディエゴ市で開催された日本の戦争犯罪を論議する集会で、アジア系アメリカ人の女子大学生が、「なぜ私たちは日本の残虐行為のみを問題視し、現在進行形の「アメリカによる」不正義は問題化しないのか[50]」と発言したことを紹介している。ミリキタニによる同様の問いかけや、ウエウンテンら在米沖縄（系）の人々による日米両政府への米軍基地建設反対のはたらきかけについてはすでに述べた。日本軍「慰安婦」制度という深刻な人権侵害への責任と謝罪を日本政府に要求するという、ともすれば一方的な正義に陥りがちな活動を、日系ペルー人へのリドレスや沖縄基地反対といった、カンの言葉で言えば、「「現在」の「ここ」「アメリカ」で、私たち自身が、困惑しながら不完全なかたちで関わっている事柄」(Kang 47) と結びつけることで、「ともに努力する」という双方向の運動へ変換していくことも、また重要ではないかと思われるのである。

注

（1）「コリアン・アメリカンの日」は、一九〇三年にアメリカに移住してきた最初のコリア系移民を記念して、二〇〇三年にジョージ・W・ブッシュ大統領によって設定された。

（2）メアリー・マッカーシー「米社会の見方知り対話を」「朝日新聞」二〇一六年五月十四日付

（3）Alexis Dudden, "Korean Americans Enter the Historical Memory Wars on Behalf of the Comfort

Women," *Japan Focus: The Asia-Pacific Journal*, Jun. 17, 2012.（http://apjjf.org/-Alexis-Dudden/4731/article.html）［二〇一六年一月一日アクセス］。以下、本節中のすべての引用はここからとし、本文中に示す。ダデンの日本語訳は、引用者訳である。

（4）在米マイノリティによるエンパワメントの一環としての政治運動について、中野聡は、一九九〇年代の在米フィリピーノ・コミュニティで、第二次世界大戦時のフィリピン人ベテラン（退役軍人）への支援運動が高まった理由として、「単にベテランの支援が正しいからだけではなく、それがフィリピーノのコミュニティとしての一体性を強め、アメリカ社会でのフィリピーノの存在感を強める絶好の機会となる、エンパワメント・イシューだと捉えられ」たことを挙げている（前掲『歴史経験としてのアメリカ帝国』三四六―三四七ページ）。また、後述するアーディ・カサシアンによれば、グレンデール市での碑の設置は、「ロス蜂起（暴動）」以後のコリア系のイメージ回復戦略の一環でもあったという。筆者による聞き取り（二〇一五年三月二十六日）。

（5）筆者による聞き取り（二〇一五年三月二十六日）。

（6）前掲「米社会の見方知り対話を」

（7）そのような批判は、エイミ・タンのベストセラー小説『ジョイ・ラック・クラブ』に対して特に顕著である。Shuang Shen, *Self, Nations, and the Diaspora: Re-reading Lin Yutang, Bai Xianyong, and Frank Chin*, dissertation, City University of New York, 1998; Patricia Chu, "'To Hide Her True Self': Sentimentality and the Search for an Intersubjective Self in Nora Okja Keller's *Comfort Woman*," in *Asian North American Identities: Beyond the Hyphen*, Indiana University Press, 2004, pp. 61-83; Nakamura, *Attending the Languages of the Other*.

（8）前掲「批判的フェミニズムと日本軍性奴隷制」二三八ページ

(9) キャンディス・フジカネは、アメリカでのアジア系移民の軌跡が「刻苦を乗り越え、打ち勝つ」という「アメリカン・ドリーム」を形成する語りとして構築されることで、入植者コロニアリズムへの継続的な加担を隠蔽することを批判している。第1章注を参照。

(10) 小山エミ「グレンデール市従軍「慰安婦」碑の撤去を求める訴訟をめぐって 大日本帝国を擁護する動きに反発を強める日系米国人」(「金曜日」二〇一四年十月二十九日号、金曜日)、小山エミ「米国における「慰安婦」像と日系社会」(「特集 日本軍「慰安婦」問題をどうとらえるか」「戦争責任研究」第八十三号、日本の戦争責任資料センター、二〇一四年)、前掲「アメリカ「慰安婦」碑設置への攻撃」四三―四四ページ、前掲「米国の日本人や日系人コミュニティは、「慰安婦」問題をどう受け止めているのか?」など。

(11) 例外として、田中裕介が、カナダに関して、「国内問題」としてのリドレスと、対外問題である日本の戦争責任を混同させるべきではないと考える日系カナダ人らについて、批判的に論じている(前掲「日本の戦争責任とカナダのエスニック・マイノリティ運動」)。また以下の新聞記事にも一部、多文化共生への危機意識から碑に反対する日系人への言及がある。「慰安婦像、揺れる日系人」「朝日新聞」二〇一三年八月八日付、「慰安婦の碑・像――米の事情は」「朝日新聞」二〇一五年十一月十八日付

(12) 前掲「アメリカ「慰安婦」碑設置への攻撃」四三―四四ページ、前掲「米国の日本人や日系人コミュニティは、「慰安婦」問題をどう受け止めているのか?」七〇ページ

(13) 前掲「アメリカ「慰安婦」碑設置への攻撃」五六―五九ページ、前掲「米国の日本人や日系人コミュニティは、「慰安婦」問題をどう受け止めているのか?」七一―七二ページ

(14) Mirikitani, Letter to the Commission on the Status of Women.

(15) "Comfort Women Scam Splashing in Canada," (http://www.michaelyon-online.com/comfort-women-scam-splashing-in-canada.htm)〔二〇一六年七月十七日アクセス〕。ブエナパーク市に送付された書簡は、在米日系新聞の「羅府新報」のサイトに掲載されている（"VOX POPULI: KOREAN WAR VET SOUNDS OFF ON PROPOSED COMFORT WOMEN MONUMENT,"〔http://www.rafu.com/2013/08/vox-populi-korean-war-vet-sounds-off-on-proposed-comfort-women-monument/〕〔二〇一七年三月十三日アクセス〕）。ワダの書簡については、「羅府新報」のグエン・ムラナカ氏からご教示いただいた。

(16) Mirikitani, Letter to the Commission on the Status of Women; Joshua Sabatini, "Supes support 'comfort women' memorial in San Francisco," *San Francisco Examiner*, Sep. 23, 2015. (http://www.sfexaminer.com/supes-support-comfort-women-memorial-in-san-francisco/)〔二〇一六年七月九日アクセス〕

(17)「カナダ・オンタリオ州議会の「南京大虐殺を記念する日」制定への日系人団体の反対に対する日系人の批判」記事へのヒサコ・マサキによる投稿（二〇一七年二月二十日）(http://peacephilosophy.blogspot.jp/2017/02/japanese-canadians-oppose-japanese.html)〔二〇一七年三月十三日アクセス〕

(18) 筆者による聞き取り（二〇一七年三月十五日）

(19) Jeffery Paul Chan, Frank Chin, Lawson Fusao Inada and Shawn Wong, eds., *The Big Aiiieeeee!: An Anthology of Chinese American and Japanese American Literature*, Meridan, 1991; Roy Miki, *Broken Entries: Race, Subjectivity, Writing*, Mercury Press, 1998; Roy Miki, *Redress: Inside the Japanese Canadian Call for Justice*, Raincoast Books, 2004; Nakamura, *Attending the Languages of the Other*.

(20) 筆者による聞き取り（二〇一五年三月二十六日）

(21) 前掲「設置反対の運動で試される多文化共存社会」

(22) Kondo, op. cit., p. 33.

(23)「黒人レイピスト神話」については、Angela Y. Davis, "Rape, Racism, and the Myth of the Black Rapist," in *Women, Race, and Class*, Random House, 1981, pp. 172-201; Valerie Smith, "Split Affinities: the Case of Interracial Rape," in Marianne Hirsch and Evelyn Fox Keller, eds., *Conflicts in Feminism*, Routledge, 1990, pp. 271-287 などを参照。

(24) 黒人女性が加害者とされた黒人男性を擁護した理由としては、黒人男性への共感以外にも、たとえばシンプソン事件については、多くの黒人がアメリカで日々体験する警察や司法への不信感がシンプソンに冤罪がかけられたと考える根拠になったことや、アメリカ社会の性暴力被害をめぐる白人と黒人女性への対応の違いから、多くの黒人女性が、白人女性の被害の訴えに対して共感しづらかったことなども挙げられた。また、同じ黒人女性であるヒルへの共感の欠如については、専門職に従事していたヒルとは異なり、多くの黒人女性が不熟練労働者であり、職や地位を失うことを恐れてセクシュアル・ハラスメントを告発できなかったヒルの心情が理解できなかったことも指摘された。Toni Morrison, ed., *Race-ing Justice, En-Gendering Power: Essays on Anita Hill, Clarence Thomas, and the Construction of Social Reality*, Pantheon, 1992 ほか参照。アメリカでの「黒人強姦魔の神話」が、奴隷解放後のアメリカで社会的経済的に台頭し、白人社会への脅威になり始めていた黒人男性へのリンチを正当化する口実として用いられたことは周知のとおりである。

(25)『ライジング・サン』（監督：フィリップ・カウフマン）は、ジャパン・バッシングを背景に制作された一九九三年のハリウッド映画であり、早川雪舟の出演作として有名な一九一五年の『チート』（監督：セシル・B・デミル）は、日本人男性の過剰かつ狡猾なセクシュアリティを表す古典的テクストとして知られている。これらの映画に表象される「逸脱的セクシュアリティ」は、アジア人男性全般へむけられたものであるのと同時に、八〇年代の「経済摩擦」や、日露戦争以後の有色人軍事帝国としての日本の「脅威」を反映するものでもある。ただし、九・一一およびアフガニスタン・イラク戦争以後のアメリカではむしろ、渡辺謙主演の一連のハリウッド映画に見られるような、日本人男性を「サムライ」や「日本軍人」として、「父」や「夫」という「同盟国の男性」に付与される「健全な男性性」を通して表象する作品が支配的になっている。その一方で、社会がその他者へむけるまなざしは必ずしも一定ではなく、右のような変化をもって日本人男性の「過剰な性」という神話が消滅したとは言えない。詳細は、前掲の拙稿を参照されたい。Nakamura, "'Allied Masculinities' and the Absent Presences of the Other."

(26) Sabatini, "Supes support 'comfort women' memorial in San Francisco"; Mirikitani, Letter to the Commission on the Status of Women.

(27) 前掲「「慰安婦」問題「日韓合意」を批判する」

(28) "Letter to Ms. Susan Pontious, Ms. Dorka Keehn, and members of the San Francisco Visul Arts Commission."

(29) ただし、これらの抗議には、カースト制度を取り上げることへの反対意見だけでなく、迫害の度合いが過小評価されていることへの異議もあったという。"New Guidelines Shape the Teaching about Comfort Women, Hindus & Muslims in California," *AsAmNews*, Jul. 15, 2016. (http://www.asamnews.com/2016/07/15/new-guidelines-shape-the-teaching-about-comfort-women-hindus-muslims-in-california/)［二〇一七年三月十三日アクセス］

(30) 筆者による聞き取り（二〇一五年三月二十三日）。

(31) これら在米日本人について、もともとのイデオロギー的差異に加えて、滞在年数や居住地などさまざまな個人差があることは言うまでもない。

(32) Okada, John, *No-No Boy*, University of Washington Press, [1956]1979.（ジョン・オカダ『ノーノー・ボーイ』川井龍介訳、旬報社、二〇一六年）

(33) 美穂・キム・リー「歴史歪曲団体のアメリカ上陸を迎えて――アメリカ西海岸から国際連帯を考える」、「日本軍「慰安婦」被害を記憶するメモリアル建設運動 in アメリカ――サンフランシスコとグレンデールの活動家を招いて」（二〇一六年十一月六日、東京韓国ＹＭＣＡ）配布資料から。「RAIK通信」から転載。

(34) 筆者による聞き取り（二〇一五年三月二十六日）。

(35) 二〇一五年三月二十三日から二十六日まで、ニュージャージー州パリセイズ・パーク市およびユニオン・シティ、バーゲン・カウンティ、カリフォルニア州グレンデール市に設置された碑を見学した。

(36) 前掲「歴史歪曲団体のアメリカ上陸を迎えて」

(37) Monsy Alvarado, "Palisadess Park monument to WWII 'comfort women' sparks historical tug-of-war," *North Jersey.com*, May. 9, 2012. (http://archive.northjersey.com/story-archives/palisades-park-monument-to-wwii-comfort-women-sparks-historical-tug-of-war-1.1202759)［二〇一六年六月一日アクセス］

(38) Mirikitani, Letter to the Commission on the Status of Women. ミリキタニの「碑設置への反対」を批判的に論じた在米メディアや運動家が、この部分については一切言及していないことも問題の一端を示している。

(39) バーゲン郡の追悼碑群については、ｗａｍの山下芙美子氏からご教示いただいた。渡辺美奈「日本軍性奴隷制を記憶する米国の「碑」」(「wamだより」第二十三号、アクティブ・ミュージアム「女たちの戦争と平和資料館」、二〇一三年、七ページ)も参照。

(40) 同様に、首都ワシントンに設置された日系アメリカ人の碑が、「第二次大戦中の日系アメリカ人の愛国心への碑」(Japanese American Memorial to Patriotism During World War II)と命名され、少なくとも碑の名称が、戦時下で日系アメリカ人が被った暴力や犠牲、あるいは抵抗ではなく、アメリカへの変わらない「愛国心」に焦点を当てていることも意義深い。"Japanese American Memorial to Patriotism During World War II," (https://www.nps.gov/places/japanese-american-memorial-to-patriotism-during-world-war-ii.htm)[二〇一七年一月三日アクセス]

(41) 前掲「米社会の見方知り対話を」

(42) Yoneyama, *Cold War Ruins*, pp. 169-170.

(43) 「ビルマに連れて行かれた文玉珠さんの足跡――日本軍占領期のビルマと日本軍慰安所」二〇一六年十月十日、wam第十四回特別展・特別セミナー

(44) 私的に建立された碑としては、千葉県の「かにた婦人の村」の追悼碑や、渡嘉敷島と宮古島のアリランの碑と祈念碑「女たちへ」が有名である。高里鈴代は、本名がわからない「慰安婦」制度被害者のために、平和の礎のなかで氏名が刻まれていない碑を、彼女らへの碑として祈りを捧げていると述べている。

(45) 前掲『番組はなぜ改ざんされたか』、Yoneyama, *Cold War Ruins*, pp. 128-129.

(46) 前掲『ベトナム戦争のアメリカ』、主に第五章を参照。また、クリント・イーストウッド作の「硫黄島二部作」が描くアメリカ先住民兵士ヘイズが、ヘイズの日本版とも言える朝鮮・台湾人皇軍兵士という「不在の在」を浮かび上がらせることは、前掲 Nakamura, "'Allied Masculinities' and the Ab-

sent Presences of the Other" で論じた。

（47） Julie Kayzerman, "'Comfort women' fly in from Korea to join in Union City dedication monument unveiling," *The Jersey Journal*, Aug. 4, 2014.（http://www.nj.com/hudson/index.ssf/2014/08/comfort_woman_fly_in_from_korea_to_join_in_union_city_dedication_monument_unveiling.html）［二〇一五年三月六日アクセス］

（48） 日系ペルー人をはじめとしたラテンアメリカ系日系人をめぐる強制収容とリドレスについては、山倉明弘『市民的自由――アメリカ日系人戦時強制収容のリーガル・ヒストリー』（彩流社、二〇一一年）。

（49） 前掲「日本軍「慰安婦」被害を記憶するメモリアル建設運動 in アメリカ」

（50） Yoneyama, *Cold War Ruins*, pp. 169-170.

第2部　複数の暴力と連結が開く可能性

――日系とコリア系北米作家の描く「祖国《アジア》の戦争」

序

米国の対日戦争を想起する主要な主体として中心化されるのは、もはや白人アメリカ人だけではなく、様々な国民国家や民族を出自とするアジア系アメリカ人なのである。しかし、まさに「アジアン／アメリカン」が「アジア系アメリカ人」として、米国のナショナル・ヒストリーの主体となるこの過程こそが、あらゆる主体化＝従属化の過程に内在する諸矛盾が明らかになる場所に他ならない。

（米山リサ「旅する記憶・感染する正義」二〇〇三年[1]）

第1部では、在米アジア系の人々による日本軍「慰安婦」問題へのさまざまな反応を、研究者や政治家、運動家らの言説を通して考察した。

これに対して、第2部では、文学テクストを通した戦時（性）暴力を記憶する取り組みについて、一九八〇年代の多文化主義台頭以降の北米で刊行された三つのアジア系小説を例に、それらが示す脱国家主義的な戦争記憶構築の試みを見ていく。具体的には、九〇年代後半に二人のコリア系アメリカ作家ノラ・オッジャ・ケラーとチャンネ・リーによって書かれた「慰安婦」をテーマとする小説二作と、カナダにおける日系人強制収容を長崎への原爆投下と結びつけて描いた、八一年のジョイ・コガワの小説『おばさん』を取り上げ、前半ではケラーとリーを、後半ではケラーとコガワをそれぞれ対として読んでいく。

第2部の目的の一つは、コリア系アメリカ作家と日系カナダ作家が想起する「祖国の戦争」を並列的に読むことで、以下の二つの点で戦争体験の相対化と連結を試みることである。まず、言うまでもなく、これら三小説は「アジアの戦争」という単一的認識を破砕し、相対化するうえできわめて有用である。「慰安婦」制度という、日本帝国主義が行使した軍事性暴力の傷痕を通して「アジアの戦争」を描くケラーとリーのテクストからは、『おばさん』には欠落する軍事帝国としての日本の姿が明確に浮かび上がってくる一方、コガワの小説によって、ケラーからは読み取れない日本の戦争被害もまた可視化されるからである。第2部では、これらテクストに描かれる戦争暴力の実態を対比させ、「アジア」での戦争の被害と加害を読んでいく。

その一方で、これらの小説はともに著者の祖国での戦争惨禍を、加害当事国ではない移民先の北米国家から語り、そこから先祖の地への共感の回路を構築するという共通点をもつ。第1部でも述べたように、アメリカでの「慰安婦」追悼碑の設置に関して、なぜアメリカなのかという疑問は日本でしばしば発せられてきた。第2部では、そのような疑問に対し、在米コリア系作家が、「非当事国」であるアメリカから日本軍「慰安婦」制度という性暴力を想起する行為を、日系カナダ作家が同様に「第三国」のカナダから長崎への原爆投下を記憶する物語と並列的に読むことで、「非当事者第三国」としての移民先母国から、祖国の戦争被害を悼み、語り伝える行為の共通性を示したい。(2)

冒頭に示した米山リサの著書からの引用が示すように、北米での人種マイノリティとして、「ナショナル・ヒストリーの主体」になることを阻害されてきたアジア系の人々が、主流の国家にむけて「祖国の戦争」を語ることを可能とした要因の一つは、一九八〇年代の多文化主義に伴うパラダイムの変容であった。第2部で取り上げる三つの小説もそのような多文化主義の産物であり、それは、北米アジア系の人々が、多文化主義の台頭以前は、「国民」として国家の承認を得るために切り捨てなければならなかった祖国アジアと、そのアジアが被った人種および植民地主義的暴力を、主流北米社会のなかで言説化することを可能にした。本書が読む三作のアジア系小説でも「アジアの戦争」はもはや切り捨てる対象ではなく、「傷ついた祖国」の象徴として、アジア系の人々が北米で体験する人種暴力との連続性や、それにもとづく共感を投射し、生成する対象として表象される。

その一方で、米山が指摘するように、「アジア系アメリカ人」あるいは「アジア系カナダ人」が「アジアの戦争」を語るという行為は、国民としての「主体化＝従属化の過程に内在する諸矛盾が明らかになる場所」でもあり続けてきた。実際、マイノリティとしてのマイク・ホンダが、主流アメリカ社会の戦争記憶とは相反しない軍事暴力を、アメリカの道義的優位性を補強する語りに則って言説化したことや、あるいは公共の場に「慰安婦」碑など出身国の惨禍を記憶する碑を設置する行為が、アメリカの軍事加害の不可視化に参与してきたことはすでに論じた。このように、多文化主義時代の北米でマイノリティが「ナショナル・ヒストリーの主体」として立ち上げられることは、「主体化」がしばしば支配的国家言説への「従属化」を通して遂行されるという「矛盾」や、それによって本来は主流の国家記憶を脱臼しうるマイノリティの対抗的記憶が、国家が掲げる単一的国家記憶に包摂されうる危険を指し示すものである。第2部では、ケラー、リー、コガワの三作家がこの危険とどう向き合い、「祖国の戦争」についてどのような語りを構築するかを検証する。

この最後の点に関連して第2部では、「文学」という言説形態が、歴史的暴力の想起に果たす役割についても考えたい。たとえば「小説」という形態は、「特集号」などの研究言説と比べるとより多くの一般読者を対象とし、そのため「小説」が描き出す戦争記憶は、政治家としてのホンダや、公共物としての追悼碑の設置を推進する語りなどと同様に、主流の国家言説との交渉の必要性を生じさせるものである。と同時に、「文学テクスト」が、制度的に両義性や曖昧さに価値を置いてきたこともよく知られている。第2部の四つの章では、ケラーとリー、コガワの小説が、国家の主流の歴史観や戦争観に寄り添いながら、そこに完全には回収されえない両義性や別様の物語など、国家の語りを脱臼させるマイノリティの語りや記憶を埋め込んでいく過程を見ていきたい。

より具体的に、第2部で取り上げる三作家の共通点として、三者ともが複数の暴力を連結させていることの意味を、前述したナショナリズムへの対抗的言説としての戦争記憶という観点から考える。本書では、三つの小説が、祖国の受けた戦時暴力を「非当事者の第三国」とみなされる場で、一見その国のナショナリズムや国家的記憶を逆なでしない形で、しかしそれを揺さぶりながらどう描いているかを分析する。たとえばコガワの小説『おばさん』は、アメリカ政府による長崎への原爆投下という、カナダでの反核・反米ナショナリズムに寄与しうる物語を、この小説が描く複数の人種暴力のなかで唯一直接的には語られないカナダでの先住民への原初的国家暴力に結びつけ、それによって日系カナダ人の国民化を希求し称揚するこの小説のなかに、多文化主義的国家共生には回収されない他者の痕跡と記憶を埋め込んでいる。同様にケラーも、「慰安婦」とされた朝鮮人女性が白人のアメリカ人宣教師に救出されアメリカへ渡るという、「アメリカによる世界正義の遂行」の物語のなかに「脱出記」や「救済記」とは異なる別の物語を埋め込み、「寛大な自由世界の後見人」[3]としてのアメリカの自己表象を揺るがす。そのような語りの二重性は、リーの小説『最後の場所で』にも見られる。リーは、元日本帝国臣民で現在は在米の模範的マイノリティである主人公が主流アメリカ社会に同化していく物語を描くが、そのなかに、日本軍「慰安婦」性奴隷制度と在韓米軍による性の搾取の共通性や、さらにアメリカの奴隷制下で黒人女性に対しておこなわれた構造的な性暴力の記憶を埋め込んでいるのである。第2部では、このような複数の暴力とその連結が開く可能性について、前半ではケラーとリーの二人のコリア系作家による「慰安婦」をテーマとした小説を通して、後半ではコガワとケラーが描く、「アジア」での母の戦時体験を語り伝える北米アジア系の娘の物語を例に考えたい。

第4章と第5章では、「日米二つの帝国」という視点から「慰安婦」制度の暴力を描くケラーの『慰安婦』とリーの『最後の場所で』を読み、ケラーが被害当事者の視点からこの歴史を語るのに対して、リーがそれを「対日協力者」という「加害者」の視点から言説化するさまを見ていく。リーの小説はまた、日米のマイノリティ兵士を、本国での被抑圧的主体であると同時に、占領民に対しては加害主体にもなりうる、木畑洋一の言葉を借りれば、「帝国世界のなかで支配―被支配の両義性を背負い込んだ存在」[4]として描いていることも注目される。第5章では、主人公ハタが、日本軍事帝国への参与を通して「被害者」から「加害者」へ変容する過程と、その加担の帰結としてハタが他者に行使し、かつ自分自身も被った複数の暴力と心的損傷のありようを読んでいきたい。

注

(1) Yoneyama, "Traveling Memories, Contagious Justice," p.68. 日本語訳は、前掲『暴力・戦争・リドレス』一七三ページ

(2) 一九八一年という早い時期に出版され、日系人強制収容と長崎への原爆投下を結びつけて描いたコガワの『おばさん』が、アメリカではなくカナダを発話の場としていることは偶然ではないだろう。アメリカを発話の場として原爆投下を描いた日系作家には、推理小説というジャンルを通して在米被爆者の存在を可視化させたナオミ・ヒラハラの「マス・シリーズ」(第一作は二〇〇四年に刊行)や、映像作家スティーブン・オカザキのドキュメンタリー映画『ヒロシマ・ナガサキ』(二〇〇七年)、ハワイを拠点とする日系作家ジュリエット・コーノの小説『アンシュウ(暗愁)』(二〇一〇年)などがある。キャンディス・フジカネは、日系人がもつ強大な政治力によって、ハワイではむしろ日本の被害に焦点が当てられがちだと述べるが、コーノの小説は朝鮮人被爆者の存在も可視化させている。同様に、ヒラハラの最新作『サヨナラ・スラム』(二〇一六年)には「慰安

婦」制度のサバイバーも登場し、被爆者の体験との共通性が示唆されている。ヒラハラについては、山口知子「大衆文学——「越境」のみえる場所」（山本秀行／村山瑞穂編、植木照代監修『アジア系アメリカ文学を学ぶ人のために』所収、世界思想社、二〇一一年）を、アメリカ主流言説と日系アメリカの支配的記憶のなかでの在米日系人被爆者とその存在の抑圧、さらに日系人によるアメリカ政府への補償請求については、内野クリスタルを参照されたい。Crystal Kimi Uchino, *Excavating Shadows: Japanese American Subjectivity and the Geopolitics of a Hibakusha Memory*, MA thesis, Kyoto University, 2014. Juliet S. Kono, *Anshū: Dark Sorrow*, Bamboo Ridge Press, 2010.

（3）Yoneyama, "Traveling Memories, Contagious Justice," p. 70.

（4）木畑洋一『二〇世紀の歴史』（岩波新書）、岩波書店、二〇一四年、五五ページ

第4章　「二つの帝国」と「脱出・救済物語」の領有／攪乱

――ノラ・オッジャ・ケラーの『慰安婦』

「お前の父さんは宣教師で、食べ物や着る物をくれたの。父さんは、母さんが子供の面倒をみるのを見て、いい母親になると思ったのよ。（略）戦禍が村に及んだとき、父さんはみんなを助け、避難させた。（略）私たちは墓場に隠れ、朝鮮の山々を歩き、やっと自由の身となって、新しい家を建てることができたの。ここアメリカに！」

私は母が語るこの新しい物語や、それ以前に聞いた話に異議を唱えたかどうか覚えてはいない。でも、ときどきはこう言ったにちがいないと思う。「待って。それ前の話と違うよ。本当はどうだったの」と。なぜなら、そのときの私にさえ、母の語る物語が『サウンド・オブ・ミュージック』の脚色であることは明らかだったたか

（ケラー『慰安婦』一九九七年[1]）

らだ。

ノラ・オッジャ・ケラーは、韓国人の母とドイツ人の父のもと、一九六五年に韓国ソウル市で生まれ、三歳のときにハワイに移住した。カリフォルニア大学大学院修了後ハワイに戻り、ライターをしながら創作活動を開始する。九三年、ハワイを訪れた「慰安婦」制度サバイバーの黄錦周《ファンクムジュ》の証言を聞き、大きな衝撃を受けたという。当時はまだあまり知られていなかった日本軍「慰安婦」制度の歴史をアメリカや英語圏の読者に伝えるべき責務を感じる一方で、テーマの重大さに自分に書けるのか不安を感じたという。しかし九七年に発表した小説『慰安婦』（原題 *Comfort Woman*）は、米国図書賞をはじめ多くの賞を受賞し、批評家からも高い評価を得た。二作目の『フォックス・ガール』（二〇〇二年）は、韓国を舞台に、在韓アメリカ軍基地をめぐる性の搾取を描いた小説である。『慰安婦』は、大日本帝国支配下の朝鮮で「慰安婦」とされた朝鮮人女性「アキコ／スンヒョ」と、その娘ベッカとの交互の語りによって構成される物語である。「アキコ」[2]が日本軍「慰安所」から逃れ、のちに夫となる白人アメリカ人宣教師に救出されアメリカへ渡るという物語を大枠とするこの小説は、本章冒頭の引用が示すように、一見古典的なアメリカ国家による第三世界救済と世界正義の遂行の物語を、その人種・ジェンダー・ポリティクスと役割分担を忠実に再現しながらなぞっているように見える。また、ここでアジア人女性によって語られる「自由の身となり、アメリカに新しい家を建てる」という物語は、「迫害から逃れアメリカに救済の地をみつける」という、アメリカ国家における伝統的国民化の物語の多文化主義バージョンとしての「脱出記《エスケープ・ナラティヴ》」とも読めるだろう。そしてこの解釈に従えば、この「「アジア人女性」の迫害」をめぐる物語での「国家」と「家庭」という二つのドメスティック空間《スペース》の等式化は、家族という安住の場を提供する国家の役割を示し、最終的に、「アジア人女性の苦難」は、白人の夫を頂点とする規範的異性愛主義《ヘテロノーマティヴ》な父権制ナショナリズムによって解決されることになる。

本章では、ケラーがこの「脱出記」という物語枠を用いながら同時にそれを攪乱する物語を構築する過程を通して、一九九〇年代のアジア系アメリカ文学が示す「慰安婦」という語りのありようを検証する。すなわち、「アキコ」による「夫殺害」の告白をもって幕を開けるこの小説は、引用文中の「よき母」や「アメリカに新たな家を建てる」といった語句に示される、白人男性を頂点とした異性愛主義の家族の美徳にもとづく父権制ナショナリズムの公的語りに隠蔽される別の物語を可視化する。それはまた、『サウンド・オブ・ミュージック』（監督：ロバート・ワイズ、一九六五年）の脚色だと、ケラーによって自己参照的に揶揄されるユートピア的国民化の語りを脱臼し、攪乱するものである。もちろん、「アキコ」によって引用される公的に承認された家族の物語は、それと並行して開示される、別の公的には語りえない――「慰安婦」としての――抑圧された反家族の物語を逆照射するものである（その意味で、「アキコ」の「慰安婦」としての「恥辱」〔CW 196〕の過去を語ることを禁止したのが夫だったことは示唆に富む）。こうして、アメリカ人宣教師の夫による救済の場であるはずの「国家・家庭《ホーム》」を、「アキコ」にとっての新たな支配の場として書き直すケラーのテクストは、主流アメリカ言説による「慈悲深い第三世界の解放者」[3]としてのアメリカ国家の自己表象に疑義を投じるとともに、日本軍による朝鮮人女性の性の搾取と白人宣教師の夫による婚姻内での支配を連結させることで、「軍隊性奴隷制度」と「婚姻制度」という、父権社会で対立項として捉えられてきた二制度が表裏一体のものであることを可視化するのである。

以下、本章の前半ではアメリカ帝国主義、後半では日本帝国主義の支配のもとで、「家族」という権力関係の内部と外部で生起する「女」と国家、ナショナリズムの相関関係について考察する。「慰安婦」の語りを日本とアメリカという「二つの帝国」の内部に位置づけるケラーの小説を通して、ケラーの「脱出記」が、国民国家を基盤とした語りを脱臼し、戦争記憶を脱国有化するマイノリティの語りとして作用する可能性を検証する。

1 「脱出記」の攪乱——多文化主義ナショナリズムとジェンダー

一九九〇年代に西欧世界を席巻したアジア人女性による国外脱出記の「驚異的な受容」に、「西洋」による「非西洋」の解放、ことに非西洋の抑圧的父権制からの「女の解放」の欲望を指摘したのは文化人類学者のアイワ・オングだった。[4] 第1章でも言及したアリス・ウォーカーとプラティバ・パーマーによる映画『戦士の刻印』（一九九六年）や、ウォーカーの小説『喜びの秘密』（一九九二年）といった諸作品にも共通する、西洋多文化主義とジェンダーおよびナショナリズムの共犯関係は、ケラーの小説では、「キリスト教宣教師の語り」を、それが教化し「人間化」する従属的主体の位置から語り直す「逆ミッショナリ・ナラティヴ」として問題化される。以下の引用が示すように、ケラーは、非西洋の救済任務に埋め込まれた西洋キリスト教文明による他者の教化と文明化の欲望を、白人の夫の布教講演会での東洋人の妻の役割描写を通して戯画化している。

ニューヨークのラーチモント長老派教会からフロリダ宣教議会連盟にいたるまで、講演や研究調査、説教の招聘を受けたあらゆる場所で、私は、講演をする夫の側に朝鮮の民族衣装を着て立った。夫が、「光を散布する――闇に包まれた東洋《オリエント》における私の布教体験」と題された講義をおこなうかたわらで。（CW 107）

ここで「東洋《オリエント》／アジアの女」は、「西洋／白人の男」による教化と馴致の対象物として、「男」と「女」、「白人」と「アジア人」、「語る主体」と「沈黙する従属体」、「救済する側」と「される側」という権力関係の布置のなかに位置づけられる。アジアの啓蒙を説く夫のかたわらに黙して立つ東洋人の妻は、白人宣教師の夫による馴致を実証する従順な展示物として、夫の優位性と劣性民族の教化という使命の正しさを証明する小道具として配置されるのである。

とすれば、この教化を通しておこなわれる支配《ドメスティケーション》が、家庭内のドメスティックな空間での性的支配と連結されていることは重要だろう。文明化され馴致される「オリエント」は、「女」として、性的に征服される存在として対象化されるのである。

夫がベッドに戻ったあと、私はインダックの、そして夫の夢を見た。夫の発する叫び声が、慰安所で男たちが女の上に崩れ落ちる際に発した、解放と征服の叫び声にあまりにも酷似していることを夢うつつに思いながら。（CW 147）

ここで、ケラーが、白人宣教師の夫の内にある、他者救済と対をなす征服の欲望を日本軍兵士になぞらえているのは示唆的である。すなわち、日本の植民地支配下で遂行された朝鮮人女性の「慰安婦」化が、性の征服であると同時に植民地支配の産物でもあり、また日本の植民地支配が「劣性民族」の教化と、ひいては大東亜共栄圏構想が「救済」という名目で遂行された支配だったことを考えれば、皇国日本とアメリカ・キリスト教帝国の行為者としての両者の共通性はあまりに自明と言えるだろう。日本とアメリカの男による他者の「救済」と「教化」は、植民地化された女の身体の征服を通しておこなわれるのである。(5)

またその意味で、「アキコ」の夫リチャードの亡父が職業軍人だったことも暗示的である。リチャードの亡母の家で「アキコ」が見つける「軍服に身を包んだ」（CW 111）男のポートレートは、「アキコ」の祖国でのもう一つの戦争を含む、アメリカ国家による他世界への軍事介入の歴史を喚起する。ここで示される宗教と軍事という二つの他者支配の形態の親和性と相同性は、父と息子という関係性の隠喩をもって示されるのである。同様に、この家に積まれた「ナショナル・ジオグラフィック」誌の存在も象徴的である。同誌が、アメリカ帝国資本主義の媒介物として、他世界を消費の対象物として商品化してきたことは指摘されてきた。(6)「アキコ」にとって「新世界」での救済の場になるはずの「家《ホーム》」は、軍事、文化、資本主義の合体した複合的帝国主義によって侵食された「コロニアル・ハウス」だということが暗示されるのである。

このようにして、ケラーは、一見「救済物語」に見える語りのなかに新たな支配関係の図式を書き込んでいくのだが、それは同時に同化統合の装置としての家族の物語を攪乱する行為とも言えるだろう。実際、異人種間婚姻にもとづく「契約」としての家族は、アメリカ国家での移民の多文化主義的統合を推進する媒体として作用してきた。(7) パトリシア・チュウが言うように、「白人の配偶者がアメリカ国家の象徴であるとともに、マイノリティ主体のアメリカ化の媒介者であった」(Chu 199) のだとすれば、白人の夫による救済を新たな支配の物語として書き直すケラーの小説は、アメリカ国家での移民同化吸収の物語への懐疑、チュウの言葉で言えば、「完全な統合へのより大きな抵抗」(Chu 199) を示すものである。ケラーのテクストは、白人宣教師の夫を一種の「反ヒーロー」として表出することで、白人父権制のもと異人種が平和共存するという、アメリカ多文化主義が称揚する公的国民化の語りとそこに刻印される「アメリカ的核家族」のイデオロギーを脱臼するのである。

2 「アイ・アム・コリア」——「女」・国家／帝国と殉死

以上、ケラーの「脱出記」が、その物語の内部にそれとは異なった物語を埋め込んでいることを、アメリカ帝国主義に介在された家族と国家および「女」の関係から概観した。次に、日本の植民地支配下の家族の内外での「女」の（非）性的表象を見ていきたい。おそらくこのテクスト中もっとも頻繁に引用されてきた、のちに「アキコ」によって「自殺」と解釈される、「慰安婦」とされた朝鮮人女性インダックの壮絶な最期を、「アキコ」は次のように回想する。

今日にいたるまで、私はインダック――彼女は私の前にアキコだった女性だが――の気が違ったとは思っていない。慰安所のほかの女たちはそう思っていた。インダックは黙らなかったから。ある夜、彼女は大声でやむことなく喋り続けた。朝鮮語で日本語で、インダックは兵士たちを罵倒し、私の国と身体の侵略をやめろと叫んだ。兵士たちが上に乗っても、彼女は叫び続けた。私は朝鮮《アイ・アム・コリア》、私は女で、生きている。十七歳で、あなたたちと同様に家族だっている。私は娘で、姉であり妹なのだと。

（略）夜中インダックは喋り続けた。彼女の朝鮮名を叫び、家族の系譜を復唱し、母親から受け継いだ料理の献立の暗唱さえした。夜が明ける直前、兵士たちはインダックを房から連れ出し、森へ連れていって、彼女の声は聞こえなくなった。兵士たちがインダックを連れ帰ったとき、彼女は性器から口にかけて串刺しにされていた。炙り焼きにされる豚のように。見せしめだ、と彼らは言い、私たちはその警告に口を閉ざしたのだ。（CW 20-21）

陵辱された女の身体を「陵辱された国家」の隠喩として用いるナショナリズムの語法が、女の身体を抽象化し、「統一的国民身体」という虚構を打ち立てることの危険は、多くのフェミニスト研究者によって指摘されてきた(8)。しかし、ここでの女と国家の等式化は、「慰安婦」制度における植民地支配の側面を強調するものである。すなわち、帝国日本による朝鮮の侵略とその行為者《エージェント》である皇軍兵士による朝鮮人女性の身体の侵略の等式化は、植民化された女の身体への暴力が主権を失った国家の枠組みのなかでおこなわれたことを示唆するからである。実際、日本軍「慰安婦」とされた女性の大多数が植民地と占領地の出身者だったという歴史的事実は、それら女性たちの身体への侵略が、国家主権が侵害された場所で、その直接的帰結としておこなわれたことを示している(9)。ここでインダックが語る「国家」と「女」の同一化は、植民地支配下の性の搾取構造のなか、植民地化された「女」が、ナショナリズムの言説との共振を通して自己の権利請求をおこなうことの可能性と有効性を指し示すのである。

しかし、ここでインダックが、「女としての正統的な取り扱い」、すなわち「犯／侵されざる身体」の請求を、「娘」および「姉妹」という父権制のもとで付与される女の「正統的位置性」にもとづきおこなっていることには、検証が必要だろう。もちろん、ここでの正統性の請求が、日本帝国による植民地の女の人間性の強奪に対する痛烈な批判であり、抵抗であることは言うまでもない。しかしながら、父権制国家によって承認された「娘」や「姉妹」という「正統的位置性」を、女の身体の蹂躙への異議申し立ての根拠として用いることは、ことに「慰安婦」制度が「正統な家族の構成員」である娘や姉妹を「性的汚辱から守る」という名目で導入されたことを想起するとき、どのような意味をもつのだろうか。

この問いは、国民再生産の行為者である「母」への連続性を示す女の身体の問題にも関わるものである。その意味で、インダックの最期が描かれた前述の場面の直後に、「アキコ」の結婚後のアメリカでの出産と、またそれらと対比して、日本軍の管理下で「アキコ」に強要された堕胎の回想が挿入されていることは偶然ではないだろう。特にこの中絶の場面で、日本人軍医によって、擬似優生学にもとづいた女の二分化が語られることは注目に値する。

軍医は、私の足と腕を縛りつけ、猿ぐつわをかませて、赤ん坊を、まだ完全にはその姿をなしてはいない赤ん坊を掻き出すための棒きれに手を伸ばしながら言った。「人種間の進化論的差異」について。生物学上の気まぐれが、片方の人種の女を貞淑に、もう片方の人種の女を淫らにしたと。はっきり言えば野卑だ、ほとんど動物と同じなのだと。（略）「我ら二国の女たちを道徳的にこんなにも相反する存在にしたのは、地理的な相違なのかもしれない。」　（CW 22）

言うまでもなく、ここに示されるのは日本帝国主義による「女」の序列であり、それによって規定された帝国と植民地の女の異なる（非）性的役割と、その「性の二重基準」である。すなわち母になるべく「純潔無垢な女」と「性的対象物としての女＝「慰安婦」」の境界が、植民地の境界とほぼ同一線上に引かれたということである。ここでの「アキコ」の強制堕胎は、特にこの時期、日本国内で中絶が禁止されていたことを想起すれば、国家と家族制度の外に置かれた女のセクシュアリティの帰結を示すものであり、植民地の女を婚姻と国家の外という二重の非合法性のなかに据えつけることで、その性の搾取を正当化する帝国主義の性の力学を可視化するものである。

この「帝国の女」と「植民地の女」の対比的役割を理解するうえで、嶋田美子の『慰安の女と翼賛の女』（一九九四年）が参考になる（写真8）。

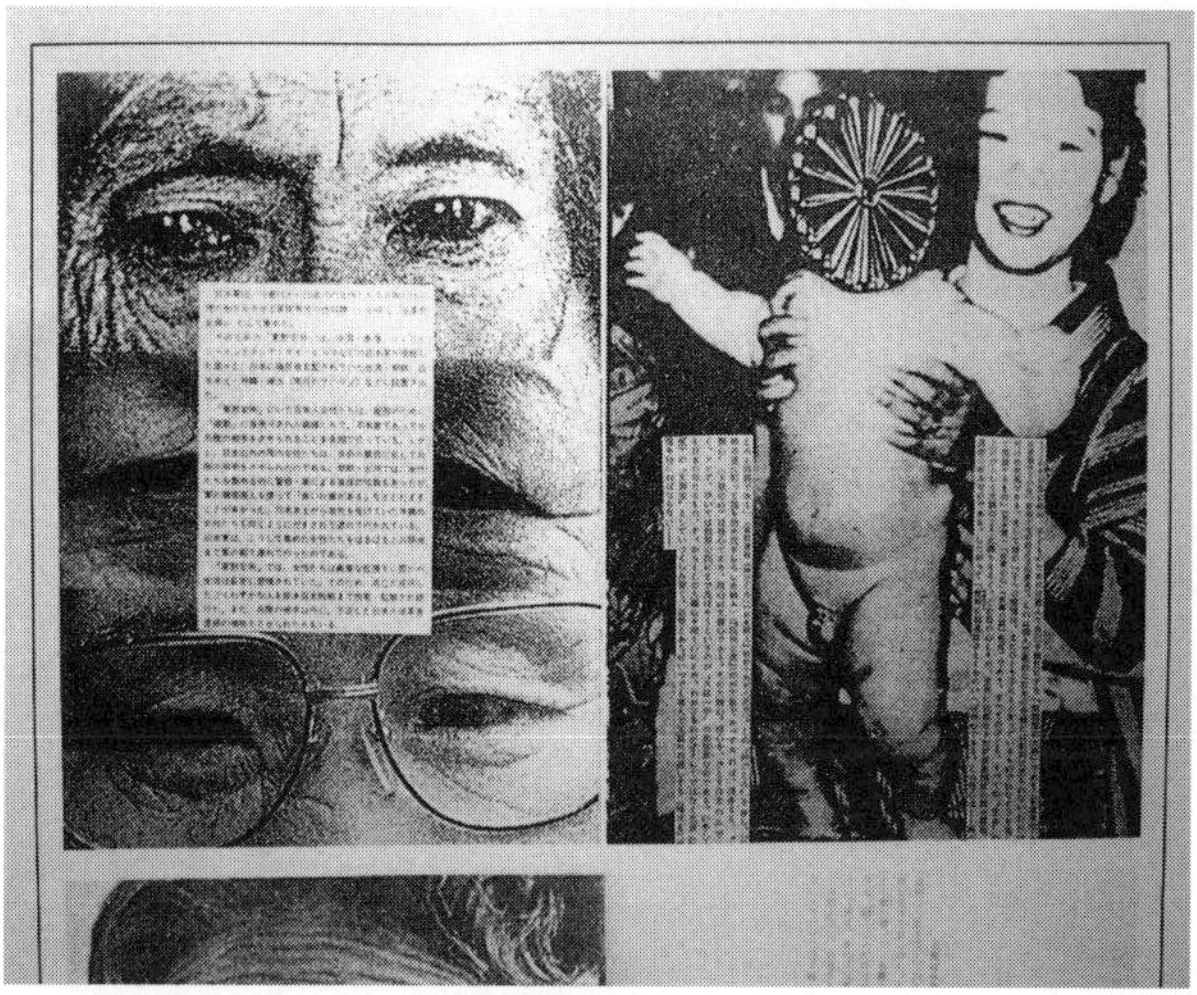

写真８　嶋田美子『慰安の女と翼賛の女』（1994年）

しかし、ここで三つのまなざしに凝縮された「元「慰安婦」」と、菊の紋章で顔を覆われた男児を誇らしげに掲げる日本人の母の歓喜の表情を対置する嶋田のテクストが示すのは、ただ単に帝国主義下の女の序列や差異にはとどまらない。むしろそれは、帝国の女、特に「帝国の母」という役割が内包する潜在的な加害性であるように思われる。すなわち、帝国の女が、皇軍兵士となるべく男児を産むという国家によって奨励された役割の遂行を通して、皇国での文化的・象徴的市民権を獲得しうる立場にあったのだとすれば、それは「慰安婦」当事者にとって、直接的な性暴力の行使者、強姦者となりうる主体の再生産によって取得される権利だということを意味するからである。「皇軍兵士の母」になることが、皇国日本の「女性臣民」の規範型だった以上、帝国の女の「女性国民」としての権利獲得は、他者なる、ここでは植民地や占領地の女への暴力とセットで、その潜在的加害性のうえに成立したというその構造を、嶋田のテクストは暴露するのである。(10)

ケラーと嶋田のテクストが共通して示す国家と家族および「女」の共犯関係は、まさに「女の同一性」の神話を突き崩すものである。だとすれば、国民を再生産する「母」への連続性を示唆し、国家との親和性のうえに生成される「娘」や「姉妹」という国家公認の女の位置性と「抵抗としてのナショナリズム」との関係を、私たちはどのように読み解けばいいのだろう。以下の引用で、「アキコ」は、両班出身の「慰安婦」女性が結婚と同時に母親から譲り受けることになっていたという「短刀」に言及し、前述のインダックの死をこの短刀による「自殺」と結論づける。それによって、ケラーは、インダックの「民族の娘」ないしは「女性ナショナリスト」としての自死を、父権制による女の性の管理へと連結させるのである。

短刀は、結婚したとき、彼女のものになるはずだった。それは貞操を守るという行為における彼女の誇りを示すものだった。それが叶わなかったとき、彼女は短剣を自らに突き刺すのだ。(略)最終的にインダックを特別な存在にしたのは、これだ。インダックは自身の死を選び取ったのだ。日本兵を短剣として用い、彼らにとって侮辱的と思える言葉と真実で彼らをなじった。兵士らの怒りがその黒い飢えた感情と一体化し融解する地点まで、その怒りを研いだのだ。インダックは、日本人を使って自らの生を終わらせ、解放を手にしたのだった。(CW 143-144)

ニラ・ユーヴァル・デイヴィスとフローヤ・アンシアスが言うように、国民国家での女の役割の一つが「国家文化の伝達者」[11]としてのそれであるとすれば、ここで母から娘へと手渡される短刀は、前述の引用でインダックが暗唱した「調理法」と同様に、父権制での女の役割の継承を象徴的に示すものである。そして、この短剣を通して母から娘へと受け渡されるメッセージが、『蝶々夫人』の有名な台詞「名誉ある死は不名誉な生に勝る」と同一であることに疑いの余地がない以上、父権制のもとで付与される女の行為主体性の問題は複雑なものとならざるをえない。[12]ヒョナ・ヤンが言うように、「純潔性が、厳密な意味での処女性を意味するのではなく、むしろ女のセクシュアリティが帰属すべき適切な場があるということ」[13]を意味し、そこから外れた女を「売春婦」と呼ぶのであれば、短刀は、女のセクシュアリティの帰属を管理するものであり、軍医が中絶手術の際に用いた「棒きれ」と同様に、その「不適合なセクシュアリティ」を取り締まるファリックな象徴物であることは明らかなのである。

とすれば、ここで「娘」という位置性の問題点も明確になるのではないだろうか。前述のように、「慰安婦」という制度が、「娘」や「姉妹」の対立項として、後者の純潔性を守るという名目で導入されたことを想起するとき、「娘」であることを選択することは、その純潔性と美徳を守るために死を選ばなくてはならない、つまり別種の暴力が加えられる場であることを意味する。[14]インダックの死は、家族と国家の外部に配置される「慰安婦」という性奴隷制度での暴力と、家族と国家の内部であるがゆえに「娘」が受ける暴力を対比的に連結させ、その表裏一体性と同根性を示す。インダックの、ある種英雄的な「民族の娘」としての「国家への殉死」は、片方でそれが女の抵抗の行為を示すものであると同時に、もう片方では、たとえば日本帝国／国家内での「ひめゆり部隊」や、ソ連兵や占領軍による性暴力の被害女性の「自決」を褒めたたえる――（帝国主義）ナショナリズムで美化され審美化される「女の自己犠牲的行為主体性」の称揚に潜む――「国家」や家族という娘にとって「親密圏」であるはずの空間で発動される暴力を可視化するのである。

3　移民・国家／帝国――脱出記とディアスポラの語り

シャーリー・リムは、論考「移民とディアスポラ」で、ディアスポラの語りを、アメリカ国家で「大いなる叙事詩」として作用してきた移民のアメリカ化の語りを突き崩すものとして、アジア系アメリカ文学が依拠すべき一つのモデルとして提唱した。(15) ケラーの小説にこれを当てはめると、日本軍によって「慰安婦」とされたことで帰還すべき故郷を失った「アキコ」が、夫の死後に移住する「ハワイ」という場の設定は象徴的だと言える。それは、この地がアメリカ帝国の別の植民地化の記憶を喚起する場であるからだけでなく、「アジア」と「アメリカ」の中間的・間隙的地点をも示すからである。(16) 本章では最後に、冒頭で言及した「脱出記《エスケープ・ナラティヴ》」という視点に戻り、「救済記《レスキュウ・ナラティヴ》」を救済される女の側から書き直したケラーの「脱出記」について触れ、ケラーのディアスポラに依拠した脱出記が国民国家の語りへの対抗的語りとして作用する可能性について触れ、結論としたい。

いわゆる「救済記」では、救済者としての行為主体性《エージェンシー》を白人男性に、救済される側の行為主体性（もしくはその欠如）を有色人女性に付託する人種・ジェンダー・ポリティクスが、「白人男性が、有色人《ブラウン》女性を有色人《ブラウン》男性から救う」[17]という帝国主義ロマンスのシナリオを想起するものであることは言うまでもない。とすれば、この物語をその救出される側の「有色人《イエロー》女性」の視点から書き直したケラーの「脱出記」は、「有色人《イエロー》女性」の行為主体性を再定義するだけでなく、有色人《イエロー》男性と女性による別の有色人《イエロー》男性と女性の支配だった日本の朝鮮植民統治下での「有色人《イエロー》女性」という「女」の同一性の物語も解体する。その意味で、ケラーのテクストが、「アキコ」という、主人公スンヒョが「慰安所」から脱出したあとも使い続けた名前によって、これが喚起する帝国の女の存在をそのテクストの内部に書き込んでいることは意義深い。翻って、一九九七年というこの小説の出版の年が、スミソニアンでの原爆展中止に代表される、アメリカでの第二次世界大戦の国家的記憶構築をめぐる論争のただなかだったことを考えると、日本帝国によるアジアへの暴力を糾弾しながら、アメリカ帝国による「救済」にも抗するケラーの「脱出記」は、アメリカ帝国・国家主義の枠組みのなかで日本のアジアへの加害を語ることの困難に対する、「アジア系アメリカ」の一つの応答を示しているように思われるのである。

注

（1）Nora Okja Keller, *Comfort Woman*, Penguin, 1997, pp.31-32. すべての引用はこの版からとし、以下、

CWとして文中にページ数を記す。なお、文中の英語文献の邦訳はすべて引用者訳である。

(2) 主人公の本名「キム・スンヒョ」は、この小説の最後の章で明らかにされるが、本章では、主人公が日本軍「慰安所」から脱出したあとも使い続けた、日米の帝国支配が刻印された「アキコ・ブラッドレイ」という名を、カッコ付きで用いる。

(3) Karen Shimakawa, *National Abjection: The Asian American Body Onstage*, Duke University Press, 2002, p. 29.

(4) Ong, op. cit., p. 350.

(5) 実際、この小説で白人の夫と日本人兵士の類似性は繰り返し示唆される。また、ケラーの第二作であり、ケラー自身が「*Comfort Woman* の「続篇」」と呼ぶ *Fox Girl* (Marion Boyars, 2002) が、韓国での「米軍基地売春」を扱っていることも興味深い。

(6) Catherine A. Lutz and Jane L. Collins, *Reading National Geographic* (University of Chicago Press, 1993.); Linda Steet, *Veils and Daggers: A Century of National Geographic's Representation of the Arab World* (Temple University Press, 2000) ほかを参照。

(7) パトリシア・チュウは、ワーナー・ソラーズとメアリー・ディアボーンを援用しながら、「アメリカ国家で、結婚は移民のアメリカ化を表象する中核的場であり、「アメリカ的契約を出自から同意承諾へと取り替えるための象徴物」だと述べる」(カッコ内は、ソラーズとディアボーンからの引用を示す)。Patricia P. Chu, *Assimilating Asians: Gendered Strategies of Authorship in Asian America*, Duke University Press, 2000, p. 18. これ以後のチュウからの引用は、ページ数を本文中に記す。

(8) Choi, ed., *op. cit*; Hyun Sook Kim, "*Yanggongju* as an Allegory of the Nation: Images of Working-class Women in Popular and Radical Texts," in Elaine H. Kim and Chungmoo Choi, eds., *Danger-*

ous Women: Gender and Korean Nationalism, Routledge, 1998 など参照。

（9）吉見義明は、日本人「慰安婦」が少なかった理由として、「出征兵士の姉や妹や妻や知りあいの女性が慰安婦になって戦地に来るような事態が生じたら、国家や軍に対する兵士の信頼感も崩壊する」（吉見義明『従軍慰安婦』〔岩波新書〕、岩波書店、一九九五年、一六三ページ）と考えた「内務省」の憂慮を挙げ、その結果、家族国家の外部とも言える植民地か占領地の女性が徴用されたと分析している。

（10）山田わかや平塚らいてうなど戦前の日本人女性運動家が、国民再生産主体としての「母」の役割を帝国日本での「女の国民化」推進の手段として戦略的に用いたことは、フェミニスト研究者によって指摘されてきた。また、「フェミニズム」における「女性国民」という概念と国家への同化統合主義採択の危険については、上野千鶴子『ナショナリズムとジェンダー』（青土社、一九九八年）でも指摘されている。しかし、もちろんこのことは「日本人慰安婦」の存在を否定するものではない。「日本人慰安婦」については、「戦争と女性への暴力」リサーチ・アクション・センター編、西野瑠美子／小野沢あかね責任編集『日本人「慰安婦」——愛国心と人身売買と』（現代書館、二〇一五年）ほかを参照。

（11）Nira Yuval-Davis and Floya Anthias, "Introduction" in Yuval-Davis and Anthias, eds., *Woman-Nation-State*, Sage, 1997, p. 7.

（12）もちろん、インダックが死を選んだ動機は複合的であり、そのなかには現実の苦しみからの解放という側面もあることは言うまでもない。しかし、ケラーが、インダックを「被害者」ではなく「抵抗者」として描いていることは重要だろう。

（13）Hyunah Yang, "Re-membering the Korean Military Comfort Women: Nationalism, Sexuality, and Silencing," in Kim and Choi, eds., *op. cit.*, p. 131. 傍点は原文。

(14) たとえば、朴和美《パクファミ》は、韓国人「慰安婦」制度サバイバーの李貴粉《イキブン》が日本の放送局のインタビューに答えた際の発言、「結婚だって？ 良心があれば、こんな体でできっこないだろう。考えたこともないよ」（二二五ページ）を受け、「李貴粉さんに〈汚れた体〉で結婚するなどというのは、良心がある女がすべきことではないと思わせてしまっている神話の数々は、一体どこから出てきたのだろうか」（二二六ページ）という問いを投げかけ、「「軍隊慰安婦問題」のもう一つの問題の側面」（二〇九ページ）、すなわち植民地支配という「公的権力」に加えて、「〈社会的権力〉として存在する性支配の姿を究明すること」（二二七ページ）の必要性に言及する。朴和美「性の二重規範から「軍隊慰安婦問題」を読み解く」、尹貞玉ほか『朝鮮人女性が見た「慰安婦問題」——明日をともに創るために』所収、三一書房、一九九二年、二〇七—二二九ページ

(15) Shirley Geok-lin Lim, "Immigration and Diaspora," in King-Kok Cheung, ed., *An Interethnic Companion to Asian American Literature*, Cambridge University Press, 1997, pp. 289-311.

(16) ただし、ケラーのテクストには、アジア系による「セトラー・コロニアリズム」への自省は見られない。詳細は、第1章の注を参照。

(17) Gayatri Chakravorty Spivak, "Can the Subaltern Speak?," in Cary Nelson et al., eds., *Marxism and the Interpretation of Culture*, University of Illinois Press, 1988, p. 297.

第5章　「加害者の物語」

――チャンネ・リーの『最後の場所で』が示す「慰安婦」像と「正しくない被害者」の心的損傷

［「慰安婦」の視点から描いた］最初の物語は、かなりの部分を書き終えていたのですが、私が望んだものは達成できてはいませんでした。（略）それで、違った方向から物語の内側へ入っていく方法を考えたのです。そのとき、この［朝鮮人の］若い見習い軍医こそが自分が追うべき人物ではないかと思いました。私は、ある場面の外にいる彼に思いを馳せ、もしかしたら戦争を生き延びて、裕福な生活を送っているかもしれない彼の人生を想像し始めたのです。（略）彼が自分の人生をどう見ていたのか、軍営地での出来事を振り返るだけでなく、その体験がいかに彼の精神を永遠に麻痺させたのかを。ひとたび彼を主人公に書き始めると、それは新しい物語であるように思えました。調査では出会うことがなかった、もう一つの別の側の物

語であり、それは加害者の物語でした。

（チャンネ・リー、二〇〇五年[1]）

右の引用は、『最後の場所で』（一九九九年）の創作にまつわる有名なエピソードとして、チャンネ・リーが複数のインタビューで語ったものの一つである。リーは、この小説を当初「慰安婦」当事者を主人公として書き始めたものの、四分の三ほど執筆を終えた時点でその物語に満足できなかったために、最初は単なる脇役だった朝鮮人皇軍軍医見習いの「黒畑治郎[2]」を主人公に全編を書き改めたという。実際、リーは、小説執筆の動機として当事者の体験を知って大きな衝撃を受けたことや、その後訪韓して複数のサバイバーの証言に耳を傾けたこと、その聞き取りを振り返って、自身の最初の草稿が「当事者の物語にはとうていかなわない」と感じたことなども、いくつかのインタビューで語っている[3]。

リーが、コリアン・アメリカンにとっての「民族の物語」ともいうべき「慰安婦」の歴史を、あえて異なるジェンダーをもつ非当事者の視点から描いたことは、ローラ・カンが「特集号」で提起した「共有のアイデンティティという権威」を手放し、当事者との「非一体化《ディスアイデンティフィケーション》」を実践するための言説行為とも解釈できるだろう[4]。しかしそれにしてもリーは、なぜあえて自らが「加害者」と呼ぶ「自発的対日協力者」を主人公に、いわば、誰も引き取りたがらない記憶を通して日本軍「慰安婦」制度の暴力を描こうとしたのだろうか——しかもアメリカという場で、である。本章では、『最後の場所で』が描く、主人公の日本軍事帝国主義への加担とそこから発生した複数の暴力に視線を注ぎ、リーが「調査では出会うことがなかった」と言う「加害者」が被った心的損傷を通して、「慰安婦」制度という軍事性暴力を描いたことの意味を考えたい。

以下ではまず、第4章で論じたケラーと同様に、リーが、日本軍「慰安婦」制度の暴力性を日米二つの軍事帝国や、日本と西欧の植民地支配の帰結としての奴隷制や性奴隷制といった、複数の（性）暴力を通して言説化する過程を、戦争被害の脱国有化という視点から検証する。その際、本章では、それら軍事帝国のエージェントとしてのマイノリティ兵士についても、その被害性と加害性の交差した観点から複層的に考えることを試みる。本章後半では、リーの小説が描く「対日協力者」という、いわば「正しくない被害者」が被った心的損傷の意味と、またこの小説での「慰安婦」表象の問題点について、小説が採用する「信頼できない語り手による一人称の語り」という言説的特質も考慮しながら検証したい。

1　複数の軍事帝国主義と性の支配――被害と加害の重層化

チャンネ・リーは、一九六五年に韓国ソウル市で生まれ、三歳のとき精神科医の父親の仕事によって一家でアメリカへ移住し、ニューヨーク郊外で育った。イェール大学英文科を卒業後、証券アナリストとしての勤務を経て執筆活動に専念する。デビュー作の『ネイティヴ・スピーカー』（一九九五年）はアメリカの数多くの文学賞を受賞し、リーは若手作家として一躍注目を浴びる。アジア系アメリカ文学賞も受けた第二作『最後の場所で』の刊行後、「ニューヨーカー」誌によって四十歳以下のアメリカ作家ベスト20に選出されるなど、現在アジア系でもっとも期待と注目を浴びている小説家の一人である。ちなみに、リーの四作目の小説『降伏せし者』[5]は、朝鮮戦争をテーマとしている。

原題を『ア・ジェスチャー・ライフ（*A Gesture Life*）』という小説『最後の場所で』は、アメリカ合衆国東部郊外の裕福な街で医療用品店を経営し、現在は隠居生活を送る老齢のコリア系移民フランクリン・ハタ（日本名は「黒畑治郎」）が、宗主国日本と戦後に移り住んだアメリカで、主流社会に受け入れられるべく、本心を隠し体面や体裁を重んじる「儀礼的な人生《ア・ジェスチャ・ライフ》」を送る姿を描く。小説は、現在と過去が交錯する一人称の回想形式を通して、ハタがアジア太平洋戦争時に同胞の朝鮮人「慰安婦」の「クッテ／K」（以下、「K」と略記）と出会い、恋愛感情を抱くものの、結局は見殺しにしたという、自らが抑圧してきた過去と徐々に向き合う過程を描いている。

第4章で論じたノラ・ケラーの小説『慰安婦』が、日本軍「慰安婦」制度の暴力性を、主人公「アキコ」のアメリカ人宣教師の夫による婚姻制度内での支配に結びつけ、「日米二つの帝国」という視点から描いたことは先述した。同様にリーも、ハタが日本軍「慰安婦」として惨殺された「K」の身代わりに韓国の孤児院から迎えた養女サニーを通して、日米二つの軍事帝国による朝鮮・韓国人女性の性の支配を描いていることは注目に値する。在韓アメリカ軍兵士と韓国人女性の間に生まれたサニーが、ハミルトン・キャロルの言葉で言えば「[日本軍「慰安婦」とされた]「K」の状況と相似形をなす、その現代的体系の産物[6]」であることは、多くの批評家によって指摘されてきた。リーの小説は、「慰安婦」制度や日本の植民地支配の暴力を、アメリカによるネオコロニアルな半島支配とそれに伴う在韓米軍による現地女性の性の搾取と結びつけ、その「産物」としてのサニーの存在を浮かび上がらせるのである。それは、朝鮮戦争を含むアメリカによるアジアへの軍事介入を「アジアに自由と民主主義をもたらした英雄的かつ自己犠牲的行為」として想起し、アメリカを日本植民地支配からの解放と脱却の地と位置づける、米国の支配的記憶とは異なる記憶として表出する試みでもある。サニーの存在を通してリーが示すのは、そのような解放主義的な語りによって隠蔽される別様の物語であり、朝鮮戦争などアメリカの軍事介入に起因するコリア系移民・難民の帝国内地への帰還と逆流の軌跡なのである。

その意味で、『最後の場所で』という小説が、日本と西欧という二つの植民地支配に深く関連づけられた被抑圧者女性への構造的性暴力を結びつけ、日本軍「慰安婦」性奴隷制度を、アメリカの奴隷制度下で行使された黒人女性への性暴力を照らし出すかたちで言説化していることも重要である。特にここで想起したいのは、リーの第一作『ネイティヴ・スピーカー』（一九九五年）での、ジョン・クワンという韓国系アメリカ人の登場人物をめぐるエピソードである。韓国系移民でニューヨーク市議会議員のクワンは、選挙民である在米コリア系の人々にむけて、アメリカの黒人コミュニティが日本統治下の朝鮮と同様に苦難を強いられてきたことを強調する。(7)

「私たちコリア系は、この［アメリカ黒人の］悲劇をうかがい知っています。思い出してください。五十年以上前、私たち朝鮮人は、自らの国で日本帝国の軍隊によってその下僕や奴隷にされました。そして私たちの母や姉、妹たちが、私たちを隷属させたまさにその兵士たちの慰み者にされたことを」（*NS* 142）

クワンはこのように述べ、日本植民地主義による朝鮮人の隷属化とアメリカの黒人奴隷制を並列的に語るのだが、引用後半でクワンが批判する日本軍「慰安婦」性奴隷制度は、マイノリティ政治家としてクワンが直接に言及することを避ける、アメリカにおけるもう一つの性奴隷制度の歴史――すなわち南部の白人奴隷主によっておこなわれた黒人女性奴隷へのシステマティックな強姦と、資本としての「混血奴隷」の再生産――を想起させるものでもある。そう考えると、『最後の場所で』でリーが示すサニーとその息子トマスの「混血性」は、日本軍「慰安婦」制度をテーマとするこの小説のなかに、アメリカにおける異人種間レイプの歴史と暴力の記憶を埋め込み、呼び起こす存在でもある。キャンディス・チュウが言うように「多人種の血を引くトマスは、（略）複数の従属化システムが輻輳したその帰結としての、身体的かつ文字どおりの意味での雑種性《ハイブリディティ》を体現する」(8)存在なのである。

このようにリーは、「非抑圧民族」の連帯が可能になりうる場としての「アメリカ」と、同時にクワンの政治家としての失脚を通してその不可能性も示唆するのだが、(9)『最後の場所で』ではさらに、リーが米軍事支配下の東アジアでのアメリカ・マイノリティ兵士の二重性も示唆していることは重要である。実際、韓国に駐留する黒人米兵と韓国人女性との間に生まれたサニーの存在は、アメリカ国内では被抑圧的主体である黒人アメリカ人兵士が、韓国人女性の性を搾取する側に立っていることを示唆する。リーは、二つの小説を通して、アメリカ黒人（兵）と元日本帝国臣民との間の共感と偏見、支配と被支配が交錯する重層的な関係を描き出す（この問題は、「日米二つの帝国」の支配下に置かれてきた沖縄にも共通する）。リーが、アメリカのマイノリティ兵士を一義的な被害者としてではなく、重層的で矛盾をはらんだ、木畑洋一の言葉を再び借りれば「支配する側と支配される側の狭間に立」つ存在として描いていることは注目に値する。[10]『最後の場所で』の在韓黒人アメリカ兵は、日本帝国軍兵士としてのハタの影絵的存在であり、その鏡像としても作用するのである。[11]

一九九〇年代、アジア系を含むアメリカのマイノリティ研究が、自らを人種的「被抑圧者」としてだけでなく、非西洋世界に対する「有色人西洋主体」として、あるいは北米先住民に対する「有色人入植者」として複層的に再定義し、自らのアメリカ帝国主義への加担を検証したことは前述した。リーが、日米のマイノリティ兵士を支配と被支配の二重性を通して描くのも、そのような重層的視点から帝国のマイノリティの戦争体験を言説化しようとする努力の表れにほかならない。

2 「加害者の物語」と心的損傷

そう考えれば、この小説が、「慰安婦」制度という日本帝国主義の暴力を、リーが「加害者」と呼ぶ、対日協力者ハタを通して描いていることも納得がいくだろう。ハタは、たとえば姜徳相や内海愛子の古典的著作に示される、日本や親日派勢力によって志願を強要されたり、徴兵され戦地へ送られた末にBC級戦犯として裁かれた朝鮮人皇軍兵士や軍属のような、いわゆる「純粋被害者《ピュア・ヴィクティム》」ではない[12]。むしろハタは、強制されたわけでも騙されたわけでもない「自発的な」対日協力者であり、後述のように、日本の植民地支配をてこに社会の階層を這い上がろうとした人物として示唆される[13]。ハタは、日本の性奴隷制度に抵抗して惨殺された「K」や、「慰安婦」とされることを拒み、自ら命を絶った少女たちとは対照的な、岩崎稔と長志珠絵の言葉を借りて言えば、「純粋で美しく自己を仮託しやすい」「モデル被害者[14]」への意図的な対立項として描かれるのである。

　このように、主人公を（言わば）「正しくない被害者」として描くというリーの選択は、『帝国の慰安婦』で朴裕河が示した朝鮮人業者や、あるいは日系アメリカの文脈で言えば、タカシ・フジタニが『帝国のための人種／競争《レイス》』で表したような、第二次世界大戦時、アメリカのために勇敢に闘った四四二部隊とは対照的に、米国軍隊史上もっとも「無秩序」で「士気が低かった」という「K中隊」や、あるいは日本帝国側について戦った日系人兵士たちのような、アジア系アメリカの正規の記憶から忘却され、切り捨てられてきた、ある種引き取り手がいない記憶に焦点を当てる行為でもある[15]。リーは、あえてそのような非正規的視点から日本軍「慰安婦」制度の暴力性を描き、「協力者」としてのハタを読者に提示する。それは、国家や民族の公的な記憶からはこぼれ落ちる、（ハタについて言えば）植民地を「一貫した〈抵抗の地〉」として定義し、解放後、自身の「強いられた自発性」を「忘却の彼方へ消し去りたかった元帝国臣民[16]」との共犯性のうえに形成された、国家の正規の記憶を脱臼する行為とも言えるだろう。それはさらに、ナショナリズムの統制のもと、

「正しく抵抗した被害者」だけが被害を訴えることが許される状況への異議申し立てとしても読めるが、これについては後述する。

しかしここで重要なのは、リーがハタを「協力者」あるいは「加害者」として描く一方で、ステレオタイプ化された悪としては描いていないことである。たとえば『帝国の慰安婦』で朴が示した民間業者の、心情も行動要因も不明な単純化された「悪」の表象とは対照的に、リーのハタは日本軍事帝国主義への協力の帰結として、その暴力が引き起こしたトラウマを抱え続ける人物として描かれる。なかでも、戦後ハタが日本を離れ、アメリカに移住するというエピソードは、その行動の裏にあるハタの心情――軍営地での「K」の惨殺や、それを引き起こした「日本」への不信、さらに「K」を見捨てて逃げたハタ自身の傷つきや心的損傷――を示すうえできわめて重要である。この小説で、「K」の死からハタの渡米にいたるまでの期間が空白として語られないことは、しばしば指摘されてきた。しかし、それまで完全な忠誠を誓っていた日本を離れるというハタの決断は、一人称で語られるこの小説中、容易に本心を明かさないハタが、唯一明確に示した日本への怒りと不信感の表出であり、「K」の死をめぐる事件ののち、ハタがもはや日本に住み続けることを拒否したことの証しなのである。

ケラーの小説では、日本軍「慰安婦」とされたことで帰るべき故郷を失った「アキコ」が、夫とともにアメリカへの移住を決意する場面が描かれていた（CW 100-101）。同様に、「協力者」として韓国への「帰郷」が叶わないハタにとっても、アメリカは移り住むことができる第三国として作用する。しかしハタは、「アキコ」とは異なり、移民先のアメリカでも、幼いサニーを除けば、戦争記憶を共有する危険があるアジア（系）の人々とは交わらず、そうしたコミュニティと距離を置き、過去を封じ込めて生き続ける。リーがハタを「加害者」と名指しながらも、プロパガンダ的な善悪二元論には陥らないようにハタの加担と傷つきを描くのは、植民地支配という明らかな構造的暴力のなかで、被害と加害に容易に二元化はできない当事者の存在を示す行為に見えるのである。

またその意味で、小説が、ハタの対日協力の裏に、植民地社会の最下層に生まれた主人公の支配体制への従属を通した階層上昇の欲望を示唆していることも注目に値する。(17) ハタは、軍医見習いである自らの監督下で「慰安婦」として屈辱的な状況に置かれている「K」が「高貴な学者の家」の生まれだということを知り、その状況の「ちぐはぐさ」について次のような感慨を述べている。

それにしても、革なめし職人と下女の一人息子である私が大日本帝国陸軍少尉の軍服に身を包み、高貴な学者の家（没落したとしても）に生を享けた彼女が、遠く離れた前哨地の納戸で眠らなければならず、姉はすでに亡くなって埋められていて、自らもそれと同じ恐ろしい最期を望んでいるとは、何ともちぐはぐであった。（*GL* 257）

植民地支配を介在させたこのような力関係の逆転は、現ナイジェリア・イボの村へのイギリスの入植黎明期を描いたチヌア・アチェベの古典的小説『崩れゆく絆』（一九五八年）にも示されている。アチェベは、イギリス人の入植以前のイボの村で禁忌として排除され、周縁化された人々が率先してイギリスの布教者たちに協力するようになる過程を、イギリス植民地勢力がイボの伝統的社会を崩壊させ破壊した、その暴力的過程と並行して描いた。つまり、アチェベは、植民地化前の伝統的なイボの村社会の同質性や統合性を問う一方で、植民地勢力の圧倒的な暴力性も描くのだが、リーも、ハタの日本植民地支配への加担の背後に、同様の格差構造とそれにもとづく欲望の動員を示唆するのである。(18)

そしてそうであれば、ハタがその状況のなかで皇軍兵士として日本の軍事帝国主義に加担し、被害者から加害者へと変容していく過程が示されることは、根幹的に重要に見える。ハタは、「慰安婦」として徴集された少女たちが役割を果たせるようその管理を担ったり、ビルマの軍営地で現地人男性の生体実験に参加したりした体験を淡々と語るが(*GL* 76-77)、リーはこれらの逸話を通して、朝鮮社会や日本帝国内で明らかな被差別的主体だったハタが、その抑圧的状況から抜け出す過程で、同胞女性らを含む日本占領下のアジア人に対して加害者となっていったことの矛盾と、その暴力性を示している。このように、リーはこの小説で、「慰安婦」とされた少女たちや前述のビルマ人男性のような「純粋被害者《ピュア・ヴィクティム》」とは異なる、「対日協力者」で「加害者」である主人公が負った心的損傷をあえて描き、その「正しくない被害者」とも言うべき存在のために、被害性が理解されにくく耳が傾けられにくい「当事者」の体験を、ハタのその後の人生と抱え続けたトラウマを通して描くのである。

またそうであれば、この小説が、もう一人の「親日派」であり、「正しくない被害者」でもある「K」の父の存在を描いていることも注目に値する。「K」の父は、「外国の影響からアジアの伝統を守る」べく、日本と朝鮮、中国が「ともに協力する」(*GL* 249)必要を唱えるアジア主義者であると同時に、跡継ぎ息子を守るために娘を犠牲にする、朝鮮家父長制の体現者としても描かれる。その一方で、リーは、アジアのブラザーフッドを信じた父が、信頼した日本から裏切られ、町の人々の怒りと攻撃にさらされるさまを、父の失望と傷つきを通して描いてもいる。「K」は、父が「日本人入植者の問題を話し合」い、「皆にとってよりいい、家屋や店舗の立ち退きを迫られた人たちにとってもより公平な、一種の取り決め」（*GL* 256-257）をすべく、使節団の一員として訪日したことの帰結を、ハタに向かって次のように語っている。

「[日本から]帰ってきたとき、父がとても機嫌がよかったのを覚えています。それまで見たこともないほど上機嫌で。（略）でもその年の終わりには、父はすっかり幻滅していました。何も変わらなかったのです。実際、入植者の数は以前にましてずっと増えていました。町の人たちは、使節団に加わっていた地方行政官の父を責めるようになりました。ある晩、農民祭から帰ると、家が焼け落ちていました。（略）その頃から、父は、誰とも口をきかなくなったのです。弟とさえも。書庫に閉じこもって、漢詩を読んだり、書道の手習いをしたりしていました」（*GL* 257）

「K」の回想には、植民地社会の支配層に属する現地エリートである父の、特権と理想と傷つきが示される。リーは、日本から裏切られ、さらに跡継ぎの息子までも徴兵の対象にされた父が、「地位も影響力も失い、もはや渡すべき賄賂ももたない」なかで、息子のかわりに「K」とその姉を日本軍に供出した経緯を描いている（*GL* 250）。その意味で、父は現地家父長制の体現者であり、日本人右翼が好んで語る「娘を売った親」である一方、そうさせたのは明らかに日本であり、リーは、この植民地エリート男性の二重性を、その加害と被害の両面から描くのである。

リーの小説が示すこの父親像はまた、「慰安婦」制度サバイバーの証言にしばしば登場する父親たちを対比的に思い起こさせるものである。すなわち、行方不明になった娘が「慰安所」にいることを知り、娘を返してほしいと、「振り払われても、振り払われても」「軍人に食いさがっ」て殺害されたインドネシア人サバイバーのスハナの父や、中国山西省羊泉村で日本兵に拉致・監禁された娘を取り返すために、借金し、羊を売って、あるだけの金を集めて土下座して頼んだという劉面煥の父親らの存在である[19]（小説では、「K」と姉への父の心情は語られない）。しかし、この小説でリーは、あえてそのような「純粋被害者《ピュア・ヴィクティム》」である父親らとは異なる、むしろ「被害者側の加害」とでもいうべき状況を示す「父」の物語を描く。それは、日本軍「慰安婦」制度に対して「国民の皆が正しく抵抗した」とする国家の公的記憶のなかで、その被害者像に合致しなければ、自らの被害や心的損傷を訴えることができない状況への疑義として、ハタや「K」の父のような「正しくない被害者」の受けた心的損傷を、その加害行為とともに描き、二元論では理解できない被害と加害の折り重なった記憶を掘り起こす行為のように思えるのである[20]。

3　『最後の場所で』での「慰安婦」の表象

ここまで、ハタと、「K」の父という二人の朝鮮人男性を通して、リーの小説が、被害と加害、支配と被支配のはざまに立つ人々を、彼らが被った心的損傷とともに描くさまを考察してきた。その一方で、この小説は、「慰安婦」とされた女性らについては、どのように描いているのだろうか。本章最後の本節では、その点を考慮したい。

この小説に「慰安婦」とされた女性や少女たちは複数登場するが、その中心はあくまで「K」と呼ばれる、ハタが心引かれる女性である。「K」は、階級的にも、その外見的美しさでも、さらに自らの性の自己決定権を守るために自死を選ぶという点でも、特権化された存在として描かれる。小説は、そのような「K」に対してハタが抱く思いをいくつかの回路を通して描くが、まず、ハタが「K」に引かれる理由として、社会の最下層に生まれたハタにとっての階級的な憧れと、それを起因とする所有願望が読み取れる。すなわち、出自ゆえに排除されてきた祖国朝鮮の支配階層への、「K」の所有を通した加入（と報復）の欲望である。また、日本軍「慰安婦」として徴集された「K」は蹂躙された祖国の象徴でもあり、「K」に対するハタの想いは、母国と「K」を日本から取り返したいという願望の反映でもあるだろう。その意味で、ハタが「K」を、本名の「クッテ」ではなく「K」と呼んでいることも象徴的である。言うまでもなく、「K」は「コリア（Korea）」の頭文字であり、ハタが彼女をこう呼ぶのは、失った祖国朝鮮への思いを「K」に投射し、ロマン主義的な欲望の対象として名指す行為だからである。[21]

つまり「K」を介してハタが手に入れようとするのは、「K」という植民地化された女性に象徴される朝鮮の支配権であり、その意味で、ハタの「K」への思いが、「K」に性的関心を抱く宗主国日本の男である小野大尉との間で、植民地の女性の身体をめぐる争いとして顕在化するのも偶然ではない。この小説で「K」との関係がハタにとって民族性を取り戻す転換点になることはリー自身もインタビューで語っているが[22]、実際、ハタは、「K」と親交をもつようになってはじめて、朝鮮人「慰安婦」に対して民族侮蔑的な物言いをする日本兵を問いただしたり（*GL* 250-251）、少年時代に受けた差別を憤りとともに想起したり（*GL* 262-263）、あるいは、それまで絶対的な服従の対象だった小野に対しても抑圧していた「憎しみ」を湧き上がらせ、「報復」感情をあらわにしたりするようになる（*GL* 261-271）。朝鮮人であるがゆえに「慰安婦」とされた「K」は、ハタにとって共感の対象であり、理不尽な民族差別に対するハタ自身の怒りを解放する存在でもあるのである。

その半面、ハタにとって「K」が、宗主国日本の男から奪い返すべきある種の所有物とみなされていることも小説は示唆している。実際、創氏改名という植民地支配下で施行された改名の強制という文脈のなかでハタがクッテの名を思いのままに呼び替える行為は、ハタの支配願望の表れとして皮肉な意味合いを滞びている。小説は、ハタが自らの理想やファンタジーの投射として「K」を追い求める一方で、現実の「K」の苦しみを理解せず、いまにも「慰安婦」とされかねないことの不安に思い詰める「K」のかたわらで終戦後の二人の人生への幻想を語ったり、合意と思い込み「K」をレイプしたりする姿を描く。リーは、「劇的独白」にも似たハタの「一人称の語り」を通して、ハタ自身が認識しない自己中心性や視点の限界を読者に指し示すのである。

このように、ハタの語りは「慰安婦」にされることを拒否して死を選んだ「K」を中心に展開するが、そのハタの記憶のなかで周縁化されるのが、実際に「慰安婦」にされた少女たちや、松居など日本人の「慰安婦」たちである。ハタは、松居を除くこれらの少女たちに対して同情は示しても、その共感や関心が高いとは言い難い。たとえばハタは、自身が診察したある少女について、彼女が「ほとんど歩けず、外陰部は見分けがつかないほど腫れ上がり、傷つき、とめどなく血が流れ」(*GL* 226)、さらに診察にも「ほとんど反応せず、目は光を失い、うつろだった」(*GL* 227)と、少女が受けた身体的・精神的外傷の大きさを記述する一方、すぐさまそれを兵士の被害と相対化し、「戦時中は、結局は誰の健康も問題にはならず、可能なかぎり早急に任務に戻す目的で診察や治療」がおこなわれたことを正当化する(*GL* 227)。もちろん、ハタが言うように、戦場での兵士が人権侵害的状況に置かれたことが事実であっても、それによってこの少女に対する加害主体が日本兵であることが曖昧化されることは否めない。また、ハタの回想では、こうした短い記述以外に軍営地の「慰安婦」とされた女性らが言及されることはなく、ハタの関心はあくまで「K」だけに注がれるのである。

4 ハタの回想に見る「慰安婦」表象の問題点

このような「慰安婦」をめぐるハタの語りの欠陥は明らかであり、それは、この小説が示す「慰安婦」表象の最大の問題点でもある。しかし、一部の研究者が指摘するように、これがリー自身の「限界」を示すものであるのか、[23]それとも一人称で語られるこの小説で、それがハタという人物の視点と思考の限界を露呈させるための劇的ディバイスであるのかについては議論が必要だろう。実際、リー自身もインタビューで、ハタの「一人称の語り」が示す視野狭窄と限界について不満を吐露している。[24]

しかし、そのことを論じる前に、まずこの小説での「慰安婦」表象それ自体の問題点を、主に二点指摘しておきたい。第一は階級に関わる問題であり、すなわち、この小説が上流階級出身の「K」を被害者の中心に据えることで、「慰安婦」制度が階級問題でもあったことを不可視化してしまう危険である。小説には、「K」とそのほかの少女たちの階級差への言及はあるものの（*GL* 235）、「K」とその姉以外の少女たちが「慰安所」に連れてこられた経緯は語られず、朝鮮で「慰安婦」とされた少女や女性の多くが貧困層出身であり、そのため就労詐欺などの対象になったという経緯が不可視化される。

これに対して第二のより大きな問題点は、この小説が「性の自己決定権」を守るために自死を選んだ「K」をヒロインとして前面に据えたことで、梁澄子の言葉を借りれば、「生きるために嫌だという気持ち」のほうを殺さざるをえなかった「慰安婦」女性らの存在と、その側の暴力を不可視化してしまうことである。たとえば梁は、在日朝鮮人サバイバーの宋神道について、宋が、「慰安所」で「クレゾールを飲んで自殺」を図った女性と同様に「つらくて嫌」だという気持ちを抱きながらも、自殺した女性とは反対に、「肉体的な生命」ではなく「嫌がってる心」のほうを殺して生き残らなければならなかったことの暴力性に言及し、抑圧的な状況下の人間心理に対する洞察を示している。(25)

しかし、梁の考察とは対照的に、『最後の場所で』でハタの回想の中心を占めるのは、自らの尊厳を守るために日本兵を挑発し、死を勝ち得た「K」と、その「K」が一貫して主張する、「慰安所に行かされる」くらいならば死を選ぶという姿勢である（*GL* 236, 239）。実際、「K」は、日本兵の遠藤が「慰安婦」とされた「K」の姉を殺害した事件について、遠藤を恨むどころかむしろ「感謝」し、自分も「姉のように殺されたい」と繰り返すのである（*GL* 236, 238）。もちろん、この「K」の心情や選択それ自体を批判するのではないことはここで強調したい。その一方で、「慰安婦」とされた少女の命を一方的に奪うという、イデオロギー的には「慰安」の強制と何ら変わらない遠藤の行為に対してこの小説が批判的視点を提示していないことの意味は、考える必要があるだろう。言い換えれば、ハタの一人称の語りには、遠藤による「K」の姉殺害という行為の根底に潜む、父権主義的な女の性の管理や「純潔性」の押しつけに対する批判的視点は示されず、また「K」が繰り返す「姉のように殺されたい」という発言への明確な対抗軸も見られない。その結果、

「嫌だという気持ちのほうを殺」して生き残った「慰安婦」女性らが被った暴力や心的損傷は、ハタの思考からは消えてしまうのである。

この点で、小説が示す職業売春婦の松居の存在は、ハタの思考と視点の限界を明らかにするうえできわめて重要である。日本人の元売春婦である松居は、軍営地の「慰安所」を取り仕切る存在であり、「慰安」行為を強要された少女らに対しても「明日になれば慣れる」と言い放つ、商行為としての性の取り引きに慣れた人物として描かれる(*GL* 181)。その半面、「K」の死後に松居が発した、「K」の反抗的態度をなじる言葉は、命令に服従しないことで女たちが受ける暴力と報復の残忍さについて、松居が誰よりも正確に理解していたことを示唆するものである(*GL* 304)。このことは、松居が自らの心を押し殺し、服従することで生き延びてきたであろう過去を示唆するのだが、父権主義的潔癖主義者のハタには松居がたどってきた人生は見えず、「慎ましやかな少女たち」とは異なる、「いかにも商売をしていたふうの」(*GL* 181)松居を、ハタは侮蔑して見下し続けるのである[26](*GL* 183)。

このように、リーは、ハタの一人称の回想を通して、ハタという語り手の視点の偏りや限界を露呈させるのだが、この「慰安婦」をめぐるハタの視線や価値観はハタだけのものではなく、戦後の父権制社会が「慰安婦」とされた女性らにむけてきた視線と同一のものであることは重要である。言い換えれば、戦後の日本や、あるいは韓国やほかの占領国で、日本軍「慰安婦」制度という性暴力が大きな社会的問題とはならなかった要因の一つは、被害者の多くが「K」とは異なり下層階級出身で、自らの身体ではなく気持ちのほうを殺して生き延びた女性だったからにほかならない(それによって彼女らは「売春婦」とされ、その暴力は不可視化された)。換言すれば、もしこれらの被害者が、みな「K」のように自身の「純潔性」を守るために命を絶った上流階級の女性だったならば、日本軍「慰安婦」制度の暴力性が、五十年の長きにわたって国家の公的記憶から抹消されることはなかったのではないか。その意味で、被害者として「K」を特権化し美化する一方で、生き残った女性らの被害を周縁化するハタの記憶が体現するのは、日本軍「慰安婦」制度という暴力を忘却させてきた父権制イデオロギーの価値体系そのものであり、リーは、その価値観を具現するハタという人物を通して、「慰安婦」性暴力の歴史を抑圧してきた家父長主義の歴史それ自体を可視化し、告発するのである[27](それもまた、「皆が忘れたい記憶」と言えるのかもしれない。そしてそれは言うまでもなく、日本の被爆者差別などとも共通する)。

またその意味で、「K」が、父権社会における国家シンボルとしての被害を体現する、理想的で完全な存在として描かれていることも再確認する価値があるだろう。上流階級出身で、美しく、敵の男から身を守るためには進んで死を選ぶ「K」は、彼女を犠牲にした父親に対しても、自分がもつ最後の一滴の水で父の足を洗うと述べるなど(*GL* 245)、父を慕い敬い続ける、現地家父長制にとってきわめて好都合な娘なのである。さらに「女としての美徳」を守り、征服されることを拒否して死を選んだ「K」は、キャンディス・チュウの言葉で言えば、「日本とアメリカの帝国主義によって決定づけられた回復不能な雑種性[28]」に染まることで生き残ってきた「対日協力者」のハタとは対照的な、植民地支配下の民族的純潔性を象徴する存在でもある。リーが描き出す「K」は、植民地化された父権社会が理想とする「モデル被害者」であり、国家被害を象徴するある種の「ナシヨナル・ファンタジー」として掲げられる存在なのである。

5　加害の記憶とトラウマの乗っ取り

土井敏邦の映画『〝記憶〟と生きる』（二〇一五年）は、「慰安所」から解放されてからの戦後の五十数年を「記憶と生き」続けなければならなかった韓国人サバイバー女性らを映すドキュメンタリーである。[29]「慰安婦」とされることを拒否して死を選んだ「K」を中心に描かれるリーの小説に決定的に欠けているのはまさにこの点であり、サバイバーらが終戦後も「記憶」とともに生き続けなければならなかったことに表される、日本軍「慰安婦」制度の暴力性である。土井とは対照的に、生き残った「慰安婦」が一人も登場しないリーの小説は、「慰安婦」性奴隷制度の暴力が、あたかも戦時中の「慰安所」だけで終わったかのような誤った印象を生じさせてしまう。

あるいは別の言い方をすれば、自らの加害の記憶を抱えて生きるハタを唯一の語り手とするこの小説で、「記憶と生きる」ことを強いられたのはサバイバー女性らではなくハタであり、小説は、「慰安婦」当事者の記憶と心的損傷をハタの記憶と損傷に代替させ描いているとも言えるだろう。その結果、「慰安婦」当事者の記憶とトラウマは、加害者であるハタの記憶とトラウマに取って代わられ、乗っ取られてしまう。もちろん、前述のように、リーがこの小説を書くうえでサバイバーの証言には「とうていかなわない[30]」と考え、当事者ではなく加害者を主人公としたことは想起する必要があるし、ある意味、それこそがリーにとって「慰安婦」制度という暴力を「小説」という言説媒体を通して描く意味と言えるのかもしれない。すなわち、「慰安婦」制度という暴力的体験と歴史の証左である当事者の証言やオーラル・ヒストリーがドキュメンタリーやノンフィクションとして多数存在し、リーが言うように、小説がそれら当事者の語りに「とうていかなわない」のであれば、小説が果たす役割は、それ以外の語られない物語を可視化することにあるとも言えるからである。そしてその意味では、ハタのような「協力者」や被害者側の加害の記憶など、名乗り出ることが困難なそれらの記憶は、「小説／フィクション」という言説形態を通してもっとも「安全」に表出されうることも事実だろう。「対日協力者」であり「加害者」であるハタが自ら被り、かつ他者に行使した暴力を、その心的損傷とともに描き出し、言語化するリーの小説は、リーが「調査では出会うことがなかった」という「もう一つの別の側の物語[31]」を可視化するきわめて重要なものである。と同時に、失われるのは、サバイバー女性らが戦後も被り続けた暴力の記憶であり、リーの小説は、「慰安婦」当事者に対して小説自身が行使する暴力もまた指し示すのである。

注

（1）Lee and Johnson, op. cit.

（2）Chang-rae Lee, *A Gesture Life*, Riverhead Books, 1999.（チャンネ・リー『最後の場所で』高橋茅香子訳〔Crest books〕、新潮社、二〇〇二年）。引用はすべてこの英語版からとし、ページ数は *GL*

として本文中に記す。日本語訳は原則として引用者訳だが、主人公の日本名の漢字表記は高橋茅香子の訳に従った。英語名はフランクリン・ハタ（Franklin Hata）だが、キャンディス・チュウが指摘するように、主人公の本名である朝鮮名は明かされない。チュウはこれを、ハタという「人物の理解を「生得的」な起源的瞬間に固定させることをよしとせず」、「因果関係的にアイデンティティを規定しようとする試みを複雑化させる、複数の名やアイデンティティから成る、混乱含みの多数性」を示すリーの姿勢として、肯定的に評価している。Chuh, "Discomforting Knowledge, Or, Korean 'Comfort Women' and Asian Americanist Critical Practice," pp. 14-15.

（3）"Adopted Voice: An Interview with Chang-rae Lee," *The New York Times*, Sep. 5, 1999. (http://www.nytimes.com/books/99/09/05/reviews/990905.05garnet.html)［二〇一三年四月二日アクセス］。これ以外で頻繁に引用されるインタビューとしては、"A Gesture Life by Chang-rae Lee + Author Interview," Nov. 15, 2000. (http://smithsonianapa.org/bookdragon/a-gesture-life-by-chang-rae-lee-author-interview/)［二〇一三年四月二日アクセス］、"The Beatrice Interview: Chang-Rae Lee 'I'm a fairly conventional guy, but I'm bored with myself a lot.'" (http://www.beatrice.com/interviews/lee/)［二〇一三年四月二日アクセス］、Kenneth Quan, "Chang-rae Lee: Voice for a New Identity," *Asia Pacific Arts*, Apr. 12, 2004. (http://www.asiaarts.ucla.edu/article.asp?parentid=11432)［二〇一三年四月二日アクセス］など。

（4）Kang, "Conjuring 'Comfort Women,'" p. 36.

（5）日本では未訳だが、邦題は村山瑞穂によるものを借りた。

（6）Hamilton Carroll, "Traumatic Patriarchy: Reading Gendered Nationalisms in Chang-rae Lee's *A Gesture Life*," *Modern Fiction Studies*, 51(3), 2005, pp. 592-616, 610. アメリカ軍によるものを含む、

朝鮮半島での複数の軍隊性暴力と性の管理については、宋連玉／金栄編著『軍隊と性暴力——朝鮮半島の二十世紀』（現代史料出版、二〇一〇年）を参照。

（7）Chang-rae Lee, *Native Speaker*, Riverhead Books, 1995, p. 142. 引用はすべてこの版からとし、ページ数は *NS* として本文中に記す。翻訳は引用者訳である。

（8）Chuh, *Imagine Otherwise*, p. 102.

（9）クワンの呼びかけは、一九九二年のロス蜂起（暴動）で顕著になった、アフリカ系とコリア系というマイノリティ間の対立を、日米二つの帝国支配のもとで両者が共有する被抑圧体験の認識を通して、インターエスニックな共感と連帯へと関係性の転換を促すものでもある。その意味では、ハタが、孫のトマスを通して、当初サニーの混血的外見に対して示した人種偏見（*GL* 24）を改めていくことも想起したい。さらに、クワンの政治家としての失脚の原因が若い韓国人女性との不倫の発覚だということも示唆的であるかもしれない。

（10）前掲『二〇世紀の歴史』一一〇ページ

（11）たとえば、ジャン・ユンカーマンのドキュメンタリー映画『沖縄うりずんの雨』や、長堂栄吉の短篇小説「黒人街」（『新沖縄文学』第一号、沖縄タイムス社、一九六六年）などに描かれるように、アメリカ社会の底辺に位置づけられてきた黒人兵は、日本で同様の体験を強いられてきた沖縄の人々としばしば相互的共感や政治的連帯を生成させてきた。『沖縄うりずんの雨』に登場する写真家の石川真生は、自身が在沖アメリカ黒人に対して抱いた「親しみ」の感情を、当時高まっていたブラックパワー運動のスローガン「ブラック・イズ・ビューティフル」と関連づけ、「白人と黒人のこの感情と、私の沖縄人としてのプライド、ヤマトに対する不信感とかなんとか。沖縄人対ヤマトの構図が似ているなと、このとき思ったの」と述べている。その半面、在沖黒人アメリカ兵が、アメリカ軍の一員として支配者側に立ち、性の支配という点でしばしば「加害者」となってきたことも周知のとおりである（前掲『沖縄うりずんの雨』。引用は、劇場用パンフレット掲載の採録シナリオによる）。長堂の「黒人街」については、村上陽子『出来事の残響――原爆文学と沖縄文学』（インパクト出版会、二〇一五年）を参照。コザ蜂起をめぐる沖縄人と黒人兵の連帯については、Wesley Iwao Ueunten, "Rising Up from a Sea of Discontent: The 1970 Koza Uprising in U.S.-Occupied Okinawa," in Shigematsu and Camacho, eds., *op. cit.*, pp. 91-124. ウエウンテンはまた、沖縄ではときに黒人アメリカ兵が現地の人々の人種偏見の対象ともなることもあったと述べている。ベトナム戦争での、黒人兵を含むアメリカのマイノリティ兵士の両義性については、Viet Thanh Nguyen, "Remembering War, Dreaming Peace: On Cosmopolitanism, Compassion, and Literature" (*Japanese Journal of American Studies*, 20, 2009, pp. 149-174); Nguyen, *Nothing Ever Dies* などを参照。帝国のマイノリティ兵士が体現するこのような二重性は、第3章で論じた日系人朝鮮戦争帰還兵のロバート・ワダにも共通し、日米帝国内の被抑圧主体が、彼・彼女らが置かれた差別状況から抜け出す過程で、他世界や他集団の抑圧に加担することになった歴史を示唆するものでもある。

（12）姜徳相『朝鮮人学徒出陣――もう一つのわだつみのこえ』岩波書店、一九九七年、内海愛子『キムはなぜ裁かれたのか――朝鮮人BC級戦犯の軌跡』（朝日選書）、朝日新聞出版、二〇〇八年、同『朝鮮人BC級戦犯の記録』（岩波現代文庫）、岩波書店、二〇一五年。文泰福／洪鐘黙述、内海愛子／韓国・朝鮮人BC級戦犯を支える会編『死刑台から見えた二つの国――韓国・朝鮮人BC級戦犯の証言』（[「シリーズ・問われる戦後補償」第二巻]、梨の木舎、一九九二年）や朴寿南監督『アリランのうた――オキナワからの証言』（制作：アリランのうた製作委員会、一九九一年、日本）には、朝鮮人元兵士や軍属による「慰安婦」への言及もある。さらに、対日協力者の許泳こと日夏英太郎を取り上げた内海愛子／村井吉敬『シネアスト許泳の「昭和」——植民地下で映画づくりに奔走した一朝鮮人の軌跡』（〔シバシン文庫〕、凱風社、一九八七年）や、第二次世界大戦時の日系アメリカ人兵士と朝鮮人皇軍兵士の体験を比較考察する Fujitani, *op. cit.* も参照。

（13）内海とリーが示す朝鮮人皇軍兵士の表象の比較考察については、以下の拙稿を参照されたい。Rika Nakamura, "Fighting for the 'Wrong Empire'?: A Transpacific Reading of Korean Imperial Soldiers in Chang-rae Lee and Utsumi Aiko's Works," unpublished paper presented at the Association for Asian American Studies annual meeting, Apr. 20, 2013, Seattle, U.S.A.

（14）岩崎稔／長志珠絵「「慰安婦」問題が照らし出す日本の戦後」、成田龍一／吉田裕編『記憶と認識の中のアジア・太平洋戦争』（岩波講座アジア・太平洋戦争　戦後篇）所収、岩波書店、二〇一五年、二四六ページ

（15）「K中隊（Company K）」については、Fujitani, *op. cit.*; Tamotsu Shibutani, *The Derelicts of Company K: A Sociological Study of Demoralization* (University of California Press, 1978) も参照。

（16）朴裕河『帝国の慰安婦——植民地支配と記憶の闘い』朝日新聞出版、二〇一四年。この箇所は、岩崎・長の前掲「「慰安婦」問題が照らし出す日本の戦後」にも引用されている。朴の著作の問題点とそれをめぐる論争については、岩崎・長に加えて以下を参照。鄭栄桓『忘却のための「和解」——『帝国の慰安婦』と日本の責任』世織書房、二〇一六年、前田朗編『「慰安婦」問題の現在——「朴裕河現象」と知識人』三一書房、二〇一六年、０３２８集会実行委員会（金富子／外村大／中野敏男／西成彦／本橋哲也）「「慰安婦問題」にどう向き合うか——朴裕河氏の論著とその評価を素材に」「研究集会記録集」（http://www.0328shuukai.net/pdf/0328shuukaikiroku.pdf）［二〇一六年十二月十九日アクセス］ほか

(17) ハタによれば、ハタが日本人家庭の養子になり、「完全な日本人」となることを誰よりも望んだのは、実の両親だという(*GL* 235-236)。

(18) Chinua Achebe, *Things Fall Apart*, Heinemann, 1958. これに関連して、ジャコモ・プッチーニのオペラ『蝶々夫人』を書き直した中国系アメリカ人作家D・H・ホワンの戯曲『M・バタフライ』でも、芸者となった元武士の娘「蝶々さん」が、アメリカ軍人である白人男性の「妻」になることで、現地日本社会に対する優位性を保とうとする姿が描かれる(David Henry Hwang, *M. Butterfly*, Dramatists Play Service, 1988)。詳細は、以下の拙稿を参照されたい。中村理香「植民地化される男たち――『M・バタフライ』における抵抗と支配としての非/本質主義」、小森陽一編『ネイションを超えて』(小森陽一/富山太佳夫/沼野充義/兵藤裕己/松浦寿輝編「岩波講座 文学」第十三巻)所収、岩波書店、二〇〇三年、一八九―二〇五ページ

(19) 川田文子『インドネシアの「慰安婦」』明石書店、一九九七年、一一三ページ、『蟻の兵隊』監督:池谷薫、制作:権洋子、配給:蓮ユニバース、二〇〇五年、日本

(20) 沖縄戦末期の少女強姦事件を描いた目取真俊の小説『眼の奥の森』にも、アメリカ兵に娘を強姦された父が、自身の無力さへの怒りを米軍や日本国家ではなく、娘へむける姿が描かれている。ただし、いずれの小説でも、娘を父の苦しみの代弁者とさせていることには議論の余地があるだろう(目取真俊『眼の奥の森』影書房、二〇〇九年、一九二―一九六ページ)。

(21) ウィリアム・バトラー・イェイツの「モード・ガン」やジェイ・ギャッツビーの「デイジー」などを引くまでもなく、男性作家や登場人物の国家への欲望の体現としての女性は、文学表現上の常套手段(トロープ)であり続けてきた。

(22) リーは、ハタが、クッテとの出会いによって「自分が誰なのか、その出自を思い起こさせられ、そ

れによって以前とは異なった人間になった」と述べている(Lee and Johnson, op. cit.)。

(23)たとえば、小林富久子は、この小説での「K」の表象が、「ロマンティックに美化されたファンタジーとしての性的対象物」にすぎないと述べ、それが、語り手のハタだけではなく、「一般的に男性が陥りやすい限界」としてリー自身にも当てはまることを指摘したうえで、リーは「「慰安婦」を、望ましい姿体をもつ性的対象物として見世物的に提示」していると批判している(小林富久子「トラウマ文学としてのコリア系「慰安婦小説」」、小林富久子監修、石原剛/稲木妙子/原恵理子/麻生享志/中垣恒太郎編『憑依する過去——アジア系アメリカ文学におけるトラウマ・記憶・再生』所収、金星堂、二〇一四年、一一〇ページ)。

(24)リーは、小説の執筆中もっとも苦労したこととして、ハタという人物と「つながれなかった」ことに加え、ハタがこの小説中唯一の語り手であることで、すべてがハタの「意識のフィルターを通して提示される」ことに書き手として欲求不満を抱いたと述べている(“A reading and commentary by Chang-rae Lee on March 20, 2001 at NYU School of Medicine,”〔http://medhum.med.nyu.edu/static/poems/a.gesture.life.html〕[二〇一三年四月三日アクセス])。

(25)いやがる心を殺して生きることについて、梁は、「だから[宋さんには]最初の頃の一番辛かった記憶がない。(略)そうしないと生きていけない」と述べている(梁澄子述「宋さんは「漲る生命力」で生き抜き、証言活動に誇り」、李修京編『海を越える一〇〇年の記憶——日韓朝の過去清算と争いのない明日のために』所収、図書新聞、二〇一一年、一〇一ページ)。また、宋自身も「オレは命汚いから」と述べるなど、生き残ったことへの罪悪感を吐露している。

(26)ただし、ハタ自身も本心を押し殺すことで生き残ってきたことを考えると、両者はある種の同類と言えるかもしれない。軍隊組織のなかでハタと松居はどちらもインサイダーであり、かつアウトサイダーである一方、ハタが、この時点ではまだ自分がインサイダーになれる可能性を信じていたように見えるのに対し、松居は、自分がインサイダーにはなれないことを理解している人物として描かれる。日本人「慰安婦」については、前掲『日本人「慰安婦」』を参照。

(27) 家父長制イデオロギー下で忘却された当事者として、男性の「慰安婦」制度被害者も挙げられるだろう。たとえば、「アジア女性基金」を受け取ったオランダ人サバイバー七十九人のうち四人が男性だったという事実はほとんど知られていない。また、第7章で論じるケラーの『慰安婦』も、貧しく無学で、英語も満足に話せないアジア人移民「アキコ」の心的損傷が、一九九〇年以前の主流アメリカ社会の共感の対象になりえなかったことを、「校庭の場面」などを通して描いている。詳細は第7章を参照。

(28) Chuh, "Discomforting Knowledge, Or, Korean 'Comfort Women' and Asian Americanist Critical Practice," p. 16.

(29) 『〝記憶〟と生きる』監督：土井敏邦、制作：きろくびと、配給：きろくびと、二〇一五年、日本。映画は、姜徳景、金順徳、朴玉蓮、李容女、孫判任、朴頭理の六人のサバイバーを描いている。

(30) "Adopted Voice: An Interview with Chang-rae Lee."

(31) Lee and Johnson, op. cit.

第6章　国家記憶の統合／断絶としての人種暴力
――ジョイ・コガワの『おばさん』における長崎・強制収容・先住民

社会は、私たちが本来誇りに思うべきものを恥と感じさせた。日系人を排除し、貶めた社会に対して怒りをぶつけるかわりに、時代の空気はそんなであったし、また私たちの自尊心もあまりに低く、二世の多くは、自分たちの日本人らしさや両親の日本的なものごとのやり方を拒絶しようとしたのだった。

（ヨシコ・ウチダ『荒野に追われた人々』一九八五年(1)）

私は、自分の周りの難民たちが話すへたくそなブロークン・イングリッシュを聞きながら、それらの人たちをアメリカ的視点から見ずにはいられなかった。よそ者の外来種で、いけ好かない、嘲笑の的としての存在。自分はあの連中と同じではない。

人生を二つの言語で同等に生きる術を見いだせなかった私は、一つを選び、もう片方を捨てる決意をした。けれど、その一つの言語と文化を習得する過程で私は、アメリカ人がどのようにベトナム人を見ているのか、あまりに明確に知ってしまったのだ。

（ヴィエット・タン・グエン、二〇一五年[2]）

アジア系アメリカ人にとってもっとも苦々しい必須事項のひとつは、アジアという民族性に対する低い位置づけと闘わなければならないことだった。（略）人種差別社会に受け入れられるために、彼・彼女らは、自身の不可分な一部であるアジアを否定しなければならないのだ。

（サオリン・ウォン『アジア系アメリカ文学を読む』一九九三年[3]）

1 他者化から連結へ――多文化主義時代の北米アジア系文学での「祖国の戦争」

第4章と第5章では、ノラ・オッジャ・ケラーとチャンネ・リーという二人のコリア系作家による「慰安婦」をテーマとする小説二作を読み、両作家が複数の暴力を連結させることで、国家を基盤とした戦争記憶の語りを脱臼する過程を考察した。これに対して、第2部後半の第6章と第7章では、日系カナダ作家ジョイ・コガワと、第4章でも取り上げたケラーの二人に焦点を移し、両作家が描く、北米生まれの娘の目を通した「祖国《アジア》の戦争」を読んでいく。ここでの目的は、第一に、コガワがカナダという地から長崎の被爆を語る行為と、ケラーがアメリカという移民先母国で「慰安婦」とされた女性らを追悼する語りの等式性を示すことであり、第二には、両作家が「祖国の戦争」を、主流社会との関係や、北米での自らの人種的周縁体験と結びつけて描く過程を考察することである。それぞれの作家を論じる前にまず、本章と次章で検証する「祖国の切り捨て《ディスオウニング》」と「回復」というテーマと戦争の関係について、簡単に概観したい。

第二次世界大戦時、北米在住の日系人が、祖国である日本を敵国として、そこからの分離を迫られたことはよく知られている。そもそも多文化主義以前の北米では、「アジア」という文化ルーツ全般が、アジア系アメリカ・カナダ人が主流社会から「正統な国民」として承認を得るうえで切り捨てなければならない「文化的劣等他者」として作用したことも、多くの研究者によって指摘されてきた。(4) 第6章と第7章では、マイノリティの国家加入の形態として、同化主義から多文化主義への移行が強まった一九八〇年代以降の北米アジア系文学で、主人公がアジアの切り捨てや他者化を脱し、祖国への共感を抱く契機となった「アジアの戦争」の表象を読み、多文化主義を背景とした「祖国との連結」行為の両義性について考える。

冒頭のヨシコ・ウチダの自己省察に示されるような、同化主義時代の北米で、主流社会による人種化のまなざしから逃れるための出身国文化の拒絶は、多文化主義が社会的規範となった現在の北米では単なるアナクロニズムに見えるかもしれない。しかしながら、九・一一後のアメリカやヨーロッパで増大するアラブ系やイスラム系住民への憎悪犯罪や、現在の日本での在日コリアンへの排外主義暴力などを考慮したとき、人種マイノリティが生き残りのために脅迫的内在化を迫られる出身国文化の忌避あるいはそれへの両義的感情は、きわめて今日的かつ現在進行形の問題でもある。なかでも、本章で取り上げる「戦争」という状況がそのような感情を増幅させるもっとも緊迫した状況であることは言うまでもない。第6章では、そのような状況下、迫害や差別的まなざしの対象となったマイノリティが、その暴力から逃れるために主流社会の価値観や視点と同一化し、非西洋である出身祖国への排他的まなざしを反復させるというもう一つの暴力とそこからの脱却の努力を、カナダの日系人強制収容を描いて高い評価を得たジョイ・コガワの小説『おばさん』(一九八一年、原題は *Obasan*)に焦点を当てて考える。

『おばさん』には、日系人強制収容という人種暴力に対抗し、国家賠償を勝ち取るために、「カナダ国民」である「日系人」を「敵国人」としての「日本人《ジャップ》」から切り離し、自らの国民権を盾に権利請求をおこなうリドレス活動家のエミリーが登場する。エミリーにとって日本を「拒絶」することは主流国家への同化を通した自己防衛の手段であり、前述のサオリン・ウォンの言葉で言えば、多文化主義以前の北米でアジア系の人々が迫られた「もっとも苦々しい必須事項の一つ」だったことはまちがいない。しかし、コガワの小説にはこれと並んで、主人公の母の長崎での被爆体験が書き込まれていることも注目に値する。カナダ先住民ゆかりの地でおこなわれる、被爆して死んだ母の供養の場面に始まり、その同じ大地の描写で終結するこの小説で、原爆投下は、日系人強制収容やカナダ先住民への植民地主義的人種暴力との連結点として、エミリー的なリドレスのあり方、すなわち祖国の切り離し（あるいは後述のような「取り込み」）による日系カナダ人の権利獲得や、「強制収容」という人種暴力がマイノリティの国家加入というナショナルな物語によって祝祭的かつ一義的に決着することへのコガワの疑問を示すものなのである。

一方、第7章で論じるノラ・オッジャ・ケラーの『慰安婦』（一九九七年）は、すでに第4章で述べたように、日本軍「慰安婦」とされた朝鮮人女性の体験を、当事者である移民の母とアメリカ生まれの混血《バイレイシャル》の娘の視点を交差させて描く小説である。そこでケラーが示すのは、コガワに見られたような「敵国」としての祖国の拒絶ではなく、むしろ冒頭のグエンの回想にあるような、新参移民の「アメリカ文化」への同化の度合いをめぐる二世の娘の不安と、それにもとづく母の祖国への回避感情である。アジア訛りのブロークン・イングリッシュを話し、「奇妙な東洋の習慣」に耽って、時折予測不能な精神発作に陥る朝鮮人移民の——グエンの言葉で言えば「よそ者」で「外来種」の——母は、アメリカ生まれの娘にとって理解不能な存在であり、グエンと同様にアメリカ的視点を内面化する娘にとっては恥じるべき存在として描かれる。小説は、ハワイという「ピジン言語《ハワイイ・ピジン》」が支配する多民族社会でさえ嘲笑の的となる母の「移民英語《エイジャン・ピジン》」や、下層階級の「新参移民《フォブ》」にむけられる侮蔑的な視線におびえ、母との同一化を躊躇する娘の心理を描く一方、欧米的価値観に縛られた娘の視点の限界も明らかにする。最終的に『慰安婦』は、アメリカ生まれの娘が当初「正統な言語」とは認識できなかった母の言葉に耳を傾け、母が受けた暴力の意味を理解しようとすることで、それまで避けてきた母の祖国との絆を回復し、「コリアン・アメリカン」としての自らを受容する物語を描くのである。

このようにコガワ、ケラーともに「アジアの戦争」にまつわる「母」の被害を知ることが、先祖の国の「他者化」から「連結」への転換点になっていることが見て取れる。コガワが母国カナダから長崎への原爆投下を語るように、ケラーも母国であるアメリカから「慰安婦」制度という祖国が被った戦争暴力を語り、自らがマイノリティとして体験する人種暴力と接続させるのである。また、娘がアジアでの母の戦争被害を「発見する」ことは、北米生まれの娘にとって未知だった、先祖の地が被った屈従の歴史を知る契機でもあり、母が受けた暴力を母個人の被害ではなく、より大きな植民地主義的人種暴力の一環としてその連続性のなかで捉え直す行為でもある。それは別の言い方をすれば、母の苦しみを理解するためにはそのような歴史を知る必要があることの自覚であり、さらに暴力への抵抗を歴史的・政治的文脈のなかに位置づけ直す行為だとも言える（この回復行為がはらむ問題点については後述する）。第6章と第7章では、両作家が示す祖国への連結行為の重要性と、同時にその陥穽について、コガワとケラーの小説が切り結ぶ祖国との関係を、同化主義や多文化主義といった国家統合の形態に照らし合わせて検証する。

まず「同化主義」に関して、アジア系アメリカ文学の古典的小説として名高いジョン・オカダの『ノーノー・ボーイ』（一九五七年）がある。この小説は、第二次世界大戦終結直後の米国のシアトル市を舞台に、日系二世の主人公イチローが自身にとって「理解不能な移民の母」を切り捨てることで「アメリカ人になる」という、同化主義的国民化の物語を示している。日本の敗戦を認めず、日本的価値観に固執してアメリカ生まれの息子を縛りつける母は、出身国を切り捨てることでカナダ国民としての権利を主張したエミリーとは対極的な存在であり、イチローにとっては怪物的狂気そのものとして描かれる。オカダの小説が、その「移民の母殺し」によって主人公の「アメリカ社会への同化」を示したのだとすれば、コガワとケラーの二つの小説はそれとは対照的に、母の狂気や理解不能性を理解しようと努める娘の物語を示している。さらに両テクストで移民の母の「理解不能性」は母の問題ではなく、母の苦しみが理解できない娘のリテラシーの問題として描かれていることも注目に値する。その意味で、『ノーノー・ボーイ』から数十年を経て発表されたコガワとケラーの小説は、同化主義時代のアメリカで「アメリカ人」になることの代償を描いたオカダの古典的物語の書き直しとも言えるのである。

その一方で、多文化主義を背景とする祖国の「回復」や「連結」の問題点も指摘されてきた。特にコガワとケラーのテクストが依拠する、北米生まれの娘がアジアでの母の凄惨な過去を発見するという多文化主義アジア系文学の定番的枠組みに則った語りは、アジアという非西洋世界を、西洋(ときにフェミニスト)によって救済あるいは消費されるスペクタクルとして構築し、そこに示される「共感」が他者の被害の領有になりうる危険は、アジア系だけではなく北米フェミニズムの文脈でも広く指摘されてきた。[5] すなわち、ここで問題化されているのは、前述の同化主義にもとづく「切り捨て」ではなく、むしろ多文化主義的回復に伴う「取り込み」であり、アジア系の娘が北米という場からアジアでの母の戦争被害を言説化する際、娘が他世界で起こった「野蛮な暴力」と安全な距離を保つかたわら、その暴力を「知りうるもの」として認知し言説化する危険である。言い換えれば、そこで問われたのは、異国での母の苦悩が娘のエンパワメントに寄与する一方、北米主体としての娘の優位性が脅かされることはないという非対称性である。[6] 第2部最後の二章では、コガワとケラーが、そのような「母」が受けた暴力を代弁する行為の領有性や暴力性と向き合ったうえで、新たな語りを模索し、母や母の象徴する祖国を多文化主義的な「取り込み」の対象ではなく、主流アメリカあるいはカナダ国家には完全には統合されえない他者として、北米マイノリティ言説での国家言説や、北米主体としての娘の視点を揺さぶる存在として表象する点を検証したい。

2 『おばさん』と「日系カナダ」における祖国の切断／回復

日系カナダ作家のロイ・ミキは、二〇〇五年に発表した著書『リドレス』で、日系人強制収容への謝罪と賠償をカナダ政府に求めた日系リドレス運動が、いかに「市民権」というナショナリズムの論理に依拠していたかを振り返り、次のように述べる。「リドレスの実現のためには、日系カナダ人をカナダ国家に書き込む」ことが必要であり、日系人が「国民としての権利と責任を通してカナダに帰属し、集合的主体として自らをその国家建設の物語に位置づけることが必要であった」[7]と。

日系リドレス運動でのナショナリズムの問題は、アメリカでも、特に一九八八年の市民的自由法成立以後、日系研究者などを中心に自省の対象になってきた。たとえば「収容者の三分の二が市民権をもつ二世であり」といった言い回しに見られる、収容の対象が国民だったことを強調し、強制収容を「人権」ではなく「市民権」の侵害として捉える語り方は——その戦略性や有効性と同時に——「国民」としての権利主体をそれまで排除の対象だった非白人系市民へ拡大させるかたわら、抱摂や排除の基準を「人種」から「市民権」へ移行させたにすぎないという批判もある。あるいは、日系リドレス運動の一部に内在した、日本の文化的価値観や思考様式を「乗り越えなければならない文化障壁」とみなすオリエンタリズム的思考や、日系人がしばしば祖国である日本にむけた侮辱的他者化のまなざしも、作家や研究者らによって指摘されてきた(8)。

本章では、カナダの日系人強制収容とその補償是正《リドレス》を描くコガワの『おばさん』を通して、日系カナダ人が強制収容という人種暴力に抵抗し、カナダ国家への権利請求をおこなう過程で祖国に投じた視線を検証する。具体的には、小説に登場するリドレス運動家のエミリーを通して、マイノリティが人種差別社会に対して自己防衛や権利請求をおこなう過程で行使した同化主義的「祖国の切り捨て」と、その後の多文化主義にもとづく「取り込み」について検証するとともに、コガワがいかにそれとは異なる連結のかたちを模索しているか、小説が切り結ぶ祖国との関係を考察する。

一九七〇年代以降の北米で、「国民」が有する出身文化の多様性を「国家」のもとに統合し、多民族共生の基盤に転化する多文化主義が主流になるにつれ、出身国文化は分離や切断の対象ではなく、むしろ消費の対象となる危険をはらむものになったことは、すでに広く指摘されてきた(その意味では、後述のように「切り捨て」と「取り込み」はコインの裏表でもある)。日本でも、主流日本社会にとって脅威とはならない差異がエキゾチックな他者性として祝祭的に取り込まれ、それが現実の暴力や不平等を隠蔽するという構造は、沖縄などの状況にきわめて顕著である。本章では、エミリーが示す同化主義的祖国の切り捨てや多文化主義的な取り込みとは異なり、コガワが、人種的刻印を受けた祖国を、同質的「カナダ国家」には統合されえない異物として日系カナダ市民権と連結させていくさまを、「被爆した母」に焦点を当てて考察する。本章の目的は、日系人によるカナダ国家への加入を推奨し欲望するこの小説で、同時にコガワがどのようにそれを揺るがす母の存在を「書き込んで」いるかを検証することである。

本論に入る前に、コガワ本人と小説について簡単に概観しよう。ジョイ・コガワは、一九三五年にバンクーバーで生まれた日系カナダ二世の詩人・小説家で、六歳のとき収容の対象者として、家族とともに内陸部への移動を余儀なくされた。アルバータ大学やサスカチュワン大学で学んだのち、教員や首相官邸での勤務のかたわら、何冊かの詩集を出版する。日系リドレス運動でも重要な役割を果たし、八八年の「リドレス合意」の際、カナダ議会で『おばさん』の一節が朗読されたことはよく知られている。

一九八一年に発表されたコガワの最初の小説『おばさん』は、七二年のカナダ西部のアルバータ州を舞台に、三十六歳の教師ナオミ・ナカネを語り手として、幼少期の強制収容前後の体験と、同時期に日本に帰国したまま消息不明になった母への思いを、抒情的な一人称の語りと、政治・歴史文書などジャンル混交的なテクストを交えた多声的ナラティヴで示す作品である。また、ナオミにとって対照的な二人のおば——リドレス活動家のエミリーと移民一世のあやおばさん——を通して、不正に対して声を上げることと、非言語的に発せられる心的外傷を「聞き取る」ことの重要性、さらに両者の拮抗を表すこの小説は、文学性と政治的テーマの融合が高く評価され、北米で多くの文学賞を受賞した。小説の最後に開示される長崎での母の被爆体験は、この小説での日系人のカナダ国家への加入と、祖国の回復という二つのテーマを示している。[9]

3 「私たちはカナダ国民だ」――同化主義ナショナリズムと祖国の切り捨て

日系カナダ人を国家の外部へ放逐した日系人強制収容を主題とする『おばさん』で、「カナダ国民」であることはしばしば「敵性外国人」と名指される暴力から逃れるために発せられる。それはたとえば、戦争勃発直後のナオミの兄スティーヴンをめぐる次のような家族の会話に見ることができる。

スティーヴンの前の席に座っている長い巻き毛の少女がスティーヴンに言った。「学校にいるジャップの子供は、みんなどこかへ送られるのよ。ジャップは悪い連中で、あんたもその仲間だわ」。つまり、とスティーヴンは私に言う、おまえもだ。

「そうなの?」私は父に聞く。

「そんなことはないよ」と父は言う。「私たちはカナダ国民なのだからね[10]」

この父の発言が、直後スティーヴンによって「わからないのは、(略)僕らは、敵国民であって、敵国民じゃないことだ」(*Obasan* 84)と部分修正され、複雑化されることは重要だが、その半面、ここに示唆される「日系出自」と「カナダ国民であること」の対立性は、ナオミの叔母エミリーでは、積極的な日系性の否定へと向かう。たとえば戦争終結後、ナオミの伯父「アンクル」に「二世ってのは、あまり日本人ぽくはないねえ」と言われたエミリーは「なぜそんな必要があって。私たちはカナダ人なのよ」(*Obasan* 48-49) と答え、「カナダ人」という自己同一性に日本という要素は不要だと主張する。さらにエミリーによる「カナダ国民」としての自己定義は、「内閣令による人種差別」と命名された小冊子で、文字どおりの日系性の削除となって現れる。エミリーは小冊子のなかの「日系」という名指しに強く反発して、次のような行動に出る。「「日系人種《ジャパニーズ・レイス》」という言葉が現れるたび、エミリー叔母はそれらの言葉を消し、「カナダ国民」と上書きしていた。「この国が私たちにしたこと、それは自分自身への背信行為なのだわ」と叔母は言った」(*Obasan* 40)。エミリーにとって「カナダ国民」としての承認要求は、日本という出自の否定のうえになされるのである。

もちろん、歴史的状況を考慮したとき、つまり「日本」という出自が「カナダ国民」であることを阻害する要素として作用し、日系人がその可視化された身体性ゆえに危機にさらされる状況下、エミリーの「日本」という人種性からの離脱の欲望はその文脈で理解されなければならない[11]。コガワ自身も自らを振り返り、前述のウチダと同様に、「私の世代の日系カナダ人にとって日本という出自は恥ずべきものであり、それを消し去るためなら私たちは何でもしました[12]」と述べている。エミリーが「日本」を否定する行為も、支配言説による日本に対する負の定義と、それへの抵抗を表すものであることに疑いの余地はないのである。実際、エミリーは、日系人排斥を唱えるカナダ人が、「カナダ生まれの日系人」に対して敵国人である「ドイツ生まれのドイツ人より厳しく当たる）(Obasan 98) ことに人種的要素を見、その偽善性を次のように告発している。「それは私たちの外見が違うからね。要するにこれは非民主主義的人種敵愾心なのだわ。それは、本来私たちの民主主義国家が戦っているはずのものなのに」（*Obasan* 98）と。

このようなエミリーの怒りは当然理解できるものであり、また飯野正子が指摘するように、「日本語および日本文化からできるだけ離れること」を「カナダ社会に受け入れられる唯一の方法だとみなし」、日系カナダ人が「置かれた新たな状況に対応していくための戦略として、用い」た側面もあることは考慮されなければならない。しかしながらエミリーが、白人カナダ人は「日系カナダ人よりも白人の外国人を信用する」（*Obasan* 112）とその人種差別を糾弾し、三世のナオミやスティーヴンは「完全なカナダ人なのだから」「収容を免れるべき」（*Obasan* 100）だと主張するとき、そこに示唆されるのは、日系カナダ人はその国民権ゆえにドイツ人や日本人など「真の敵性外国人」よりも適正な扱いを受けるべきだとする、正義を訴えるエミリーの言説に内在する排他的ナショナリズムの論理でもある。

このようなエミリーの思考は、突き詰めれば「敵性外国人」は「正統なカナダ国民」よりも劣悪な扱いを受けてもしかたないという論理を生み出す危険さえあるが、実際、戦時中にエミリーが書きつづった日記にはこれを示唆する記述が見受けられる。

ラジオや新聞の見出しで「ジャップ」という言葉が私たちに向かってわめきたてているのを見るたび、ひどく恐ろしい気持ちになる。あの人たちが敵をそう呼んで私たちを名指すのじゃないのなら、それはかまわない。でもここでは、「一度ジャップに生まれたら、死ぬまでジャップだ」と人は言っている。つまり「ジャップ」は私たちで、私たちが敵国民だってこと。

（*Obasan* 99）

もちろん、エミリーがこれを書いた背景には戦争勃発直後の「人種ヒステリー」状態があったことは忘れてはならない。しかし、エミリーが自らを「ジャップ」から切り離すことで手に入れようとする「カナダ国民」としての権利と安全は、それと引き換えに別の集団を新たな「他者」として名指し、最悪の場合はその集団への暴力を容認してしまう危険もはらむものでもある。その意味で、小説のクライマックスで示される長崎への原爆投下とその被害が、そうした「他者《ジャップ》」にむけられた暴力を描き出していることは重要である。日系リドレス運動に「市民権」という言説が動員されたことは前述したが、その運動のさなかに出版された、リドレスを強く希求するこの小説でコガワが、正義を求めるエミリーの「抵抗の言説」に内在する排他的ナショナリズムの思考をあえて浮き彫りにし、その危うさを示唆していることは注目に値する。(14)

4　「桃太郎はカナダの話だわ」——多文化共生と出身国文化の回復／取り込み

その半面、『おばさん』には、戦後の時代になってエミリーが日本民話の「桃太郎」を「カナダの物語」として受け入れ、前述の出身国文化を「切り捨てる」行為から「回復する」行為に変化させていることも描かれている。本節と次節では、そのようなエミリーが出身国文化を回復しようとする行為がコガワのそれとどう異なるのかについて、「多文化主義」など二十世紀後半の北米社会が非西洋文化へ投げかけたまなざしを参照しながら見ていきたい。

まず、「桃太郎」に関するエミリーの態度で注目すべきなのは、それが前述の同化主義にもとづいた出身国文化の否定を修正し、伝統的北米社会では「対立的」とみなされてきた日加文化の両立性を主張していることである。小説では、「ミルクと桃太郎」という組み合わせが「文化衝突」(*Obasan* 68)になることを案じるナオミに対しエミリーが、「桃太郎はカナダのお話だわ。だって私たちはカナダ人でしょう。カナダ人がすることは何だってカナダのものだわ」(*Obasan* 68)と述べる場面が描かれる。ゲイル・サトウやキンコク・チャンなどの研究者はこの箇所をもとに、エミリーの多文化主義の親日的態度を強調し、たとえばサトウはこれを、同様に「桃太郎」のエピソードを用いる前述のオカダの『ノーノー・ボーイ』と比較し、「桃太郎」を負の文化継承と切り捨てるオカダの小説とは対照的に、コガワがエミリーを通して出身国文化との絆を保持しようとしていることを高く評価している。[15]

ロイ・ミキが言うように、コガワやオカダ、ミキの世代の北米日系人にとって「日本という用語」が同化への障壁をなし、日系人が「主流カナダ社会に受け入れられるためには日本という出自とその文化的・言語的価値体系から距離を置くことが必要だった」[16]現実があったことを考えれば、エミリーが「桃太郎」を「カナダの話」として肯定していることは非常に重要である。それは、主流社会が従来掲げてきた日加文化の両立不能性に異議を唱え、それを正す努力と捉えられるからである。事実、一九五七年に出版されたオカダの小説では、ウチダの回想に見られるのと同様に、食べ物や習慣を含む日本的なものの多くは拒絶され、反対にアメリカ的生活様式や価値観が称揚されている。その反面、この二つの小説が出身国文化へむけるまなざしの評価では、それぞれの時代背景を考慮することも必要である。

たとえば、ロイ・ミキは、『おばさん』の時代設定をなす一九七〇年代初頭のカナダでの人種をめぐる思潮の変化に言及し、次のように述べる。

戦時中、「日系人種」という理由で権利を剝奪された日系カナダ人は、一九七〇年代初頭までには、ほかのカナダ人との間に異なる関係性を形成しつつあった。日系人はもはや国外追放の対象となる「敵性外国人」ではなく、「多文化主義」という新たな関心事を通して、いまだ人種化のまなざしにさらされながらも、模範的なマイノリティとして台頭し始めていたのである。[17]

『おばさん』におけるエミリーやコガワの「日本」への視線も、この主流社会における「人種をめぐる思潮の変化」との関係から考察する必要がある。すなわち、多文化主義の出現によって、それまでは切り捨ての対象だった「日本的なもの」が、むしろ「カナダ多文化主義法」が（のちに）定める「国民の多様な出自」を称揚し、「カナダ社会の文化と人種的多様性[18]」に貢献するものとして市場価値をもつにいたったゆえんである。実際、アメリカでの同様の変化についてエイミ・タンは小説『ジョイ・ラック・クラブ』（一九八九年）で、中国系アメリカ人二世ウェイヴァリーの心情の変化を、移民の母リンドの言葉を通して次のように揶揄している。「おそらく十年前だったら、ウェイヴァリーは中国人には見えないと言われ手を叩いて喜んだろう。でもいまは中国人になりたがっている。それが流行に合っていてカッコいいからだ」[19]

むろん、多文化主義の台頭によってそれまで否定しなければならなかった出自が誇るべきものになったことの利点は計り知れないし、日本での在日コリアンの通名使用に言及するまでもなく、マイノリティが出自を切り捨てたり隠蔽したりしなければならないのは――ウェイヴァリーが中国人には見えないと言われて手を叩いて喜ばざるをえないのは――主流社会の側の偏見が根本原因であることは言うまでもない。エミリーやウェイヴァリーの変節が、北米でアジア系がマイノリティとして生き残るためにおこなった主流社会との交渉の一部であることに、疑いの余地はないのである。その一方で、ここに見られるエミリーの日本への視線の変化が、日系カナダ人がカナダでの地位と居場所を獲得するための手段であり、その目的が「国民」としての承認を得ることだとしたら、エミリーが示す出身国の切り捨てと回復はコインの裏と表でしかないようにも見える。その視点はあくまでカナダ中心であり、これまで切り捨ての対象としてきた出身国「日本」とエミリーが新たに切り結ぶ関係性が、主流のカナダ国家を揺るがすことはない。

そうであれば、「桃太郎」に関するエミリーの発言で、「日本」という（まさに）「用語」が消失しているのは象徴的と言えるかもしれない。エミリーは、前述のように「桃太郎はカナダのお話だわ。だって私たちはカナダ人でしょう。カナダ人がすることは何だってカナダのものだわ」と述べるが、そこに「日本」という物語の出自を表す言葉が一度も出てこないことは注目に値するだろう。すなわち、「桃太郎」を「カナダの物語」として承認を求める過程で「日本」という物語の出自《オリジン》が消され「カナダ」と言い換えられる構造は、前述の「内閣令による人種差別」という小冊子でエミリーが「日本」という言葉を消し「カナダ国民」と書き換えることでカナダでの日系人の地位を請求した行為と同じ振る舞いを示すからである。エミリーにとってカナダ国民としての承認要求は、多文化主義でもやはり「日本」を「カナダ」に書き換え、「カナダ」に「日本」を同化吸収させる行為によってなされるのである。

その意味で、『おばさん』での「桃太郎」のエピソードは、多文化主義ナショナリズムのもとでマイノリティがおこなう出身国文化の取り込みの問題も指し示すものと言える。それは、日系カナダ人が主流国家の要請と交渉し、生き延びることとの必要性と暴力性を示す一方で、本来異質であるはずの他者や他文化が、「国家を統合する多様な伝統文化」、すなわち「安全な他者」として主流国家のもと馴致や包含の対象となる危険も映し出す。もちろん、多文化主義的取り込みは、その安全性ゆえに政治的弱者であるマイノリティにとってハードルが低いという利点があるのだし、日系カナダ作家ヒロミ・ゴトウの小説に見られるように、異質で同化不能な文化的他者を統合不能なまま主流カナダ社会のなかに取り込み、それによって主流カナダ文化と、もともとの起源である「日本文化」の両方を破裂させるといった、より先鋭的な多文化主義の事例も存在することは強調されなければならない。(20) しかし、ここでの「桃太郎」のエピソードが示すのは、一見異質に見える文化的他者を、主流国家が承認する多様性のなかに閉じ込めるという伝統的な多文化主義の手法であり、そこで「桃太郎」が「多民族国家カナダ」の統合性を脅かすことはない。この意味から本章では、多文化主義自体を単純化したり批判したりするのではなく、むしろコガワがどのようにしてエミリーとは異なる「連結のかたち」を模索しているか、『おばさん』という小説が示す、主流カナダ国家には完全には統合されえない「人種的他者」としての祖国の表象を見ていく。

5 「被爆者としての母」と人種的断絶／連結

『おばさん』が連結の対象とする「人種的他者」としての祖国「日本」を考察するにあたって、この小説が長崎で被爆したナオミの母にどのような意味づけをしているかを考えることは必要不可欠に見える。原爆の被害者となった母は、日系人強制収容と共通する人種暴力の犠牲者である一方、カナダではなくアメリカの軍事暴力の犠牲者であるという点で、カナダにとって必ずしも脅威をなす存在とは言えないからだ。その意味で、この小説が、先住民ゆかりの地で執りおこなわれる母の供養を通して、長崎への原爆投下とカナダ先住民への植民地主義的人種暴力を連結させていることは重要である。後述のように、『おばさん』は日系カナダ人がリドレス運動を通してカナダ国家に国民としての承認を求める姿を描く一方で、その国家が先住民への植民地主義的暴力のうえに成立しているという事実も示唆し、同質的国家記憶には統合されえない、カナダという国家建設にまつわる原初的人種暴力を浮き上がらせる。『おばさん』における「被爆した母」は、他国の軍事暴力の犠牲者として主流カナダ国家への取り込みの対象になりうる存在である一方、国家の内外にある人種暴力の対象となった同化不能な身体と共振し、小説が追い求める「カナダ」という国家の統合性を揺るがす存在でもあるのである。

言い換えれば、コガワにとっての祖国日本は、エミリーのように日系カナダ人がカナダ国民として認められるために切り捨てたり、取り込みの対象としたりするだけのものではなく、国家の内部に偏在する同化不能で統合不能な異質性をあらわにすることで、国家の前提をなす同質性を揺さぶる存在でもある。前述の多文化主義的「桃太郎」の取り込みが「カナダ」という国家の統一性を脅かすことはないのに対して、母が体現するのは、同質的国家記憶には完全には統合されえない人種暴力の記憶であり、その記憶の異物性である。国家は自らの同質性を担保するために、「同化不能な他者」と同定された者を排除の対象とするか、あるいはそれを「国民的身体」として再構築し、国家に（再）統合させることで国家の同質性を保つという選択肢をもつ（言うまでもなく、日系強制収容は前者であり、リドレスは後者である）。「被爆した母」を通してコガワが示すのは、そのような「国民」として再構築された主体がもつ消去不能な異質性なのである。

実際『おばさん』において、長崎で被爆して身体が変形した日系二世の母は、人種や文化、民族的絆という点でナオミが「日本」に対して抱く、相反する未解決の感情を投射する存在である。ナオミにとって日本の文化風習は、幼少期にバンクーバーの家で受けた保護や愛情の記憶と深く結びついていて、母はその行為主体である。一方、主流国家によって負の烙印を押された日本という国は、そのような安全で愛情に満ちた生活を失わせる危険な存在でもある。日本と深く結びついた母は、ナオミにとって保護や愛情の供給源であると同時に、人種的脅威とみなされる日本民族を体現し、さらにその負の人種性を再生産する母体として、原爆という人種暴力の対象となる身体を有する存在なのである。

『おばさん』が母に付与するこのような意味づけを考察するにあたって、アジア系アメリカ研究者のデヴィッド・インと精神分析医のシンヒ・ハンが提唱する「人種メランコリー」という精神分析の人種理論を参照したい。インとハンは、ハンの患者で慢性うつ病を患う日系アメリカ人少年ネルソンが、主流アメリカ社会で体験した心理的な「母の喪失と変形」をもとに「人種メランコリー」を理論化する。両者によれば、ネルソンは、公教育への加入に伴い、移民の母とのコミュニケーション手段だった日本語を失い、さらに母から学んだ英語の誤発音を理由に学校で辱めを受けるという、二重の意味での「母（語）の喪失」を経験した。その結果、ネルソンにとって「かつて保護や愛情を与えてくれる存在だった母は、支配文化の負の意味づけによって遡及的に不安や危険、羞恥の対象へと変形してしまう。もともとは安全な「家」を体現した母から疎外されたことで、「家」はネルソンにとって不気味《ウンハイムリッヒ》な——居心地が悪く、得体が知れず、気味が悪い——ものとなった[21]」のである。インとハンはメラニー・クラインを援用しながら、子供が主流社会によって負の烙印を押された母を「悪い母」に「変形」させ、切り捨てていく心理メカニズムをひもといている。

『おばさん』でも、従来「家」や安全性を意味する「良い母」として、愛情や保護の概念と深く結びついていたナオミの母は、人種的に有徴化された日本との関連づけによって、不安や危険、羞恥の対象として「悪い母」へと変形される。その結果、子供は正統なカナダ国民としての承認を得るため、この人種的刻印を受けた母を否認し切り捨てなければならない。コガワは、このように支配国家によって他者化され、おぞましく変形した母を「悪い母」ではなく、傷つき苦しむ母として描き、切り捨てではなく、連結と共感の対象として構築するのである。

「人種メランコリー」の理論化でインとハンは、「悲嘆《モーニング》」と比べて喪失を克服できない状態として従来「負の意味づけ」がなされてきた「憂鬱《メランコリー》」を、主体が「他者と名指された対象を棄てたり、その他者性を手放したりすることを拒否する」行為として、憂鬱《メランコリー》を患う主体が「失われた愛の対象物」(Eng and Han 694) を保持しようともがく、攻撃的で闘争的な行為であると解釈した。そこで「憂鬱《メランコリー》」という心的過程は、

> 社会的に蔑まれ、人種的あるいは性的《セクシュアル》な意味で他者化され、見下された者たちを精神的領域にすまわせ続けることを意味するのである。「憂鬱《メランコリー》」は、自我がある特定の対象を忘却のなかに遺失することへの断固たる拒絶を表す。(略)失われかけた対象の保全は、憂鬱《メランコリー》自我における倫理的な対象保持の一型態と解釈できるのである。(Eng and Han 695)

このように考えると、『おばさん』で日系カナダ人の娘が、他者性を刻印された母を棄てることを拒否し、さらに人種暴力を共有する対象としてその母と自らを連結しようとしていることは興味深い。「日本人」という人種化の帰結であり、さらにその人種的脅威を再生産する母体として攻撃対象とされた母は、リサ・ロウが言うように、子供が自身を北米主体として確立するうえで同化を

拒否しなければならない「女性化され、人種的刻印を受けた母国[22]」の象徴でもあるからである。パトリシア・チュウは、ジョン・オカダやデヴィッド・ムラなど、特に男性作家によって書かれたアジア系文学テクストで、アジア人移民の母はしばしば作家が否認する母国アジアの象徴として立ち現れると述べる。[23]『おばさん』に描かれる、人種暴力によって身体が変形した日系人被爆者の母は、日系カナダ人の娘が「拒絶」ではなく連結や共感の対象とする、人種化され、おぞましく変形した「母国」を体現する存在なのである。

　アメリカの研究者ホセ・エステバン・ムニョスは「憂鬱《メランコリー》」という精神分析概念を再定義して、人種および性的マイノリティにとって憂鬱《メランコリー》は「病理」や「破壊的衝動」ではなく、「有色人種や同性愛者の生活で頻繁に起こる悲劇に対処」し、彼・彼女らが「日々の生活を生き延びるための不可欠な要素[24]」だと述べている。ムニョスは、憂鬱《メランコリー》は「我々のアイデンティティを（再）構築し、死者とともに様々な闘いを、死者の名のもと――我々の名のもと――に、遂行するための心理メカニズム[25]」だと言う。「憂鬱《メランコリー》」は、有色人種や同性愛者が、主流社会によって蔑まれ葬り去られた死者たちを「切り捨てる」のではなく、「共に闘う者」としてその闘いに同行させるための心的メカニズムとして作用するのである。

　ムニョス同様、『おばさん』でも、「憂鬱《メランコリー》」は、コガワとナオミが人種化され他者化された母を日系カナダ人としての闘いに同行させるための「心理メカニズム」だと考えられる。日系人がカナダ市民権を請求する闘いで、忌むべき他者とみなされてきた母国との親族的絆を保持することに固執する『おばさん』という小説で、コガワが「日系カナダ人市民権」と結びつけるのは、この人種的刻印を受けた他者としての祖国なのである。

しかしその一方で、前述のように『おばさん』での「被爆した母」がカナダの軍事暴力の犠牲者ではないことも思い出す必要がある。実際、『おばさん』では、マンハッタン計画にウランを提供したのがカナダ政府だったという歴史的事実は言及されず、その結果、カナダは原爆投下について非当事国だという一般通念が保持されている。さらにアメリカの軍事核攻撃の犠牲となった母は、カナダでの反核と結びついた反米ナショナリズムにも寄与する存在であり、加えて有色人帝国での民族再生産の母体《エージェント》である母は、同時に女性化された「犠牲者」としての「日本」を体現する存在でもある。その意味で、この母に、カナダ先住民クリー人作家ロレッタ・トッドが言う、「差異の脅威」(26)が回避された他者の側面を見ることも可能かもしれない。

本書は、この意味からも、コガワが『おばさん』での母の被爆を、カナダ先住民が被った植民地主義的人種暴力と結びつけていることを再度強調したい。先住民ゆかりの土地で執り行われる母の供養の場面に始まり、同じ峡谷《クーリー》の描写で終結する『おばさん』という小説が、日系人強制収容と長崎への原爆投下、カナダ先住民への植民地主義的人種暴力を三角形に結ぶものだということは前述した。そうであれば、この小説中唯一直接的には語られない先住民への人種暴力は、峡谷《クーリー》を流れる「地下水脈」(*Obasan* 5)のように、この小説に埋め込まれた入植者国家としてのカナダにおける原初的人種暴力の痕跡を映し出すものとも言える。そのような「不在の在《アブセント・プレゼンセズ》」としての異質な身体が指し示すのは、強制収容や原爆投下、先住民の弾圧といった複数の暴力が同質的な国民国家の記憶へと統合され、そこに祭られることへの抵抗なのである。(27)

6 「(脱)ナショナル」としての被爆言説

『おばさん』という小説が、マイノリティによる国家の希求を描くとともに、国家建設という欲望のもと発動された人種暴力も同時に浮かび上がらせるものであることは、すでに別のところで論じた[28]。『おばさん』での日系人強制収容の語りは、アメリカで「国定史跡」に指定された「マンザナール収容所」のような従来的ナショナリズムによる解決法を志向する一方で、同時にそれとは異なる「ナショナル」あるいは「脱ナショナル」な記憶形成も模索する。言い換えれば、『おばさん』という小説は、公的国家言説で日系カナダ人が被った人種暴力を記憶することの重要性と、その暴力が、主流の国家言説が掲げる同質的な国民的記憶に同化吸収され、そこへ封じ込められる危険も同時に指し示すのである。

そのような両義性は、日本における被爆言説とも一種共通しているように思われる。たとえば、『おばさん』の舞台にもなった長崎の平和資料館など原爆関連施設での、韓国・朝鮮人をはじめとする旧植民地や占領地出身の、強制連行や徴用によって動員され被爆した人々に関する展示や追悼碑は、マイノリティの人々が被った暴力を、公的歴史で記憶することの重要性を示すものである[29]。これらの展示はまた、「唯一の被爆国」という国家的物語《フィクション》のもとで忘却され、あるいは消去・沈黙させられてきた数々の暴力——日本のなかでの被爆者差別や国家による公式・非公式な被爆者の迫害、被爆者を「日本人」と等式化する虚構など——ナショナルな語りを脱臼する記憶を浮かび上がらせるものでもある。実際、もしナオミの母がカナダに帰国していたら、母は日本政府によって「被爆者」とは認定されなかっただろうことも一考に値する。[30]

北米という言説の場で、アジア系マイノリティ作家によって紡がれた「被爆の物語」を「日本」という言説空間で受容するとき、それはマイノリティの語りが、国家の公的歴史に組み込まれる危険もはらむものになる。その意味で、高實康稔が指摘するように、「被爆遺構」であると同時に「日本の朝鮮侵略と侵略戦争を告発する貴重な戦争遺構」でもある「住吉トンネル」を、長崎という巨大な暴力を受けた地に残すために長崎市民がおこなった努力を想起することはきわめて重要な意味をもつ。[31] 長崎を物語の舞台の一つとするコガワの小説を「日本」という言説空間で読むことは、「唯一の被爆国」というナショナルな語りには回収できない異質な記憶を聞き取り、国境横断的に共鳴させていく可能性を開くことにも思われるのである。

注

（1）Yoshiko Uchida, *Desert Exile: The Uprooting of a Japanese-American Family*, University of Washington Press, 1982.（ヨシコ・ウチダ『荒野に追われた人々——戦時下日系米人家族の記録』波多野和夫訳、岩波書店、一九八五年）

（2）Viet Thanh Nguyen, "Our Vietnam War Never Ended," *The New York Times*, Apr. 24, 2015.

(3) Sau-ling Cynthia Wong, *Reading Asian American Literature: From Necessity to Extravagance*, Princeton University Press, 1993, p. 77. 日本語タイトルは引用者による。

(4) Elaine Kim, *Asian American Literature: An Introduction to the Writings and their Social Context*, Temple University Press, 1982; Wong, *op. cit.*, Lowe, *op. cit.* ほか。

(5) たとえば、以下を参照。Rey Chow, "Violence in the Other Country: China as Crisis, Spectacle, and Woman," in Mohanty, Russo and Torres, eds., *op. cit.*, pp. 81-100; Lowe, *op. cit.*; David Palumbo-Liu, *Asia/American: Historical Crossings of a Racial Frontier*, Stanford University Press, 1999; Kang, *op. cit.*; Letti Volp, "Framing Cultural Difference: Immigrant Women and Discourses of Tradition," *differences*, 22(1), 2011, pp. 90-110. など。

(6) アジア系アメリカ小説での「母娘の語り」の問題点については、以下を参照。Sau-ling Wong, "'Sugar Sisterhood': Situating the Amy Tan Phenomenon," in David Palumbo-Liu, ed., *The Ethnic Canon: Histories, Institutions, and Interventions*, University of Minnesota Press, 1995, pp. 174-210; Chu, op. cit., pp. 61-83; Shen, op. cit.; Nakamura, *Attending the Languages of the Other*.

(7) Miki, *Redress*, p. 323.

(8) たとえば、一九九一年に刊行されたアジア系文学論集『ビッグ・アイイイ!!』の編者たちは、日系三世の間で顕著だったという強制収容に対する文化主義的歴史観、すなわち、強制収容に対する日系人の「抵抗の欠如」を、「哀れな犠牲者や弱虫を作りだす日本文化に帰」し、そのような「日本文化の過剰摂取ゆえに、二世は憲法で保障された権利の侵害に対して法廷で闘うことができなかった」とするオリエンタリズム的思考様式に異を唱えている。実際、日本文化を一義的に受動的なものとみなし、その行為主体性を否定する文化主義的考え方は、「仕方がない」という言葉への批判として、ミツエ・ヤマダやジャニス・ミリキタニ、ジーン・ワカツキ・ヒューストンなど二世作家による強制収容の語りにも広く見られる。ただし日系カナダ作家ロイ・ミキは、「仕方がない」を、日本ではなく「日系カナダの語法」と解釈している。このような「抵抗の不在」を「日本文化」に帰するオリエンタリズム的文化主義の考え方は、「日系人の抵抗の不在」という神話とともに、九〇年代以降は批判的に自省されるようになった。詳細は、Jeffery Paul Chan et al., "Introduction," (in Chan, Chin, Inada and Wong, eds., *op. cit.*); Miki, *Broken Entries*; Miki, *Redress*; Nakamura, *Attending the Languages of the Other* ほか参照。竹沢泰子も、かなり早い段階でアメリカの日系リドレス運動に内在したナショナリズムについて指摘している（竹沢泰子『日系アメリカ人のエスニシティ――強制収容と補償運動による変遷』東京大学出版会、一九九四年）。

(9)『おばさん』については、以下の拙論も参照されたい。中村理香「損傷を「言葉」にすること――『おばさん』における運動言説（アクティヴィズム）と外傷（トラウマ）言語」、前掲『憑依する過去』所収、八一―九四ページ、同「ジョイ・コガワ『おばさん』における先住民へのまなざしと「入植者市民権」という両義性」「多民族研究」第八号、多民族研究学会、二〇一五年、六八―八二ページ、Nakamura, *Attending the Language of the Other*.

(10) Joy Kogawa, *Obasan*, Anchor Books, 1981, pp. 83-84. 引用はすべてこの版からとし、これ以後、ページ数は文中に記す。なお、本文中の日本語訳はすべて引用者訳である。

(11) 同様の可視化される身体の被傷性や暴力の対象となる「人種的身体」は、九・一一後のイスラム・アラブ系住民や、二〇〇二年の日朝首脳会談（九・一七）以後増加した、日本国内での在日韓国・朝鮮人への憎悪犯罪にも共通していることは周知のとおりである。

(12) Joy Kogawa and Ruth Y. Hsu, "A Conversation with Joy Kogawa," *Amerasia Journal*, 22(1), 1996,

pp. 199-216, 209.

（13）飯野正子『日系カナダ人の歴史』東京大学出版会、一九九七年、一四二ページ。原文は、日系新聞「ニューカナディアン」紙による「日系人が再定住に成功するための方向づけ」の分析を示す。

（14）その半面、一九九一年に発表された『おばさん』の続篇『いつか』では、エミリーも原爆投下と日系人強制収容を連結させ、両者に共通する人種暴力を批判している（Joy Kogawa, *Itsuka*, Anchor Books, 1992, p. 72)。ただし、エミリーの原爆理解は、人種暴力を基準に世界を「被害者」と「加害者」に二分化するものであり、そこに「有色人入植者」あるいは「有色人欧米主体」や「有色人帝国主体」といった、『おばさん』を特徴づける領域攪乱的な思考は見られない。『おばさん』の続篇である『いつか』や『エミリー・カトウ』（Joy Kogawa, *Emily Kato*, Penguin Canada, 2005）が示すのはまさにこの問題であり、これらの小説では『おばさん』を特徴づける拮抗や危うさは影を潜め、小説に示される他者性は、先住民の血を引く白人聖職者「ファーザー・セドリック」という人物のなかに、ある種「安全な他者」として封じ込められることになる。

（15）King-Kok Cheung, *Articulate Silences: Hisaye Yamamoto, Maxine Hong Kingston, Joy Kogawa*, Cornell University Press, 1993; Gayle K. Fujita Sato, “Momotaro’s Exile: John Okada’s *No-No Boy*,” in Shirley Geok-lin Lim and Amy Ling, eds., *Reading the Literatures of Asian America*, Temple University Press, 1992.

（16）Miki, *Broken Entries*, p. 202.

（17）Miki, *Redress*, pp. 307-308.

（18）Qtd. in Miki, *Broken Entries*, p. 149.

（19）Tan, *op. cit.*, p. 253.

(20) Hiromi Goto, *The Kappa Child* (Red Deer Press, 2001) や *Half World* (Viking, 2010.) など参照。

(21) David Eng and Shinhee Han, "A Dialogue on Racial Melancholia," *Psychoanalytic Dialogues*, 10(4), 2000, pp. 667-700. Reprinted in: David L. Eng and David Kazanjian, eds., *Loss: The Politics of Mourning*, University of California Press, 2002, pp. 343-371. これ以後、ページ数は本文に記す。

(22) Lowe, *op. cit.*, p. 56.

(23) Chu, *Assimilating Asians*, pp. 90-91, 100.

(24) Qtd. in Eng and Han, op. cit., p. 694.

(25) Qtd. in Eng and Han, op. cit., p. 694.

(26) Loretta Todd, "Notes on Appropriation," *Parallelogramme*, 16(1), Sum. 1990, pp. 24-33.

(27) たとえば、ギイ・ボーガードは、主流カナダ国家言説での日系人強制収容に触れ、米山リサを援用しながら次のように批判する。「これにまつわる最大の問題は、さまざまな覇権的言説が、人種暴力の歴史を隠蔽するのではなく、米山の言葉で言えば、むしろ「国家の過去にまつわる調停不能な言説を」、現行の知の秩序を脅かさない方法で「封じ込め、飼いならす」方法を模索し始めたことなのである」(Guy Beaurgarde, "After *Obasan*: Kogawa Criticism and Its Futures," *Studies in Canadian Literature* 26(2), 2001, pp. 15, 18)。その意味で、日系カナダ人強制収容という過去の暴力は、国家がすでに乗り越えた「解決済みの問題」あるいは「過去の過ち」として、同質的国民国家の記憶へと統合されそこに祭られる一方、それらの記憶が主流国家の道義的優位性を証明する手段として消費される危険も指し示す。

(28) 前掲「ジョイ・コガワ『おばさん』における先住民へのまなざしと「入植者市民権」という両義性」六八―八二ページ。ただし『おばさん』には、『桃太郎』と同様、多文化主義的な消費対象物としての「勇敢な先住民」の民話も登場する。また、『おばさん』での先住民の表象は、日系カナダ人が自らの人種的周縁性を投射する対象であり、国家の矛盾や亀裂を可視化するための他者的存在であることも再確認が必要である。詳細は、Nakamura, *Attending the Languages of the Other* と前掲論文を参照されたい。

（29）長崎原爆資料館での展示や、強制連行の被爆者に特化した岡まさはる記念長崎平和資料館、および長崎原爆朝鮮人犠牲者追悼碑、さらに長崎在日朝鮮人の人権を守る会編『原爆と朝鮮人』第一―七集（長崎在日朝鮮人の人権を守る会、一九八二―二〇一四年）、同編著『朝鮮人被爆者――ナガサキからの証言』（社会評論社、一九八九年）などを参照。以上の参考文献や、「追悼碑」建立の経緯については、岡まさはる記念長崎平和資料館理事長の故・高實康稔先生からご教示いただいた。

（30）北米と南米の日系人を含む在外被爆者については、平野伸人編著『海の向こうの被爆者たち――在外被爆者問題の理解のために』（八月書館、二〇〇九年）ほかを参照されたい。被爆死した母を待ち続けたナオミの体験を、強制連行の末に被爆死した父を待ち続けた中国人被爆者の家族と結びつけて読むことの重要性については、以下の拙論で論じた。"Addressing Japanese Imperialism via Asian American and Canadian Literature in Japan,"unpublished paper presented at the Association for Asian American Studies Annual Conference, Apr. 19, 2014, San Francisco, U.S.A.

（31）「住吉トンネルの保存と活用を考える市民の会」が、住吉トンネルの保存と公開を求めて長崎市とおこなった交渉などの詳細は、高實康稔「長崎の戦争・原爆記念物批判」（「原爆と防空壕」刊行委員会編著『原爆と防空壕――歴史が語る長崎の被爆遺構』所収、長崎新聞社、二〇一二年、八七―一〇六ページ）を参照。

第7章　祖国の惨苦を聞くということ

――ノラ・オッジャ・ケラーの『慰安婦』が描く母の戦争と追悼という語り

カナダでの「リドレス合意」七年前の一九八一年に発表された『おばさん』が、カナダ西岸と内陸部を舞台に日系カナダ人強制収容と長崎への原爆投下を描いたのに対し、その十六年後の九七年に発表されたノラ・オッジャ・ケラーの『慰安婦』(1)は、アメリカ植民地主義の記憶をとどめる多民族社会ハワイを基点に、『おばさん』と同時期の「アジアの戦争」を、日本の朝鮮植民地支配や「慰安婦」制度という戦時性暴力の観点から描いている。両小説ともに主人公の母の戦時体験を通して祖国が被った戦争暴力を描き出し、主人公が出身国に共感を抱く契機とする一方、どちらの小説も、当時の北米での政治的状況との深い関わりのなかで執筆されたことが見て取れる。『おばさん』が、強制収容への謝罪と賠償を求めた日系リドレス運動の高まりを背景に書き進められたように、『慰安婦』も、冷戦の終結や第二次世界大戦終結五十周年という時期に、「慰安婦」制度サバイバーたちの名乗り出によって「慰安婦」制度への社会の関心が高まった歴史社会的状況のなかで書きつづられた。実際、ケラーは執筆動機を尋ねられて、当時ハワイを訪れた韓国人サバイバーの黄錦周《ファンクムジャ》の証言に大きな衝撃を受け、九〇年代初頭のアメリカではほとんど知られていなかった「慰安婦」の歴史を、アメリカ社会や英語圏読者に伝える責務を感じたと述べている(2)。

本章では、ケラーの小説が、第6章で論じた『おばさん』と同様に、母の戦争被害を悼む行為を通してどのような「祖国との連結」を試みているのか、小説が示す回復のかたちを検証する。第6章で論じたように、コガワにとって母の被爆は、他国の軍事暴力を体現する一方、正規の国家記憶には統合されない人種暴力の記憶を呼び起こし、「リドレス」という国家賠償運動が依拠する同質的国家という概念を揺るがす存在であった。これに対して『慰安婦』では、アメリカで生まれ育った娘が自らの北米的視点の限界を自覚し、自省を促される契機として、移民の母の戦時体験が描かれる。第6章ですでに述べたように、欧米という位置から「他世界での暴力被害」を語るという行為において、それを「知りうるもの」として、まなざす主体にとっての消費や救済、領有の対象としてしまう危険は常に指摘されてきた。本章では、コガワに続いてケラーの小説でも、母の戦争を介して娘が祖国と連結しようとする行為が、多文化主義を標榜する北米国家による一方的な他者の救済や取り込みとは異なる、どのような連結のかたちを取ることになるのかを検証する。

1 『慰安婦』での「コリアン・アメリカン」という視点

母と娘の交互の語りを通して「慰安婦」制度という日本の軍事性暴力を描くこの小説で、ケラーはこれを、被害当事者である母「アキコ／スンヒョ」[3]の一人称で完結する物語とはせず、当事者の「母」と、アメリカで生まれ育った被害経験をもたない「娘」ベッカによる対の物語として構成している。つまりケラーは、「慰安婦」という軍事性暴力を「アジア」というそれが行使された場でだけ描くのではなく、コリアン・アメリカンの娘の成長物語の一環として、移民二世の主流アメリカ社会との関係やアメリカ化をめぐる思いに寄り添いながら、ハワイで育った娘が母の過去を「発見」し回復する物語を、当事者の母の語りに対置させるのである。『慰安婦』という小説を特徴づけるこの視点の二重性は、ケラーの第二作『フォックス・ガール』（二〇〇二年）が、韓国での米軍基地売春を、主人公の韓国人少女の単一的視点から描いていることと比較すれば、より明らかになる。『慰安婦』という小説は、明確に「アジア系アメリカ」という立ち位置から「慰安婦」制度というアジアでの軍事性暴力に接続するテクストなのである。

本章では、『慰安婦』におけるこの「アジア系アメリカ」という二重視点が、娘の「見えなさ」を可視化するものであることを論証する。すなわち、アメリカで生まれ育ったベッカにとって、「慰安婦」サバイバーの母の苦しみは、母がのめり込むシャーマニズムなどの東洋的な風習と入り交じり、奇異で理解不能なものとしか映らない（それは『おばさん』でも、ナオミが母の沈黙の意味や、非言語的に発せられる「おばさん」の心的外傷を読み取れなかったことと共通している[4]）。その一方、『慰安婦』では、終盤のクライマックス場面でベッカが母の遺した録音テープを聞き、母が取りつかれていた精神発作が日本軍「慰安婦」とされた過去に起因するものであることを知る。すなわち、娘は母のアジアでの凄惨な過去を知ることによって、当初「意味不明」に見えた母の所作と狂気の意味を知ることになるのだが、この一種安易とも見える結末は、北米主体の娘にとって母の体験を理解可能なものとしてしまう危険も示唆する。『おばさん』に関連して、本来異質であるはずの他者（日本）をカナダという国家文化への統合の対象としてしまう多文化主義の問題に言及した。同様に、『慰安婦』もまた、異質性をはらむ他者（母）の体験を、非当事者の（ここでは）北米主体の娘にとって了解可能なものとしてしまう危険を示唆するのである。

実際、ケラーの小説では、ベッカが他界した母、つまり死者の言葉に耳を傾けるというシャーマニズムの比喩ともみえる行為が描かれる。そこで小説が問いかけるのは、コリアン・アメリカンの「娘／シャーマン」が「母／死者」の声を聞き取り、それを語り伝えるという行為における、ローラ・カンの言葉で言えば、非当事者である「ベッカ／シャーマン」と当事者「アキコ」との間の「埋めることができない距離感」や、「慰安婦」という暴力的体験の「理解不能性」[5]だろう。在日「慰安婦」制度サバイバーの宋神道の支援に長年携わった梁澄子らが、「慰安婦」とされた宋の体験の「知り得なさ」について述べ、宋が「抱える闇」は「通常の体験しかしたことのない者には、とうてい知り得ないもの」だと強調したことは第1章でも述べたが、李文子も、日本のテレビ局による中国への取材旅行の最中、日本人スタッフの帰りが遅れたことに宋が発した「朝鮮のオナゴ二人、中国に置き去りにされたんじゃないか⁉」という言葉に、五十年間癒えることがなかった宋の「不安や怯えや心の傷」と日本人への「不信感」を読み取り、「「普通に」育った私にはとても考えられないことだと思[6]」ったと、宋の体験と在日コリアンとしての自身の体験の差異に言及している。

本章では、ケラーの小説において、ベッカや読者が「慰安婦」としての「アキコ」の体験に耳を傾け、これを世に語り伝えることの絶対的必要性と、その一方で、カンや梁らが指摘する体験の他者性がどう表されているのか——小説が描く娘による母の体験の語り伝えが、当事者と無批判的に一体化したり、被害者に成り代わって被害を語ったりする行為とはどう異なるのかを検証し、ケラーの小説が示す単なる他者の取り込みではない連結のかたちを見ていく。本章ではさらに、『慰安婦』で娘が母の被害を語ることが、被爆した母を悼み、その体験を語る『おばさん』にも共通する構造であることを確認したい。二つの小説で提示されるのは、母が受けた戦争暴力の暴虐性を語り継いで世に伝えることの必要性と、非当事者の娘が母が受けた被害を言語化する過程で起こりうる領有の危険、さらにジェームス・ヤングがホロコーストについて指摘したような、「語る」という言説的行為それ自体が内包する暴力性である。[7] 本章では、娘が北米という場からアジアでの母の被害を語るその語りのあり方について、ケラーの小説が示す「シャーマニズム」をコガワの「翻訳」といった行為に連結させながら、二つの小説が示す「代理表象」としての言説行為の両義性を検証する。

娘にとっての「見えなさ」と母にむけられた暴力

第一章では、ベッカの母への理解の不全が描かれている。十歳のベッカにとって、時折取りつかれたように霊との交信にのめり込む母が、自分にしか「聞こえない音楽に合わせて踊り」（CW 6）、「壁や本棚に体当たりして、テーブルやテレビの角に体をぶつけながら二間しかないアパートを漂う」（CW 4）姿は、母の過去を知らない娘の目には、自身の理解を超えた奇異なものとしか映らない。母が「透けた服を着てくるくる回り」（CW 7）ながら、「霊の呼びかけに応じて」、ベッカが「追って行くことも、行きたくもない場所に入り込んでいく」（CW 4）さまを、ベッカは次のように内言する。

低いテーブルの上で身体を揺り動かしながらゼイゼイとあえぐ母の口からは、蜘蛛の糸のような唾液が垂れ下がっている。疲れ果てて床に倒れ込んだあと、荒い息をする母の胸はうねり波打っていた。（CW 7）

母が叫びながら、何もない頭上に向かってパンチを打ったり、ジャブを打ち返すようにして踊っているとき、私は母を家から出すことが怖かった。（CW 5）

母の突然の精神発作におびえ、孤独と不安にさいなまれる十歳の少女の単一的視点から描かれる第一章で、母「アキコ・スンヒョ」の精神の損傷は、悲痛というより異様でエキセントリックな、パトリシア・チュウの言葉を借りて言えば「ときに滑稽で、ときに恐ろしいシャーマニズムの所作[8]」として映し出されるのである。

しかしながら、この小説では、ベッカの目から見た母の表象に対して、母親自身の自己表象が対置されている。母に対するベッカの理解の不全を示す第一章に対して第二章は、「アキコ」自身の、

「慰安婦」とされた過去の回想で幕を開ける。

十二歳で私は殺され、十四のとき鴨緑江を覗き込んで、川面に見返す顔が見えないのに、自分は死んだのだと悟った。流れに身を任せたら、もう一度私の魂に出会えるかもしれないと願ったけれど、日本兵が急いで私を橋の向こう側へ連れていって、飛び込むことはできなかった。

（CW 16）

第一章とは対照的に、第二章では、過去の出来事とそれをめぐる「アキコ」の心情が一人称の詩的な語りを通して開示される。貧しい農家の四女として生まれた「アキコ」が、両親の死後、姉の持参金のために日本軍に売られ「慰安婦」とされたこと、「慰安所」での女たちとの生活と符丁による密やかな交信の様子、幼さゆえに最初は「慰安婦」たちの世話係とされた「アキコ」が、インダックという年長の「慰安婦」女性が日本軍に歯向かい惨殺されたあと、十二歳でインダックの代わりに「四十一番目のアキコ」とされたこと、強制堕胎手術のあと放置された「アキコ」が「慰安所」から逃げ出し、宣教師に助け出された経緯などが語られる。ケラーは、それら出来事にまつわる「アキコ」の心情を詩的情緒に満ちた一人称の語りでつづり、これを前述のベッカの目に映る、エキセントリックで半ば正気を失った母の肖像と対置させるのである。小説は、「アキコ」の一見奇矯と見える行動の裏側にある、ベッカには見えない「アキコ」の壮絶な体験を読者に提示することで、ベッカにとっての「見えなさ」を可視化するとともに、「アキコ」に対する読者の共感を促すのである。本書第6章で、同化主義時代のアメリカでの日系人の体験を描いたジョン・オカダの小説『ノーノー・ボーイ』が、精神を病んで自ら命を絶った移民の母を、アメリカ人の息子にとって理解不能な存在として切り捨てたことについて前述した。ここではそれとは対照的に、母の狂気は、娘の見えなさの問題として示されていることを再確認したい。

2　被害の不可視化と認識論的暴力

そのような「アキコ」の内面世界と、ベッカを含む作中人物が「アキコ」にむける外からの視線との隔たりは、小説の第八章で、「アキコ」がベッカの通う小学校に闖入する場面でクライマックスに達する。ベッカが十二歳という、「アキコ」が「慰安所」に連れていかれた年齢になった年、第二次性徴の兆しを見せるベッカの身体に不安をかき立てられた「アキコ」は、ベッカがその「重大な一年を無事にやり過ごせるよう」(CW 86)、小学校の「お浄めをする決意をする」(CW 86)。親子が住む安アパートから学校までの通学路を、「そこにさ迷う霊をおびき寄せるために」(CW 86) 二、三メートルごとにショルダーバッグから米と大麦をつかんで撒き、霊が悪さをしないように呪文を唱えながらパジャマ姿で歩く「アキコ」に学童たちがからかいのまなざしをむける様子を、ケラーはベッカの視点を通して次のように描いている。

母が校庭に近づくと、子供たちが集まってきた。「やーい、乞食女《バッグ・レディ》、やーい、気違い女《クレージー・レディ》。」子供たちは母を取り囲んで叫んだ。「何やってるんだい。鳥のエサやりか。」(略)残りの子供たちがにじり寄ってきて、母が発する一語一語にゲラゲラと大笑いして言った。「はぢぃ知らず、はぢぃ知らず」と、抑揚のない声で母をまねたのだった。「あんたちぃの母さは悲しでぃに違いにぃ。」

(CW 86-87)

この場面で注目されるのは、これまで「アキコ」の独白部分では、一貫して詩的な標準英語で表されてきた「アキコ」の言葉が、ここで初めて子供たちの物まねを通して、戯画化されたアジア訛りの「滑稽な移民英語《ピジン》」で表されることである。この章の終わりには「アキコ」自身が、「はい、シエンセ。むすめ、さがす。なめ、ロベカ・ブラどれ」(CW 87)と、初めて「ブロークンな」ピジン・イングリッシュで話す場面が描かれる。つまりこの場面で小説は、これまでその内的世界に寄り添って描いてきた「元「慰安婦」」の「アキコ」を、主流社会のまなざしに映る、他者化され、滑稽な移民英語を話す無学で貧しい中年アジア人女として描くのだが、それはこれまで一人称の語りを媒介に「アキコ」への共感を抱いてきた読者に対し、ある種の気づきを提供しうる。すなわち、この校庭の場面で読者は、もし小説の外で読者が現実に「アキコ」と遭遇したとしたら、読者が目の当たりにするのは、標準アメリカ英語の抒情的な語りによってその心情が開示される悲劇的な「元「慰安婦」」の「アキコ」ではなく、滑稽な移民英語を話し、パジャマ姿で校庭に乱入し、子供たちに火がついたお浄め用のモクサを投げつける「乞食女《バッグ・レディ》」としての「アキコ」だということである。言い換えれば、これまでベッカの「見えなさ」を、ある種の優越的位置からまなざすことを許されてきた読者に対し、小説はここで、現実の「アキコ」に対する読者自身の視点の限界を突きつけるのである。

　実際、フェミニズムや多文化主義が主流アメリカ社会の価値体系に介入し、「慰安婦」制度という軍事性暴力が「正当な被害」として社会的認知を得るようになった一九九〇年代よりも以前に、「アキコ」のような下層階級の有色人移民女性――梁澄子が日本の文脈で宋神道を描写した言葉を借りれば、「朝鮮人で、無学で、貧しくて、「慰安婦」だった女」[9]――の戦時性被害が社会から顧みられることはまれであり、サバイバーがここでの「アキコ」のような暴力的視線にさらされたとしても驚くにはあたらない。事実、戦後を日本で過ごし、頭痛や神経痛、神経衰弱に苦しみ、「小さな納屋で叫び続ける」こともあったという在日サバイバーの裵奉奇は、「狂ったおばあさん」と言われて村の子供たちから石を投げられたという。[10] 小説は、現在のアメリカや日本で読者が、「アキコ」のような物言いのみすぼらしい移民の「乞食女《バッグ・レディ》」に対し、その過去や心情を知らないままに精神的損傷を読み取れるのか、「アキコ」に侮蔑と哀れみの視線をむける作中人物と重ね合わせ、自問を迫るのである（その意味で、この小説には、内面が描かれないまま単なる奇人変人としてだけ描かれる人物も登場するが、これについては後述する）。

　このように、ケラーは、「アキコ」の内面と外の世界から見た姿の二つの視点から「アキコ」を描き出すが、ここで「アキコ」の二重性が言語的な差異を通して示されていることも重要である。ケラーはこの小説中、母語でも教育の機会をもたなかった貧しい移民「アキコ」の一人称の独白を

「標準アメリカ英語」という、二重の意味で「アキコ」自身の言葉とは言えない言語で表すが、それは主流アメリカ言説で、アジア系移民の発話が「滑稽なピジン」として他者化され、表象されてきた経緯と密接に関連するものである。アジア系アメリカ文学研究者のサオリン・ウォンは、アジア系作家が、英語を母語としないアジア系移民の語りに、主流言説にあふれる「滑稽な移民英語《ピジン》」ではなく標準英語を用いる行為について、それが一世移民らの「主体性をより正確に表すとともに、彼女ら本来の知性に敬意を示し、その人間性と尊厳の回復に努める[11]」ための対抗的手法だと評価した。ここでケラーが「アキコ」の言葉を、「滑稽な移民英語《ピジン》」や、あるいは逆に文学テクストでしばしば他者性や周縁性、無垢さの象徴として用いられる「訛り英語」ではなく、あえて「標準アメリカ英語」で表記するのも、「アキコ」のようなアジア人移民を言語的および知的に劣る存在とみなし、滑稽な笑いの対象としてきたアメリカ社会への異議申し立てなのである[12]。実際、ハワイという、「ハワイイ・ピジン」が誇りとされる社会でさえ子供たちの嘲りの対象とされる「アキコ」の「移民英語《ピジン》」は、オリエンタリズムを基盤とする彼らの認識によって「アキコ」の精神性が不可視化される、その認識の暴力を逆照射するのである(「アキコ」の独白を標準英語で表記することの問題点については、後述する)。

またそうであれば、この場面でベッカが、「アキコ」自身の言葉と、子供たちが「聞き取った」「アキコ」の言葉の不一致を強調し、前者が後者に「無残に変換」されることで「アキコ」の言葉が滑稽に他者化され、嘲笑の対象になるプロセスの暴力性に言及していることは注目に値する。

> 私は母を助け出し、子供たちの棘のある言葉から守り、家に連れて帰りたかった。でも同時に、そうしたくないとも思っていた。なぜなら、私はそのとき初めて子供たちが自分たちの言葉を使って母を嘲り、母が発した言葉を、自分たちが聞き取った言葉へ無残に変換する様子を見つめながら、彼らの言動を自分の目と耳に刻み込んだのだ。そして、私は恥じたのだった。
> （CW88　傍点は引用者）

北米アジア系文学で、欧米的認知規範に合致しない非西欧の言語が「雑音《ノイズ》」や「意味の不在」に還元されるという認識論的暴力は、しばしば議論の対象になってきた。たとえば『おばさん』でも、カナダ生まれで、流暢な英語を用いて強制収容を批判するエミリーとは対照的に、英語ができないあやおばさんが沈黙や身体言語を介して強制収容の心的外傷を発する行為が、初期の『おばさん』批評で「失語症」とみなされたことは、のちにコガワ研究者によって厳しく批判された[13]。前述のベッカの内言で問題化されるのも、北米主体である聞き手が、自身にとって理解不能な「アキコ」の言葉を、主流アメリカ社会の規範的価値観が形成する自己認識によって「聞き取り」、「滑稽な移民英語」として一方的に意味づける言語行為の暴力性なのである。またこれに関連して、梁が在日朝鮮人サバイバーである宋について述べた、「朝鮮人で、無学で、貧しくて、「慰安婦」だった女」の宋が繰り出す「いきなりの暴力」という「言葉」が、日本社会で理解不能とされてきたことも確認したい[14]。

第4章で論じたように、『慰安婦』は、日本の軍事性奴隷制度の残虐性を示すと同時に、「慰安婦」制度という暴力行為をアメリカによる救済対象とする主流アメリカ社会の欲望を脱臼するものでもあり、そのことは、在米アジア系研究者によって高く評価されてきた。その一方で、初期の『慰安婦』批評、すなわち「JAAS特集号」などによる問題提起がなされる以前には、この小説を、韓国を含むアジアの父権制下で声を奪われ、不可視化されてきた「慰安婦」制度の被害者に「声を与え」、その存在に光を当てるものとして称賛する動きもあったことは想起する価値がある（「特集号」が問うたのは、まさにそのようなアメリカ社会の優越意識である）[15]。『慰安婦』での校庭の場面が示すのは、在米アジア系の人々が自らを高みに置いて「慰安婦」制度の暴力性を糾弾するのではなく、むしろ自らもサバイバーの心的損傷を不可視化したであろう過去の共犯性を内省するさまであり、アメリカ社会が「慰安婦」制度サバイバーに対しておこないえた認識論的セカンドレイプを自省的に振り返る行為なのである。

3　自己／他者の棄却と母の回復

前述の引用が示すベッカの反応で注目されることは、そのような自覚にもかかわらず、ベッカが、内在化した主流社会の価値観から生じる羞恥心のために母を見捨て「逃げ出した」（CW 89）ことである。ここでベッカが吐露する「恥」の感覚は、『おばさん』でナオミの兄スティーヴンが、主流カナダ文化に同化できず英語も不得手な「あやおばさん」にむけた侮蔑的まなざしを想起させるものでもある。それは、第6章の冒頭で引用した、ベトナム難民として四歳でアメリカに渡ったヴィエット・グエンの回想にも共通し、アジア系というマイノリティ・コミュニティの内部に集積する主流アメリカ・カナダ文化への同化の度合いをめぐる序列意識、すなわち、「FOB《フォブ》」と侮蔑的に名指される「船から降りたばかりの《フレッシュオフザボート》」新参移民など、アジア系内部の他者へむけられる忌避的感情と、それに怯えるベッカやグエン、スティーヴンら境界世代の心的状況を映し出すのである。

それは、アン・チャンが、「自己でもある他者に対して繰り返される暴力」[16]と呼んだ心的構造であり、「他者」とまなざされたマイノリティが、主流社会による差別的視線から逃れるために、加害者である主流社会の視点や価値観を内面化させ、その差別的視線を別のマイノリティへ反復する——言い換えれば、凝視できない自己の投射として出現する、近接する他者にむけて発動される脅迫的な「自己/他者の棄却」にほかならない。そのような行為は、日本の帝国主義の文脈でも、チャンネ・リーの『最後の場所で』の主人公・黒畑治郎ことフランクリン・ハタが、戦時中に日本帝国臣民として日本占領下の東南アジア人や、あるいは渡米後もアメリカでの「模範的マイノリティ」として、黒人などマイノリティに対して侮蔑的視線をむけた心理とも共通する。いずれの場合も、その根幹にあるのは、まなざされる自分自身への怯えと恐れの感情なのである。

しかしながら、小説ではこれと同時に、ベッカが母を置き去りにして逃げ出した自分自身への内省も示していることは注視する必要がある。第八章の最終場面でベッカは、「母の娘であることを名乗り出るよう要請されたまさにそのとき、私はその声に従うことができなかった。かわりに、私は母を置いて逃げ出したのだ。母から遠くへ逃げれば逃げるほど、自分自身が小さく縮んでいくようだった」（CW 89）と告白している。その意味でこの小説は、主流社会の視線にとらわれ、母と自らを恥じて逃げ出した十二歳のベッカが、そこから抜け出し、母や祖国との紐帯を回復させる「やり直しの物語」として読めるのかもしれない。

実際、この小説でベッカが母や祖国とのつながりを回復する大きな転換点は、母の死後、ベッカが「慰安婦」としての過去を告白した「アキコ」のテープを聞く場面である。そうであれば、この死者の声に耳を傾け、それを語り伝えるという「シャーマニズム的」行為で、ベッカが当初「言語」と認識できなかった「母の言葉」に耳を傾け、それを聞き取ろうとしているのは偶然ではない。それは、前述のように、アメリカで非西欧のアジアの言語が「雑音《ノイズ》」や「非言語」として切り捨てられてきた歴史的経緯や、校庭で子供たちが「母の言葉」を「無残に変換」しあざ笑った行為に対抗する行為であり、さらにはベッカが母の苦しみの根源を理解できなかった第一章のやり直しとも言えるからである。また、ここでベッカが、母の「非言語的言語」に耳を傾け、その体験を理解しようとする行為は、『おばさん』でナオミが、母の沈黙の言語に耳を傾け、長崎での母の被爆を聞き取ろうとした行為とも共通する。

次節以降では、北米という場で、ベッカがアジアでの母の体験を聞き取り、語るというその言説行為のあり方を、『慰安婦』の中心的比喩として作動する「シャーマニズム」という「代理表象」を通して検証する。その際、考察対象としたいのは、ベッカとこの小説が、前節の引用で示した「母が発した言葉」の異質性をどう捉えているかということである。すなわち、この小説が、「FOB《フォブ》」とまなざされる移民の「母の発した言葉」と、子供たちに代表される西欧主体が「聞き取った（母の）言葉」の不一致を通して、後者が西欧的自己認識の媒介なしに他者の言語を聞き取り、理解することの不可能性を示したことはすでに述べた。であれば、娘が亡き母の声を聞き取り、それを母／死者に代わって語るというシャーマニズム的行為で、被害当事者の死者／「母の言葉」とコリアン・アメリカンの娘／シャーマンが「聞き取った（母の）言葉」の不一致──換言すれば母の言語の異質性──を、小説はどのように表しているのだろうか。本章ではこの問いを考察する過程で、ケラーが「アキコ」の言葉を、標準アメリカ英語で表記したことの意味についても考えたい。

しかし、それに先立ってまず次節では、この小説での追悼と喪の行為としてのシャーマニズムについて考察する。

4　「名を刻み、記憶せよ」──追悼の二つのかたちとシャーマニズム

韓国人批評家のクンジョン・リーは、ケラーの小説に描かれるシャーマニズムが、「慰安婦」制度サバイバーらの「心的外傷に対処」し、亡くなった「慰安婦」たちを弔うための重要な役割を果たしたと述べている。リーはそのうえで、朝鮮の民間信仰であるシャーマニズムについて次のように説明する。

通常、朝鮮において巫堂《ムダン》の儀式が執り行われるのは、人が故郷から遠く離れた場所で「多くの未解決の恨《ハン》」を抱えたまま非業の死を遂げた場合であった。儀式では、死者の霊が巫堂を通して不満や恨みを述べ、それを聞いた遺族が、適切な供物を供え、死者を弔う約束をする。そのような「カタルシスを伴う対面儀式」の目的は、霊の恨を解き、死者をあの世へ送り出すことなのである。(17)

この引用からは、恨を抱えたまま非業の死を遂げなければならなかった「慰安婦」とされた女性らの声を聞き、その霊を弔う巫堂《シャーマン》の役割が見て取れる。リーは、犠牲者の多くが適切な葬儀の機会を奪われたなか、犠牲者に「ふさわしい喪の儀式」を執り行うことは巫堂の重要な役割だと述べるが（Lee 452）、実際、ケラーの小説でも、日本軍に歯向かって惨殺された「慰安婦」インダックの霊が、適切な葬儀がおこなわれなかったと「アキコ」に対して嘆く場面が描かれる。兵士らの命によって、インダックの遺体を「動物の屍骸のように」（CW 96）野ざらしにした「アキコ」に対し、インダックの霊は次のように語りかける。

死者を弔うのにふさわしい儀式をしてくれる人は誰もいなかった。私のためにも、あんたのためにも。私たちのために哭をし、訃音の知らせをしてくれる人がいるべきだったのに。殮の務めを果たして、私たちの身体を清め、寿衣を着せ、髪を梳かし、爪を切って、埋葬のための準備をしてくれる人が。私たちの名を刻み、名を知って記憶にとどめようとしてくれる人がいる

べきだったのに。（CW 38）

インダックの霊は、「追悼」の二つのかたちとして、適切な葬儀と、死者を記憶にとどめるための行為を要求している。それは、日本軍への抵抗の見せしめとして惨殺され、遺体を野ざらしにされたインダックが、「死者を弔うのにふさわしい儀式」を通して、人間としての尊厳を回復することを意味するからである。小説が描く、「慰安婦」とされた女性たちを弔うための葬送の儀式は、日本兵らとは異なり遺骨収集や慰霊碑建立の対象になることもなく、故郷から遠く離れた見知らぬ地で墓標もなく打ち捨てられた犠牲者らが、死者として尊厳を取り戻すために必要な作業なのである。そうであれば、小説の終盤でベッカが、「鎮悪鬼巫祭《チノギクッ》の準備をする熟練した巫堂のように、供え物の膳を足し、七星神のための水や果物を供え、火葬の前に母の亡骸を整えて、適切な喪の儀式の準備をしている」(Lee 452) ことは重要だろう。母を失ってはじめて身近な人を弔うことの意義を知ったベッカは、生前の「アキコ」同様に、故郷から遠く離れた地で非業の死を遂げた「慰安婦」とされた女性らを悼み、送り出す作業に従事する。そしてそれによって、少女時代には忌避していた母の巫堂としての生業の意味を理解し、母の国の文化とのつながりを回復するのである。

「シャーマン」としてのベッカの役割はさらに、母の死後、テープに録音された母の声を聞き、その「恨」に耳を傾けることでも遂行される。前述の引用でインダックの霊は、弔われることがないまま逝った無数の「慰安婦」犠牲者たちの「名を刻み、名を知って」、その生と死を「記憶する」ことの重要性を強調したが、ケラーがこの小説でベッカを地元新聞の訃報記事担当の記者に設定しているのには、そうした意味がある。ケラーはベッカに、死亡を告知し、訃報記事を書くという行為を通して、死者の「名を刻み」「記憶する」ための作業につかせるのである。また、死者の声を聞き、その言葉を語り伝えるというシャーマンの務めは、ケラー自身がおこなっている「小説を書く」という行為とも一致する。実際、ケラーは自らの創作活動をシャーマニズムに例え、執筆中は「一種のトランス状態に陥」って、自身が「慰安婦」とされた女性たちの声を聞き取る「媒体のようであった」[18]と述べている。その意味では、この小説自体が「慰安婦」制度の犠牲となった女性たちの恨に耳を傾け、死者に代わってその物語を語り伝える――犠牲者の「名を刻み」、その体験を「記憶する」――シャーマニズムの役割を担っていると言えるのである。

アジア系アメリカ文学研究者の申幸月は、この小説でのシャーマニズムの重要性に触れ、『慰安婦』という小説に通底するのは、「殺した者は生き延びて語るであろうが、殺された者は語ることなどできはしない」という絶対的不均衡であり、歴史が、生き残った加害者によって語られるという不条理だと述べる。それに対し、ケラーがこの小説を書くことで成し遂げたことは、「殺された者にも、死んだ者にも語る場を与えるという文学のみがなしうる行為」[19]であり、小説は、日本軍性奴隷とされ、命を落とした女性たちの失われた声を取り戻すための媒体／シャーマンの役割を果たすのである。『慰安婦』でシャーマニズムが体現するのは、語る機会を奪われたまま殺された無数の女性たちの言葉を聞き取り、その物語を語り継ぐことの絶対的必要性にほかならない[20]。

5　死者の言葉を聞く／語るということ

そしてそうであればこそ、ここで聞き手である娘／シャーマンが、自分ではない他者の経験や痛みを――そしてそのために完全には理解可能でないそれらの体験を――いかにどのような語りに変換しうるのか、両者の隔たりをこの小説はどう示しているのかを問うことは肝要だと思われる。実際、第6章で論じたジョイ・コガワの『おばさん』でも、原爆投下という母に対して行使された暴力を、非当事者である日系カナダ人のナオミが、自身の言葉に翻訳して語り直す様子が描かれているが、どちらの小説でも、「娘」が「母」の体験を自らの言語に直して語る過程で、「母／他者」の言語に刻印されたノイズや異質性が取り除かれる危険が示されているのである。本節では、『おばさん』と『慰安婦』が描く、他者の言葉に耳を傾け、語り直すという行為について考えてみたい。

まず、『おばさん』で、長崎での母の被爆は、母とともに被爆したナオミの祖母グランマ・カトウの手紙の朗読を通して示される。被爆体験を伝えるグランマ・カトウの日本語の手紙は、「無秩序」で「事の詳細が時系列を無視して散在する」（*Obasan* 282）という、規範的言説を破砕するトラウマ言語として言及される一方、小説はそれを直接は引用せず、かわりに手紙の内容を理路整然とした英語文という、二重の意味での翻訳を経た通常言語に置き換えたうえでナオミに語り直させ、読者に提示している。言い換えれば、ここでの翻訳行為は、言語の破壊として発せられた心的外傷体験を、読者にとって理解可能なかたちで提示するものであり、その意味で、日本語の手紙がカナダ人読者にとって理解可能な英語に翻訳されて提示されていることは象徴的である。それは、被爆体験をより多くの人に伝えることの重要性に対するコガワの信念を示すからである。しかしそれと同時に、小説が、翻訳によって失われるものも同時に示していることは重要である。前述のように、グランマの手紙に刻印された言語の崩壊が、原爆という巨大な暴力やそれによって生じた体験の破壊性をなぞる言語的破綻だとすれば、グランマの手紙を通常言語へ翻訳するという行為は、その暴力の痕跡を消し去り、体験の理解不能性を解消してしまう危険をはらむ。その意味で、グランマ・カトウの手紙という原典テクストに刻まれた、暴力の痕跡としての言語の破壊は、ナオミの翻訳行為によって同化統合され、失われてしまうのである。

そうであれば、コガワがグランマの手紙に刻まれた言語の崩壊に言及し、それによって原典テクストとナオミの翻訳との間のズレを示し、それを通してもともとの語りや体験の引用不能性を顕在化させていることは重要である。日本語という（カナダ人にとっての）他者の言語から英語という支配言語への翻訳は、それと対をなすトラウマ言語から通常言語への「語り直し」とともに、被爆という暴力をより広く世に伝えるために不可欠な行為である（その意味で、英語への翻訳は象徴的である）。しかしそれは同時に、もともとの体験や語りに刻まれた伝達不能な暴力や、それを映し出す言語の破壊としての被爆体験を消し去ってしまう行為としても表象される。コガワは、言語を介して原爆という暴力を語り、これを伝達することの絶対的必要性を強調しながら、その言説行為が当事者の体験の痛みを完全には表象しえないことを示すのである。

同様に『慰安婦』でも、農村出身の無学な移民である「アキコ」の一人称の語りに標準アメリカ英語が使用されていることは、コガワによる主流言語への翻訳行為と類似した両義性を示すものである。すなわち、前述の校庭の場面に見られたように、学童たちが「アキコ」の言葉を「滑稽な移民英語」で示すことが「アキコ」の精神性を排除する行為だとすれば、それを標準英語で示すこともまた、「アキコ」自身の言葉を消し去り、そこに韓国系アメリカ人作家としてのケラーの言葉を上書きする行為になりうるからである。

在米アジア系研究者のデヴィッド・パランボ＝リュウは、アメリカ社会ではしばしば、異質性を内包する移民一世の体験が、アメリカ生まれのアジア系二世の流暢な英語表現を通して、すなわち移民英語の「めちゃくちゃな文法や滑稽な誤用表現」といった異物が取り除かれ、主流社会の読者にとって聞こえがいいものに変換されて提供されることを批判している。[21] ここでのパランボ＝リュウの問題提起は、『慰安婦』で「アキコ」の言葉が標準英語によって読者に提供されるという構図にも当てはまるだろう。ケラーによる標準英語の使用は、コガワにおける通常言語への翻訳行為と同様に、アジア人移民「アキコ」の体験と語りが、主流アメリカ読者により広く受容されるための手段であり、そのための語り直しだという側面を示すものである。

その一方で、ここでの標準英語が、当事者「アキコ」の言葉と、それを聞き伝えるシャーマンの言葉の境界——すなわち体験を語っているのは被害当事者の「アキコ」ではなく、コリアン・アメリカンの作家でありシャーマンであるという媒体の非透明性——と、コリアン・アメリカンの娘／作家／シャーマンの言語的介入の痕跡を示す自己言及的行為でもあることも確認されなければならない。『慰安婦』という小説は、被害当事者の「アキコ」／スンヒョの体験を、あえて韓国系アメリカ作者の言語で表すことで、もともとの語り手と、それを語り直す聞き手／語り手の非同一性に自己言及するのである。(22)

このような「母／死者」と「娘／シャーマン」とのギャップは、小説終盤、成人したベッカが母の死後残されたテープを聞き、母のアジアでの「慰安婦」としての体験を知る場面、すなわちベッカが死者の声を聞き取り、それを世に伝える「シャーマン」としての役割を担う場面でさらに顕在化される。朝鮮語が得意とは言えないベッカのために英語で吹き込まれた母のテープに聞き慣れない音節を認めたベッカは、次のように内言する。

> 音量をさらに上げられたらと願いながら、「テープの声に」私自身の声を重ね、響き合わせているうちに聞き覚えがない言葉に突き当たった。挺身隊《チョンシンデ》。私はその言葉を一音節ずつ自分の口で発音をなぞり、手持ちの『英・朝鮮語辞書』をぱらぱらとめくって、ありえそうなおおよその翻訳語を探してみた。部隊奴隷《バタリオン・スレイブ》。（CW 193）

ここに描かれるのは、当初、ベッカには「意味のない泣き叫び声」（CW 191）としか聞こえず、また第一章では聞き取る必要さえ認識されなかった「母の言葉」に真摯に耳を傾け、その意味を聞き取ろうとする娘の行為と、その半面、一種安易とも見える他者の言語の理解可能性である。辞書をぱらぱらとめくるだけで、ベッカはいとも簡単にこの異語を形成する音節を聞き取り、母の「慰安婦」としての過去を理解してしまう。特に、この母のテープに現れる「聞き覚えがない」「挺身隊」という言葉が歴史的特異性をもった固有名詞であることを考えれば、この展開の安易さは否めない(23)。

と同時に、ここで重要なのは、朝鮮語を十分には解さない娘のためにすべて英語で吹き込まれたテープのなかで、母「アキコ」はあえて「挺身隊」という一語を英訳しなかったことであり、ケラーがそのようにこの場面を設定していることである。すなわち、母の言葉を翻訳可能と捉える娘に対して、母自身はこの決定的な一語をあえて翻訳しないのだが、この翻訳（不）可能性をめぐる母と娘の隔たりは、前述の「母が発した言葉」と、それに対するアメリカ人である聞き手の認識、すなわち子供たちが「聞き取った（母の）言葉」（CW 88）との不一致を思い起こさせるものである。アビナ・ブシアの洞察を借りて言えば、ここでの翻訳の不在が示唆するのは、母「アキコ」／スンヒョにとって「挺身隊」という朝鮮語の名称がもつ絶対的な翻訳不可能性であり、原語に刻印された「挺身隊／日本軍性奴隷」としての経験や苦しみを共有しない人間には、この言葉は完全には理解不能だという事実である(24)。

その意味で、ケラーがここで「母が発した」原語の名称と、娘による「ありえそうなおおよその翻訳語」をあえて併記するのは、この「挺身隊」という「母の言葉」と、それとは同一の歴史的意味や痛みをもたない娘による英訳語、すなわち娘が「聞き取った」言葉との間隙を示すためであり、それと同時にベッカというアメリカ生まれのアジア系の娘が、他者としての母の体験を知ることの必要性を、その不可能性を通して示すためである。ベッカによる翻訳語と母の言葉の不等式は、言うまでもなく、ケラー自身が「アキコ」の言葉を標準アメリカ英語を通して示した行為における差異や不一致を喚起するものでもある。『慰安婦』という小説に刻印されたこれらの差異や不等式は、他者の言葉に耳を傾け、理解しようと努めることの重要性と、しかし完全には理解できない体験の他者性や残余、理解の不全性との拮抗を表す。それは、本章冒頭で引用した梁澄子の言葉を借りて言えば、被害当事者の「とうてい「知り得ない」闇の深さを認識しながら、知ろうとする努力を怠らない(25)」という、別のコリアン・ディアスポラで発せられた応答とも共振するのである。

6 結語――「戦争犠牲者」としての母／祖国の回復とその問題点

以上第6章と第7章では、コガワとケラーの小説を通して、北米アジア系の娘が、母の語りに耳を傾け、その戦争体験を理解しようと努めるさまを見てきた。ここでは、これら北米アジア系の人々が祖国との絆を回復するにあたって、戦争暴力の犠牲者としての「母」がどのような意味をもつのか、二つの小説に描かれる「被爆者」や「慰安婦」という「被害性」が表す意味を考えたい。その際に強調したいのは、いずれの小説でも「被爆者」や「慰安婦」は「実在の人物」ではなく、文学テクスト上の存在として造形されているということである。したがって、現実の被害当事者に寄り添い、その体験を伝えることを第一目的としたドキュメンタリーやノンフィクションなどとは異なり、小説の場合、その象徴性や寓意についての分析も重要になる（むろんそれは、ノンフィクションに象徴的・寓話的意味が込められていないということではない)。ここで問いたいのは、これら小説で北米アジア系作家がそれまで「恥の対象」と見ていた母や祖国を回復する際に、「母」が単なる無学で英語ができない下層の有色人移民ではなく、巨大な軍事暴力の犠牲者として形象化されることは、どのような意味をもつのだろうかということである。

もちろん、「被爆者」あるいは「慰安婦」としての母は、特定の民族や人種にむけられた暴力を映し出す存在であり、その象徴的な意味を読み取ることの重要性に疑問の余地はない。母は民族の苦難の象徴であり、自分たちが被っている人種暴力のもっとも悲惨な被害者なのである。その一方で、北米の社会でアジア系の戦争被害者を民族迫害のシンボルとして掲げるとき、被害者には特別な価値づけがされる。母はもはや「単なる貧乏で無学な移民」ではなく、「戦争犠牲者」として気高い精神性を付与され、祖国とともに、「回復」されるべき存在になる。有色人種でマイノリティの立場にあったアジア系の人々が、「戦争犠牲者」という存在によってその低い立場を相殺しようとするこうした意味づけは、しかし同時に、被害の序列化を生み出す危険もはらむのではないか。(26)

ここで考えたいのはそのような被害の形象化とそれに伴う問題だが、そうであれば、『慰安婦』という小説でケラーが、見る側の問題点、すなわち我々が他者の精神的外傷を読み取れないがゆえにその外傷の存在自体を抹消してしまうという、見る側の認識的暴力を描いていることも重要に思われる。実際、この小説には外側からだけ見れば、「アキコ」と同様に、単なる「奇人」や「変人」としか見えない人物が複数登場する。たとえば、「アキコ」とベッカが住むアパートの住人で、「小便とマニキュアの臭いを発散させ、尻の割れ目に食い込むパンツをはいて共同廊下を何度も往復しながら、現実の時刻が何時であろうと「三時だ！」と叫ぶ」（CW 44）、通称「三時の男」は、ベッカの厄をはらうために冷蔵庫から「生の鶏肉」を取り出し、「脚をつかんで振り回す」（CW 45）「アキコ」と、そのエキセントリックな行動で相似形をなす存在である。同様に、「アキコ」とベッカが地元のスーパーマーケットで出くわす狂信的キリスト教者の「マノア・ウォーカー」も、お告げを書き殴った銀行のチラシを振り回し、「アキコ」らやスーパーの客にその自作「パンフレット」を「読んで悔い改めよ」（CW 164）と迫るのだが、このスーパーの駐車場での衆人環視のシーンは、前述の「アキコ」の校庭での立ち回りを彷彿させる。

このように、これらの人物と「アキコ」のとっぴ（に見える）行動の外面的な類似性が示唆される一方で、三時の男やマノア・ウォーカーの奇矯な振る舞いの内にある心理や、その行動要因をなすであろう彼らの過去が、読者に開示されることはない。たとえばマノア・ウォーカーも「アキコ」もともに宗教に傾倒しているが、「アキコ」とは異なり、マノア・ウォーカーがそうする理由は小説には記されない。そのため、これら登場人物は、たとえ彼らの精神に破損を引き起こした（であろう）壮絶で悲痛な過去があったとしても、それらの出来事や彼らの心の傷はわからないまま、多くの読者にとっては半ば正気を失った「変人」「奇人」（としか見えない人物）として、「アキコ」が戦争犠牲者として付与される精神性を剝奪されたまま、小説空間に留まり続けるのである。

ケラーは、三時の男やマノア・ウォーカーの奇矯な行動を、小説が「アキコ」に投じた二重視線を介して見つめ直させることで、これらの人物の内面や苦悩に対する私たち読者の認知の欠損を逆照射しているのである。『慰安婦』という小説は、当初は見えなかった「アキコ」の苦しみを可視化する過程で、現在進行形の見えないものの存在と、私たち読者の視点の限界もまた指し示す。小説は「アキコ」の「慰安婦」としての心的外傷と、三時の男やマノア・ウォーカーの「単なる奇人変人的振る舞い」との間に序列を保持する一方で、同時にその序列に疑問をもたない読者の認知の欠損に対しても、疑問を投げかけるのである。

7 「特攻」の再表象と他者の馴致

その一方で、『慰安婦』と『おばさん』で、「母」がともに「戦争の犠牲者」として回復されていることは、これら二小説に共通する他者の馴致という問題も提起する。もちろん、両小説での「戦争犠牲者」の表象は、従来の主流北米言説でアジアが「危険で不可解なもの」とみなされてきたことへの対抗言説である。その半面、いずれの小説でも「純粋犠牲者」としてのみ描かれる母は、北米社会や読者にとって「受け入れ可能な他者」として、ある種馴致された存在となる危険も示す。

日系新二世の映画監督リサ・モリモトは、二〇〇七年公開のドキュメンタリー映画『特攻』で、従来北米では「理解不能な怪物的他者」とされてきた旧日本軍特攻兵の再表象を試みている。[27] ニューヨークで生まれ、「カミカゼ」を「狂った自爆テロリスト」以外のなにものでもないと信じて育ったモリモトは、日本に住むいとこから他界した叔父が特攻兵として訓練を受けていたことを聞き、衝撃を受けた。アメリカ人として自らが抱いていた「カミカゼ」のイメージと、優しく温厚だった叔父とのギャップに困惑したモリモトは、その隔たりを埋めるべく渡日し、特攻隊生存者への聞き取りをおこなうというのが『特攻』の大まかなストーリーである。映画は、モリモトがアメリカ的視点から「当たり前」と信じてきた「狂信的な自爆テロ」の「カミカゼ」が、実は人間的葛藤を抱えた存在であり、ときに国家や社会への「使命感」や仲間への忠誠心に駆り立てられ、またときに当時の教育や社会状況によって追い込まれ、国家に強制された存在だったことを示し、それによって、オリエンタリズムの対極にある特攻兵の複雑な心理を描き出していく。

このようなモリモトの試みは、北米オリエンタリズム言説が保持してきた「非人間的な殺人兵器」としての「カミカゼ」を、人間的存在として描くことで旧来のステレオタイプから救出するものであり、その重要性は当然高く評価されなければならない。また、特攻のような自爆行為は「アメリカにもあった」「追い詰められれば、アメリカ軍も自爆作戦をおこなっただろう」と語る元アメリカ兵の証言を通して、日本特殊論としての「カミカゼ」像や、現在進行形で怪物化されているイスラム・テロリストの表象に異議申し立てをおこなっていることの意義も計り知れない[28]。しかし、そのような有用な介入の一方で、『特攻』には、主流アメリカ人観客にとって受容がより困難な、たとえば靖国神社に集って日本の軍国主義を礼賛してはばからない「理解不能な元日本兵」は一人も描かれていないことも、また確認が必要だろう（加えて言えば、『特攻』には、朝鮮人特攻兵への言及もない）。モリモトが描く、人間的で反戦平和を支持する日本人元特攻兵が、オリエンタリズムが流布してきた非西洋的野蛮さの象徴としてのカミカゼへの対抗表象として機能する一方で、その一面的な表象は、他者の単純化や馴致に陥る危険性もまた示しているように思われるのである。

コガワとケラーの小説における母の表象も、モリモトの特攻兵と同様に、『ノーノー・ボーイ』に描かれたような、アジア人移民女性を怪物化する「ファリック・マザー」の書き直しであることは改めて強調したい。しかし同時に、戦争の犠牲者として（だけ）表象される母は、主流北米社会にとって理解がより困難な、たとえばオカダの小説の母親像のように、日本の敗戦を認めず、北米でのレイシズムへの反発から軍事帝国としての祖国を美化し、理想化した末に精神を破綻させた「日系移民」を、変わらぬ理解の枠外にとめおく危険も示すのではないか。それは現代で言えば、欧米社会への絶望からISに参加するイスラム系市民や、より身近な事例で言えば、「慰安婦」制度を中韓欧米の陰謀だと決めつけて反発するGAHT（歴史の真実を求める世界連合会）といった在米右翼集団の姿とも重なるかもしれない。

コガワやケラーによる、北米オリエンタリズムが産出した「怪物的アジア人の母」の書き直しとしての「母の再表象」は高く評価されるべきである一方で、二つの小説における母が「女性化され、人種的刻印を付された母国」の体現だとすれば、これらのテクストは、祖国をオリエンタリズムの烙印から救出するための主流社会との交渉で、それを「差異の脅威がそぎ落とされた[29]」「安全な他者」として再表象する危険もまた示しているように思われるのである。

アメリカのアジア系研究者でピューリツァー賞作家でもあるヴィエット・グエンは、アジア系アメリカ研究での「南ベトナム人元兵士」という困難に言及する[30]。すなわち、ベトナム反戦運動を嚆矢とし、反戦左派思想を基本理念として発展したアジア系アメリカ研究にとって、南ベトナム人兵士はアメリカ軍事帝国主義の犠牲者であると同時に、彼らの好戦的で反共主義的な思想と加害者としての側面が、アジア系アメリカ研究という学問分野が規定してきた「被害者像」に亀裂を生じさせるものだからである。ベトナムへのアメリカの軍事介入を正当化し、アメリカ人のベトナム帰還兵らとともに「退役軍人の日」を祝い、パレードに参加する彼らは、在米アジア系研究を含むアメリカ左派が理想とする「ベトナム人被害者」には合致しない「ベトナム人被害／加害当事者」である。「在米アジア系」の当事者の体験を研究対象とするアジア系アメリカ研究が、そのような矛盾に満ちた「アジア系アメリカ人当事者」とどう向き合うべきかというグエンの問いかけは、対日協力者である「加害者」を主人公に「慰安婦」制度の暴力を描いたチャンネ・リーの問題提起とも共振するように見える。さらにそれは、ウェスリー・ウエウンテンが語る、「慰安婦」制度を「中国の陰謀」と呼び、安倍政権や沖縄での米軍新基地建設を支持してはばからない在米沖縄系アメリカ人というマイノリティの存在も思い起こさせる。[31] ウエウンテンやグエン、リーの問いかけは、他者の理解と表象において、自らの理想に合致しない当事者とどう向き合うのかという困難な問いとともに、その困難を、日米の戦争暴力の犠牲者やサバイバーに対する正義とどう結びつけていくかについても問いかけるのである。

注

(1) Nora Okja Keller, *Comfort Woman*, Penguin, 1997. 引用はすべてこの版からとし、ページ数は文中に記す。なお、翻訳はすべて引用者訳である。

（2）Nora Okja Keller, "Releasing the Story to the World: An Interview with Nora Okja Keller (2002)," Sep. 10, 2003. (http://www.coloredgirls.com/Otherviews/nok_interview.html)［二〇一七年三月八日アクセス］

（3）小説最終章で明かされる「アキコ」の本名は「キム・スンヒョ」だが、本書では主人公がこの日本帝国主義による暴力が刻印された名前を使い続けたことを踏まえ、第4章同様、この名をカッコ付きで使用する。

（4）『おばさん』での、母の沈黙の一端が、ナオミが日本語で書かれた手紙を読めないことに起因し、ナオミの読解能力の欠如がこの小説での意味の不在としての沈黙を作り出していることについては、Nakamura, *Attending the Languages of the Other* ほかで論じた。また、身体を、心的外傷の究極的で還元不能な（伝達の）場とする『おばさん』で、あやおばさんの沈黙が、身体によってしか表せないおばさんの心的損傷を、言語の不在によって逆説的に照らし出すものだということは、研究者によって指摘されてきた。詳細は、Heather Zwicker, "Canadian Women of Color in the New World Order: Marlene Nourbese Philip, Joy Kogawa, and Beatrice Culleton Fight Their Way Home," in Mickey Pearlman, ed., *Canadian Women Writing Fiction*, University Press of Mississippi, 1993, pp. 142-169; Nakamura, *Attending the Languages of the Other* ほか参照。

（5）Kang, "Conjuring 'Comfort Women,'" p. 27.

（6）前掲「宋さんと「支える会」の一〇年」六二ページ。李文子「甲第四八号証陳述書」、前掲『オレの心は負けてない』所収、二五〇—二五二ページ

（7）James E. Young, *Writing and Rewriting the Holocaust: Narrative and the Consequences of Interpretation*, Indiana University Press, 1988.

(8) Chu, op. cit., p. 74.

(9) 前掲「宋さんと「支える会」の一〇年」三五ページ

(10) キル・ユンヒョン「[ルポ] 韓国社会が忘れた最初の慰安婦証言者…その名はペ・ポンギ」「ハンギョレ」二〇一五年八月十六日(http://japan.hani.co.kr/arti/politics/21570.html)[二〇一七年二月二十七日アクセス]

(11) Wong, *Sugar Sisterhood*, p. 189.

(12) マキシーン・ホン・キングストンの古典的小説『ウォマン・ウォリアー』には、アメリカで「英語ができない」ことが「ゼロIQ」とみなされるというエピソードがある。アジア系アメリカ人の間では、往々にして、「英語力」がインサイダーとアウトサイダーを分ける基準となってきた(Kingston, *op. cit.*)。

(13) 初期の『おばさん』批評に支配的だった、この小説での「沈黙」をただ単に乗り越えるべきものとして一義的に理解する読解の単純化については、Gayle K. Fujita, "'To Attend the Sound of Stone': The Sensibility of Silence in *Obasan*," *MELUS*, 12(3), 1985, pp. 33-42; Cheung, *op. cit.* を参照。本章の注(4)もあわせて参照のこと。

(14) 前掲「宋さんと「支える会」の一〇年」三五ページ

(15) ローラ・カンは、初期の在米「慰安婦」言説に頻出した「声を与える」という表現に異を唱え、それが、非西洋の父権制下ですでに声を上げている被害当事者の行為主体性を無視するものだと批判した(Kang, "Conjuring 'Comfort Women.'")。

(16) Anne Anlin Cheng, *The Melancholy of Race: Psychoanalysis, Assimilation, and Hidden Grief*, Oxford University Press, 2001, p. 75.

(17) Kun Jong Lee, "Princess Pari in Nora Okja Keller's *Comfort Woman*," in Chungmoo Choi, ed., *The Comfort Women: Colonialism, War, and Sex*, special issue of *positions: east asia cultures critique*, 12 (2), 2004, pp. 432-444. 以下、ページ数は本文に記す。

(18) Nora Okja Killer and Martha Cinader, "Nora Okja Killer Interview by Martha Cinader,"Jun. 1997. (http://www.planetauthority.com/AuthorInterviews/keller.html)［二〇一七年三月一日アクセス］

(19) 中幸月「韓国系作家の描く従軍「慰安婦」という主題」、アジア系アメリカ文学研究会編『アジア系アメリカ文学――記憶と創造』所収、大阪教育図書、二〇〇一年、一一三ページ

(20) その意味で、韓国での「シャーマニズム」は、日本や欧米の帝国主義支配への抵抗の歴史を刻むものだという指摘がある。加藤敬によれば、巫祭は、日本植民地統治下では「集団謀議を恐れた」日本政府による禁圧の対象となり、さらに、趙興胤は、解放後の韓国でも欧米の近代的価値体系のなかで「恥ずべき原始的な迷信」として排除の対象とされたと述べている。加藤敬写真・文『万神――韓国のシャーマニズム』（アジア民俗写真叢書）、平河出版社、一九九〇年、一四〇ページ、趙興胤、小川晴久監修、李恵玉編訳『韓国の巫――シャーマニズム』彩流社、二〇〇二年、一五六ページ

(21) David Palumbo-liu, *Asian/American: Historical Crossing of a Racial Frontier*, Stanford University Press, 1999, pp. 410-411. パランボ＝リュウは、この批判を、二世による移民の表象を称賛する「タイム」誌の記事への反論として提出するのだが、その記事のなかで移民英語が「騒々しい雑音《ノイジー・ディン》」と呼ばれていることも留意したい（"Fresh Voices Above the Noisy Din," *Time*, Jun. 3, 1991, pp. 66-67)。

(22)『慰安婦』が出版された一九九〇年代後半のアジア系文学で、たとえばカレン・テイ・ヤマシタの『オレンジ回帰線』に見られるような、移民の語りを主流北米言説にあふれる「滑稽な移民英語《ピジン》」ではない、新たな「移民英語《ピジン》」で表象する試みが模索されていたことを想起すれば、ここでケラーがあ

えて「アキコ」の言葉にそのような移民英語を用いない理由も納得できる（Karen Tei Yamashita, *Tropic of Orange*, Coffee House Press, 1997）。

（23）「挺身隊」という語と「慰安婦」の「混同」については、二〇一四年の「朝日新聞」による「慰安婦」報道検証以来、日本でも大きく批判を浴びてきた。ただし、一九九一年の金学順の会見にも見られるように、九〇年代初頭の韓国では「挺身隊」という言葉が「慰安婦」と同義的に使われていたことも確認する必要がある。前掲『抵抗の拠点から』七四ページの植村隆のインタビューなどを参照。

小説では、巫堂の守護神で、母を見つけ出し救出する朝鮮口伝民話の孝行娘「バリ姫」がベッカにとってのあるべき理想形として言及されていることも想起される。バリ姫が、母の口ずさむ歌を手掛かりに魚に姿を変えられた母を見つけ出したように、ベッカも「挺身隊」という「母の言葉」を聞き取り、それによって母を理解するのであれば、このエピソードに母の救済者としての娘の願望を読み取ることも可能だろう。

（24）アビナ・ブシアとの会話による。ここに示される「他者の言語の引用不可能性」については、前述の『おばさん』にも当てはまり、多くの書簡の引用からなる『おばさん』という小説で唯一直接的に引用されないのは、日本語という他者の言語でつづられた、グランマの被爆を語る手紙だということも想起される。

（25）前掲「宋さんと「支える会」の一〇年」六二ページ

（26）その意味では、ケラーや後述のリーの小説で、「慰安婦」とされた女性が、両班など上流階級出身者として設定されていることも偶然ではないかもしれない。

（27）Risa Morimoto, dir., *Wings of Defeat (Tokko)*, Linda Hoagland prod., Edgewood Pictures, 2007, USA. 同様に、日系二世詩人のミツエ・ヤマダも、一九八八年発表の「従兄」という詩で、カミカゼ

の再表象を試みている（Mitsuye Yamada, "My Cousin," in *Desert Run: Poems and Stories*, Kitchen Table, 1988, p. 71)。

（28）モリモトとともに『特攻』の制作に携わったプロデューサーのリンダ・ホーグランドは、アメリカ政府によるイラク・アフガニスタンへの軍事介入という「理不尽な戦争」への怒りが映画制作の原動力だったと述べ、さらに『特攻』のなかで流される「同期の桜」の歌詞の一部である「国のため」を、通常の翻訳表現（"for one's country"）ではなく、イラク戦争に関連してアメリカで用いられた「ホームランド（homeland）」という戦争言語を用いて英訳したと述べている。Risa Morimoto, dir., *Wings of Defeat (Tokko)* (Pony Canyon, 2008, USA, DVD) 収録のインタビューを参照。同様に、日系詩人ミツエ・ヤマダによる「特攻」の再表象でも、ウィルフレッド・オーウェンの詩の一部「国のために死ぬことは甘美で適切である（It is sweet and fitting to die for one's country）」が引用されていて、日本特殊主義としての「特攻」という概念に異を唱えている。モリモトとヤマダによる「特攻」の再表象については、Nakamura, *Attending the Languages of the Other* および中村理香「砂漠・翻訳・他者——Mitsuye Yamada 補償請求後作品にみる他者の介入と「連結」への試み」（「アジア系アメリカ文学研究」第八号、アジア系アメリカ文学研究会、二〇〇二年、四五—五六ページ）を参照。

（29）Todd, op. cit., pp. 24-33.

（30）Viet Thanh Nguyen, "Refugee Memories and Asian American Critique," *positions: asia critique*, 20 (3), 2012, pp. 911-942.

（31）複数の個人的な会話による。その際にウエウンテンが、「慰安婦」制度を否定する右派思想の在米沖縄人も、政治的信条とは別に「コミュニティのメンバー」であり、切り捨てることはできないと語ったことを付記したい。

初出一覧

初出は以下のとおりである。各論考は、第4章を除いて、本書執筆にあたって大幅に加筆・修正した。

はじめに
書き下ろし

序章　二つの戦争展と被害／加害の記憶
書き下ろし

第1部　アジア系アメリカと「慰安婦」言説――「日米二つの帝国」という語り

序　「特集号」・決議案・追悼碑――アジア系アメリカの三つの応答
第1章　アメリカで日本軍「慰安婦」問題を言説化すること――「特集号」の問いかけ
書き下ろし

第2章　二つのリドレス――マイク・ホンダとアメリカの正義の限界
書き下ろし

第3章　（不）在を映し出す場としての在米「慰安婦」追悼碑《メモリアル》
書き下ろし

第2部　複数の暴力と連結が開く可能性――日系とコリア系北米作家の描く「祖国《アジア》の戦争」

序

第4章　「二つの帝国」と「脱出・救済物語」の領有／攪乱――ノラ・オッジャ・ケラーの『慰安婦』

・「女・家族・国家／ディアスポラ――ノラ・オッジャ・ケラーの『従軍慰安婦』にみる「二つの帝国」と脱出記《エスケープ・ナラティヴ》の攪乱」、松本昇／広瀬佳司／吉田美津／桧原美恵／吉岡志津世編『越境・周縁・ディアスポラ――三つのアメリカ文学』所収、南雲堂フェニックス、二〇〇五年、三一六―三三一ページ

・The Mother's Story: Narrating the Two Empires, Re-narrating "Rescue/ Escape Narratives," Chapter 3, *Attending the Languages of the Other: Recuperating "Asia," Abject, Other in Asian North American Literature*, dissatation, Rutgers, the State University of New Jersey, 2009, pp. 159-209.

第5章　「加害者の物語」――チャンネ・リーの『最後の場所で』が示す「慰安婦」像と「正しくない被害者」の心的損傷

書き下ろし

第6章　国家記憶の統合／断絶としての人種暴力――ジョイ・コガワの『おばさん』における長崎・強制収容・先住民

・「「政治言説」としての小説テクスト――ジョイ・コガワ、*Obasan* におけるアクティヴィズム・文学・国家」「アメリカ研究」第三十八号、日本アメリカ学会、二〇〇四年、二一九―二三六ページ

・Attending the Languages of the Other: Recuperating the Abject/ "Asia" in Joy Kogawa's *Obasan*, Chapter 2, *Attending the Languages of the Other: Recuperating "Asia," Abject, Other in Asian North American Literature*, dissatation, Rutgers, the State University of New Jersey, 2009, pp. 86-158.

第7章　祖国の惨苦を聞くということ――ノラ・オッジャ・ケラーの『慰安婦』が描く母の戦争と追悼という語り

・Reclaiming the Suffering of Her Ancestral Land: Attendance and Possession in Nora Okja Keller's *Comfort Woman*, Chapter 3, *Attending the Languages of the Other: Recuperating "Asia," Abject, Other in Asian North American Literature*, dissatation, Rutgers, the State University of New Jersey, 2009, pp. 159-209.

アメリカの日系人強制収容とセトラー・コロニアリズムに関する未収録論文

・「帝国の少数民族ということ――ミツエ・ヤマダの『砂漠の囲い』にみる「有色人植民者」言説と「日系市民権」再考」、松本昇／横田由理／稲木妙子編著『木と水と空と――エスニックの地平から』所収、金星堂、二〇〇七年、二八八―三〇四ページ

・「ジョイ・コガワ『おばさん』における先住民へのまなざしと「入植者市民権」という両義性」「多民族研究」第八号、多民族研究学会、二〇一五年、六八―八二ページ

引用参考文献

青木理『抵抗の拠点から――朝日新聞「慰安婦報道」の核心』講談社、二〇一四年
秋林こずえ「「沖縄戦と日本軍「慰安婦」展」解題」「女性・戦争・人権」第十二号、行路社、二〇一三年、七六―七九ページ
アクティブ・ミュージアム「女たちの戦争と平和資料館」編『軍隊は女性を守らない――沖縄の日本軍慰安所と米軍の性暴力 第十回特別展カタログ』アクティブ・ミュージアム「女たちの戦争と平和資料館」、二〇一二年
安海龍『オレの心は負けてない』制作：在日の慰安婦裁判を支える会、配給：在日の慰安婦裁判を支える会、二〇〇七年、日本、DVD
飯野正子『日系カナダ人の歴史』東京大学出版会、一九九七年
池田恵理子／戸崎賢二／永田浩三『NHKが危ない！――「政府のNHK」ではなく「国民のためのNHK」へ』あけび書房、二〇一四年
池谷薫『蟻の兵隊』制作：権洋子、配給：蓮ユニバース、二〇〇五年、日本
岩崎稔／長志珠絵「「慰安婦」問題が照らし出す日本の戦後」、成田龍一／吉田裕編『記憶と認識の中のアジア・太平洋戦争』(岩波講座アジア・太平洋戦争 戦後篇) 所収、岩波書店、二〇一五年
上野千鶴子『ナショナリズムとジェンダー』青土社、一九九八年
植村隆『真実――私は「捏造記者」ではない』岩波書店、二〇一六年
内海愛子／村井吉敬『シネアスト許泳の「昭和」――植民地下で映画づくりに奔走した一朝鮮人の軌跡』(シバシン文庫)、凱風社、一九八七年
内海愛子／韓国・朝鮮人BC級戦犯を支える会編『死刑台から見えた二つの国――韓国・朝鮮人BC級戦犯の証言』(「シリーズ・問われる戦後補償」第二巻)、梨の木舎、一九九二年
内海愛子『キムはなぜ裁かれたのか――朝鮮人BC級戦犯の軌跡』(朝日選書)、朝日新聞出版、二〇〇八年
大越愛子／井桁碧編著『戦後思想のポリティクス』(「戦後・暴力・ジェンダー」第一巻)、青弓社、二〇〇五年
大沼保昭『「慰安婦」問題とは何だったのか――メディア・NGO・政府の功罪』(中公新書)、中央公論新社、二〇〇七年

香川檀『想起のかたち――記憶アートの歴史意識』水声社、二〇一二年
加藤敬『万神――韓国のシャーマニズム』（アジア民俗写真叢書）、平河出版社、一九九〇年
川田文子『赤瓦の家――朝鮮から来た従軍慰安婦』筑摩書房、一九八七年
――『インドネシアの「慰安婦」』明石書店、一九九七年
姜徳相『朝鮮人学徒出陣――もう一つのわだつみのこえ』岩波書店、一九九七年
韓国挺身隊問題対策協議会・挺身隊研究会編『証言 強制連行された朝鮮人軍慰安婦たち』従軍慰安婦問題ウリヨソンネットワーク訳、明石書店、一九九三年
菊地夏野『ポストコロニアリズムとジェンダー』青弓社、二〇一〇年
木畑洋一『二〇世紀の歴史』（岩波新書）、岩波書店、二〇一四年
キル・ユンヒョン「[ルポ] 韓国社会が忘れた最初の慰安婦証言者…その名はペ・ポンギ」「ハンギョレ」二〇一五年八月十六日（http://japan.hani.co.kr/arti/politics/21570.html）［二〇一七年二月二十七日アクセス］
金富子／中野敏男編著『歴史と責任――「慰安婦」問題と一九九〇年代』青弓社、二〇〇八年
小山エミ「グレンデール市従軍「慰安婦」碑の撤去を求める訴訟をめぐって 大日本帝国を擁護する動きに反発を強める日系米国人」「金曜日」二〇一四年十月二十九日号、金曜日
――「米国における「慰安婦」像と日系社会」、「特集 日本軍「慰安婦」問題をどうとらえるか」「戦争責任研究」第八十三号、日本の戦争責任資料センター、二〇一四年
――「世界の日本研究者ら百八十七名による「日本の歴史家を支持する声明」の背景と狙い」「シノドス」（http://synodos.jp/international/13990）［二〇一七年三月十五日アクセス］
――「アメリカ「慰安婦」碑設置への攻撃」、山口智美／能川元一／テッサ・モーリス－スズキ／小山エミ『海を渡る「慰安婦」問題――右派の「歴史戦」を問う』所収、岩波書店、二〇一六年、四三―四四ページ
在日の慰安婦裁判を支える会編『オレの心は負けてない――在日朝鮮人「慰安婦」宋神道のたたかい』樹花舎、二〇〇七年
酒井啓子「被爆国と中東――痛みに違いはあるのか」、「思考のプリズム」「朝日新聞」二〇一六年六月八日付
白井洋子『ベトナム戦争のアメリカ――もう一つのアメリカ史』（刀水歴史全書）、刀水書房、二〇〇六年
申幸月「韓国系作家の描く従軍「慰安婦」という主題」、アジア系アメリカ文学研究会編『アジア系アメリカ文学――記憶と創

造』所収、大阪教育図書、二〇〇一年、一一三ページ
新城郁夫『到来する沖縄――沖縄表象批判論』インパクト出版会、二〇〇七年
――『攪乱する島――ジェンダー的視点』(「沖縄・問いを立てる」第三巻)、社会評論社、二〇〇八年
新藤健一責任編集『検証・ニコン慰安婦写真展中止事件――日韓対訳』(vita SANGAKUSHA)、産学社、二〇一二年
ストーン、オリバー／ピーター・カズニック／乗松聡子『よし、戦争について話をしよう。戦争の本質について話をしようじゃないか！――オリバー・ストーンが語る日米史の真実 二〇一三年来日講演録広島 長崎 沖縄 東京』金曜日、二〇一四年
0328集会実行委員会(金富子／外村大／中野敏男／西成彦／本橋哲也)「「慰安婦問題」にどう向き合うか――朴裕河氏の論著とその評価を素材に 研究集会記録集」(http://www.0328shuukai.net/pdf/0328shuukaikiroku.pdf)［二〇一七年三月一日アクセス］
蘇貞姫サラ「帝国日本の「軍慰安制度」論」、倉沢愛子／杉原達／成田龍一／テッサ・モーリス‐スズキ／油井大三郎／吉田裕編『戦争の政治学』(「岩波講座アジア・太平洋戦争」第二巻)所収、岩波書店、二〇〇五年
宋連玉／金栄編著『軍隊と性暴力――朝鮮半島の二十世紀』現代史料出版、二〇一〇年
高里鈴代「日本軍「慰安婦」と今――なぜ沖縄から問い直すのか」「女性・戦争・人権」第十二号、行路社、二〇一三年、七〇―七五ページ
高實康稔「長崎の戦争・原爆記念物批判」、「原爆と防空壕」刊行委員会編著『原爆と防空壕――歴史が語る長崎の被爆遺構』所収、長崎新聞社、二〇一二年
竹沢泰子『日系アメリカ人のエスニシティ――強制収容と補償運動による変遷』東京大学出版会、一九九四年(新装版：二〇一七年)
田中裕介「日本の戦争責任とカナダのエスニック・マイノリティ運動――一九九一年から二〇一一年までの軌跡」、「特集 性奴隷制とは何か」「戦争責任研究」第八十四号、日本の戦争責任資料センター、二〇一五年、五〇―五九、七三ページ
趙興胤、小川晴久監修、李恵玉編訳『韓国の巫――シャーマニズム』彩流社、二〇〇二年
鄭栄桓『忘却のための「和解」――『帝国の慰安婦』と日本の責任』世織書房、二〇一六年
土井敏邦『〝記憶〟と生きる』制作：きろくびと、配給：きろくびと、二〇一五年、日本
――『〝記憶〟と生きる――元「慰安婦」姜徳景の生涯』大月書店、二〇一五年

「特集 NHK番組改変と女性国際戦犯法廷」「インパクション」第百四十六号、インパクト出版会、二〇〇五年
徳留絹枝／Honda Michael「米下院議員マイケル・ホンダ氏に聞く 日本の謝罪は正式なものとは言えません」「論座」二〇〇七年六月号、朝日新聞社、七六―八二ページ（Michael Honda and Kinue Tokudome, "The Japanese Apology on the 'Comfort Women' Cannot Be Considered Official: Interview with Congressman Michael Honda," *Japan Focus*, May. 31, 2007.〔http://apjjf.org/-Kinue-TOKUDOME/2438/article.html〕［二〇一五年十二月二十八日アクセス］
冨山一郎編『記憶が語りはじめる』（ひろたまさき／キャロル・グラック監修「歴史の描き方」第三巻）、東京大学出版会、二〇〇六年
中野聡『歴史経験としてのアメリカ帝国――米比関係史の群像』岩波書店、二〇〇七年
中村理香「砂漠・翻訳・他者――Mitsuye Yamada 補償請求後作品にみる他者の介入と「連結」への試み」「アジア系アメリカ文学研究」第八号、アジア系アメリカ文学研究会、二〇〇二年、四五―五六ページ
――「植民地化される男たち――『M・バタフライ』における抵抗と支配としての非／本質主義」、小森陽一編『ネイションを超えて』（小森陽一／富山太佳夫／沼野充義／兵藤祐己／松浦寿輝編「岩波講座 文学」第十三巻）所収、岩波書店、二〇〇三年、一八九―二〇五ページ
――「「政治言説」としての小説テクスト――ジョイ・コガワ、*Obasan* におけるアクティヴィズム・文学・国家」「アメリカ研究」第三十八号、日本アメリカ学会、二〇〇四年、二一九―二三六ページ
――「帝国の少数民族ということ――ミツエ・ヤマダの『砂漠の囲い』にみる「有色人入植者」言説と「日系市民権」再考」、松本昇／横田由理／稲木妙子編著『木と水と空と――エスニックの地平から』所収、金星堂、二〇〇七年、二八八―三〇四ページ
――「アジア系アメリカ文学および研究にみる他世界との交渉――「アジア系ポストコロニアル批評」の可能性」、山本秀行／村山瑞穂編、植木照代監修『アジア系アメリカ文学を学ぶ人のために』所収、世界思想社、二〇一一年、三一八―三三九ページ
――「損傷を「言葉」にすること――『おばさん』における運動言説（アクティヴィズム）と外傷（トラウマ）言語」、小林富久子監修、石原剛／稲木妙子／原恵理子／麻生享志／中垣恒太郎編『憑依する過去――アジア系アメリカ文学におけるトラウマ・記憶・再生』所収、金星堂、二〇一四年、八一―九四ページ

――「ジョイ・コガワ『おばさん』における先住民へのまなざしと「入植者市民権」という両義性」「多民族研究」第八号、多民族研究学会、二〇一五年、六八―八二ページ
長崎在日朝鮮人の人権を守る会編『原爆と朝鮮人』第一―七集、長崎在日朝鮮人の人権を守る会、一九八二―二〇一四年
――編著『朝鮮人被爆者――ナガサキからの証言』社会評論社、一九八九年
成田龍一「現代社会の中の戦争像と戦後像」、前掲『記憶と認識の中のアジア・太平洋戦争』所収
西野瑠美子／小野沢あかね責任編集、「戦争と女性への暴力」リサーチ・アクション・センター編『日本人「慰安婦」――愛国心と人身売買と』現代書館、二〇一五年
西野瑠美子／東海林路得子責任編集、「戦争と女性への暴力」日本ネットワーク編『暴かれた真実NHK番組改ざん事件――女性国際戦犯法廷と政治介入』現代書館、二〇一〇年
日本の戦争責任資料センター編『ナショナリズムと「慰安婦」問題――シンポジウム』青木書店、一九九八年（新装版：二〇〇三年）
乗松聡子「設置反対の運動で試される多文化共存社会――カナダで「慰安婦像」の動き」「週刊金曜日公式サイト」二〇一五年五月八日（http://www.kinyobi.co.jp/kinyobinews/?p=5166）［二〇一六年六月一四日アクセス］
――「「慰安婦」問題「日韓合意」を批判する――カナダの視点」「Peace Philosophy Centre」（http://peacephilosophy.blogspot.jp/2016/05/a-canadian-perspective-on-japan-korean.html）［二〇一六年六月十四日アクセス］
『日本軍性奴隷制を裁く――二〇〇〇年女性国際戦犯法廷の記録』第一巻、内海愛子／高橋哲哉責任編集『戦犯裁判と性暴力』緑風出版、二〇〇〇年
『日本軍性奴隷制を裁く――二〇〇〇年女性国際戦犯法廷の記録』第二巻、池田恵理子／大越愛子責任編集『加害の精神構造と戦後責任』緑風出版、二〇〇〇年
『日本軍性奴隷制を裁く――二〇〇〇年女性国際戦犯法廷の記録』第三巻、金富子／宋連玉責任編集『「慰安婦」戦時性暴力の実態Ⅰ――日本・朝鮮・台湾編』緑風出版、二〇〇〇年
『日本軍性奴隷制を裁く――二〇〇〇年女性国際戦犯法廷の記録』第四巻、西野瑠美子／林博史責任編集『「慰安婦」戦時性暴力の実態Ⅱ――中国・東南アジア・太平洋編』緑風出版、二〇〇〇年
朴寿南『もうひとつのヒロシマ』制作：アリランのうた製作委員会、一九八六年、日本、ＤＶＤ

――『アリランのうた――オキナワからの証言』制作：アリランのうた製作委員会、一九九一年、日本、ＤＶＤ
朴和美「性の二重規範から「軍隊慰安婦問題」を読み解く」、尹貞玉ほか『朝鮮人女性が見た「慰安婦問題」――明日をともに創るために』所収、三一書房、一九九二年、二〇七―二二九ページ
朴裕河『和解のために――教科書・慰安婦・靖国・独島』佐藤久訳（平凡社ライブラリー）、平凡社、二〇一一年
――『帝国の慰安婦――植民地支配と記憶の闘い』朝日新聞出版、二〇一四年
樋口雄一『皇軍兵士にされた朝鮮人――一五年戦争下の総動員体制の研究』社会評論社、一九九一年
平野伸人編『海の向こうの被爆者たち――在外被爆者問題の理解のために』八月書館、二〇〇九年
前田朗編『「慰安婦」問題の現在――「朴裕河現象」と知識人』三一書房、二〇一六年
松井やより／西野瑠美子／金富子／林博史／川口和子／東澤靖責任編集『女性国際戦犯法廷の全記録Ⅰ』（VAWW-NET Japan編「日本軍性奴隷制を裁く――二〇〇〇年女性国際戦犯法廷の記録」第五巻）、緑風出版、二〇〇二年
――『女性国際戦犯法廷の全記録Ⅱ』（VAWW-NET Japan編「日本軍性奴隷制を裁く――二〇〇〇年女性国際戦犯法廷の記録」第六巻）、緑風出版、二〇〇二年
マッカーシー、メアリー「米社会の見方知り対話を」「朝日新聞」二〇一六年五月十四日付
村上陽子『出来事の残響――原爆文学と沖縄文学』インパクト出版会、二〇一五年
文玉珠語り、森川万智子構成・解説『文玉珠 ビルマ戦線楯師団の「慰安婦」だった私――歴史を生きぬいた女たち 新装増補版』（「教科書に書かれなかった戦争」第二十二巻）、梨の木舎、二〇一五年
メディアの危機を訴える市民ネットワーク編『番組はなぜ改ざんされたか――「ＮＨＫ・ＥＴＶ事件」の深層』一葉社、二〇〇六年
目取真俊『眼の奥の森』影書房、二〇〇九年
モチヅキ、マイク「「忘れない」と言い続けよう」「朝日新聞」二〇一四年八月六日付
森達也／鈴木邦男／宮台真司ほか『映画「靖国」上映中止をめぐる大議論』創出版、二〇〇八年
森川万智子「ビルマに連れて行かれた文玉珠さんの足跡――日本軍占領期のビルマと日本軍慰安所」二〇一六年十月十日、ｗａｍ第十四回特別展・特別セミナー
山下英愛『ナショナリズムの狭間から――慰安婦問題へのもうひとつの視座』明石書店、二〇〇八年

山口知子「大衆文学――「越境」のみえる場所」、前掲『アジア系アメリカ文学を学ぶ人のために』所収
山口智美／小山エミ「米国の日本人や日系人コミュニティは、「慰安婦」問題をどう受け止めているのか？」、日本軍「慰安婦」問題webサイト制作委員会編、岡本有佳／金富子責任編集『〈平和の少女像〉はなぜ座り続けるのか』（FJムック）所収、世織書房、二〇一六年
山口智美／能川元一／テッサ・モーリス－スズキ／小山エミ『海を渡る「慰安婦」問題――右派の「歴史戦」を問う』岩波書店、二〇一六年
梁澄子「慰安婦たちの今」、尹貞玉ほか『朝鮮人女性が見た「慰安婦問題」――明日をともに創るために』（三一新書）所収、三一書房、一九九二年
――「宋さんと「支える会」の一〇年」、在日の慰安婦裁判を支える会編、前掲『オレの心は負けてない』
――「宋さんは「漲る生命力」で生き抜き、証言活動に誇り」、李修京編『海を越える一〇〇年の記憶――日韓朝の過去清算と争いのない明日のために』所収、図書新聞、二〇一一年
――「WHRサポーターズ・ニュースレター」二〇一四年八月二日号
油井大三郎『日米戦争観の相剋――摩擦の深層心理』岩波書店、一九九五年
尹美香「戦時性暴力被害者の解放を夢見て行動するナビ（蝶）基金」、「特集 性奴隷制とは何か」「戦争責任研究」第八十四号、日本の戦争責任資料センター、二〇一五年
ユンカーマン、ジャン『沖縄うりずんの雨』制作：シグロ、配給：シグロ、二〇一五年、日本
吉田裕「戦争責任論の現在」、倉沢愛子／杉原達／成田龍一／テッサ・モーリス－スズキ／油井大三郎／吉田裕編『なぜ、いまアジア太平洋戦争か』（「岩波講座アジア・太平洋戦争」第一巻）所収、岩波書店、二〇〇五年
吉見義明『従軍慰安婦』（岩波新書）、岩波書店、一九九五年
米山リサ「核・レイシズム・植民地主義――「真実」と「和解」その〈差延〉のポリティクス」、坂本義和編『核を超える世界へ』（「核と人間」第二巻）所収、岩波書店、一九九九年
――『暴力・戦争・リドレス――多文化主義のポリティクス』岩波書店、二〇〇三年
――「二つの廃墟を越えて――広島、世界貿易センター、日本軍「慰安所」をめぐる記憶のポリティクス」小澤祥子／小田島勝浩訳、前掲『記憶が語りはじめる』所収

——「批判的フェミニズムと日本軍性奴隷制——アジア／アメリカからみる女性の人権レジームの陥穽」、前掲『歴史と責任』所収、二三五—二四九ページ
——「「文化戦争」における記憶をめぐる争い——トランス・パシフィックの視座から」、矢口祐人／森茂岳雄／中山京子編『真珠湾を語る——歴史・記憶・教育』所収、東京大学出版会、二〇一一年
リー、美穂・キム「歴史歪曲団体のアメリカ上陸を迎えて——アメリカ西海岸から国際連帯を考える」、「日本軍「慰安婦」被害を記憶するメモリアル建設運動inアメリカ——サンフランシスコとグレンデールの活動家を招いて」二〇一六年十一月六日、東京韓国YMCA
リーパー、スティーブン『アメリカ人が伝えるヒロシマ——「平和の文化」をつくるために』（岩波ブックレット）、岩波書店、二〇一六年
歴史学研究会／日本史研究会編『「慰安婦」問題を／から考える——軍事性暴力と日常世界』岩波書店、二〇一四年
和田春樹『アジア女性基金と慰安婦問題——回想と検証』明石書店、二〇一六年

Achebe, Chinua, *Things Fall Apart*, Heinemann, 1958.（アチェベ『崩れゆく絆』粟飯原文子訳〔光文社古典新訳文庫〕、光文社、二〇一三年）
Appy, Christian, “70 Years Later, We Still Haven’t Apologized for Bombing Japan,” *The Nation*, Aug. 4, 2015.
Beaurgarde, Guy, “After *Obasan*: Kogawa Criticism and Its Futures,” *Studies in Canadian Literature* 26(2), 2001, pp. 5-22.
Blow, Peter, dir., *Village of Widows: The Story of the Sahtu Dene and the Atomic Bomb*, Lindum Film, 1999.
Carroll, Hamilton, “Traumatic Patriarchy: Reading Gendered Nationalisms in Chang-rae Lee’s *A Gesture Life*,” *Modern Fiction Studies*, 51(3), 2005, pp. 592-616.
Caruth, Cathy, *Unclaimed Experience: Trauma, Narrative, and History*, Johns Hopkins University Press, 1996.
Cha, Theresa Hak Kyung, *Dictee*, The Third Women Press, 1982.
Chan, Jeffery Paul; Frank Chin; Lawson Fusao Inada and Shawn Wong, *Introduction*, in Jeffery Paul Chan, Frank Chin, Lawson Fusao Inada and Shawn Wong, eds., *The Big Aiiieeeee!: An Anthology of Chinese-American and Japanese-American Literature*, Meridan, 1991.

Chen, Kuan-Hsing, "Missile Internationalsim," in Kandice Chuh and Karen Shimakawa, eds., *Orientations: Mapping Studies in the Asian Diaspora*, Duke University Press, 2001.

——— *Asia as Method: Toward Deimperialization*, Duke University Press, 2010.

Cheng, Anne Anlin, *The Melancholy of Race: Psychoanalysis, Assimilation, and Hidden Grief*, Oxford University Press, 2001.

Cheng, Emily, "Meat and the Millennium: Transtional Politics of Race and Gender in Ruth Ozeki's *My Year of Meats*," *Journal of Asian American Studies*, 12(2), 2009, pp. 191-220.

Cheung, King-kok, *Articulate Silences: Hisaye Yamamoto, Maxine Hong Kingston, Joy Kogawa*, Cornell University Press, 1993.

——— "Pedagogies of Resonance: Teaching African American and Asian American Literature and Culture in Asia," in Noelle Brada-Williams and Karen Chow ed., *Crossing Oceans: Reconfiguring American Literary Studies in the Pacific Rim*, Hong Kong University Press, 2004, pp. 13-28.

Chiang, Mark, *The Cultural Capital of Asian American Studies: Autonomy and Representation in the University*, New York University Press, 2009.

Choi, Chungmoo, ed., *The Comfort Women: Colonialism, War, and Sex*, special issue of *positions: east asia culture critique*, 5(1), 1997.

——— "The Politics of War Memories toward Healing," in T. Fujitani, Geoffrey M. White and Lisa Yoneyama, eds., *Perilous Memories: The Asia-Pacific War(s)*, Duke University Press, 2001.

Chow, Rey, "Violence in the Other Country: China as Crisis, Spectacle, and Woman," in Chandra Talpade Mohanty, Ann Russo and Lourdes Torres, eds., *Third World Women and the Politics of Feminism*, Indiana University Press, 1991, pp. 81-100.

Chu, Patricia P, *Assimilating Asians: Gendered Strategies of Authorship in Asian America*, Duke University Press, 2000.

——— "'To Hide Her True Self': Sentimentality and the Search for an Intersubjective Self in Nora Okja Keller's *Comfort Woman*," in *Asian North American Identities: Beyond the Hyphen*, Indiana University Press, 2004, pp. 61-83.

Chuh, Kandice, "Imaginary Borders," in Kandice Chuh and Karen Shimakawa, eds., *Orientations*, pp. 275-295.

——— ed., *On Korean "Comfort Women,"* special issue of *Journal of Asian American Studies*, 6(1), 2003.

——— "Guest Editor's Introduction," *Ibid.*, pp. 1-4.

——— “Discomforting Knowledge, Or, Korean ‘Comfort Women’ and Asian Americanist Critical Practice,” *Ibid.*, pp. 5-24.

——— *Imagine Otherwise: On Asian Americanist Critique*, Duke University Press, 2003.

——— and Karen Shimakawa, eds., *Orientations: Mapping Studies in the Asian Diaspora*, Duke University Press, 2001.

Davis, Angela Y, “Rape, Racism, and the Myth of the Black Rapist,” in *Women, Race, and Class*, Random House, 1981, pp. 172-201.

Dudden, Alexis, *Troubled Apologies Among Japan, Korea, and the United States*, Columbia University Press, 2008.

——— “Korean Americans Enter the Historical Memory Wars on Behalf of the Comfort Women,” *Japan Focus: The Asia-Pacific Journal*, Jun. 17, 2012. (http://apjjf.org/-Alexis-Dudden/4731/article.html) [二〇一六年一月一日アクセス]

——— “Democratic Values and US Bases in Okinawa: Will the U.S. Practice the Democratic Values It Preaches in Okinawa?,” *The Diplomat*, Jan. 26, 2014.

Eng, David L. and Shinhee Han, “A Dialogue on Racial Melancholia,” *Psychoanalytic Dialogues*, 10(4), 2000, pp. 667-700. Reprinted in: David L. Eng and David Kazanjian, eds., *Loss: The Politics of Mourning*, University of California Press, 2002, pp. 343-371.

Fujikane, Candace, “Asian Settler Colonialism in Hawai‘i,” Candace Fujikane and Jonathan Y. Okamura, eds., *Whose Vision? Asian Settler Colonialism in Hawai‘i*, special issue of *Amerasia Journal*, 26(2), 2000, pp. xv-xxii.

——— “Sweeping Racism under the Rug of ‘Censorship’: The Controversy over Lois-Ann Yamanaka’s *Blu’s Hanging*,” in Fujikane and Okamura, *Whose Vision? Asian Settler Colonialism in Hawai‘i*, pp. 158-194.

Fujikane, Candace, and Jonathan Y. Okamura, eds., *Whose Vision? Asian Settler Colonialism in Hawai‘i*, special issue of *Amerasia Journal*, 26(2), 2000.

———, eds., *Asian Settler Colonialism: From Local Governance to the Habits of Everyday Life in Hawai‘i*, University of Hawai‘i Press, 2008.

Fujino, Diane Carol, *Heartbeat of Struggle: The Revolutionary Life of Yuri Kochiyama*, University of Minnesota Press, 2005.

Fujita, Gayle K, “‘To Attend the Sound of Stone’: The Sensibility of Silence in *Obasan*,” *MELUS*, 12(3), 1985, pp. 33-42.

Fujitani, T; Geoffrey M. White and Lisa Yoneyama, eds., *Perilous Memories: The Asia-Pacific War(s)*, Duke University Press,

2001.
Fujitani, Takashi, *Race for Empire: Koreans as Japanese and Japanese as Americans during World War II*, University of California Press, 2011.
Gibson, Dai-Sil Kim, "They Are Our Grandmas," Choi, ed., *op. cit.*, pp. 255-275.
Goto, Hiromi, *The Kappa Child*, Red Deer Press, 2001.
——— *Half World*, Viking, 2010.
Harwit, Martin, *An Exhibit Denied: Lobbying the History of Enola Gay*, Copernicus, 1996.（マーティン・ハーウィット『拒絶された原爆展——歴史のなかの「エノラ・ゲイ」』山岡清二監訳、渡会和子／原純夫訳、みすず書房、一九九七年）
Hirahara, Naomi, *Summer of the Big Bachi: A Mas Arai Mystery*, Random House, 2004.
——— *Sayonara Slam*, Prospect Park Books, 2016.
Hoaglund, Linda, Interview, in *Wings of Defeat (Tokko)*, directed by Risa Morimoto, Pony Canyon, 2008, U.S.A, DVD.
Honda, Mike, "Honda Testifies in Support of Comfort Women," Feb. 15, 2007.（https://honda.house.gov/news/press-releases/honda-testifies-in-support-of-comfort-women）［二〇一四年一月十八日アクセス］
Jin, Wen, "Toward a U.S.-China Comparative Critique: Indigenous Rights and National Expansion in Alex Kuo's *Panda Diaries*," in Paul Lai and Lindsey Claire Smith, eds., *Alternative Contact: Indigeneity, Globalism, and American Studies*, special issue of *American Quarterly*, 62(3), 2010.
Kang, Laura Hyun Yi, *Compositional Subjects: Enfiguring Asian/American Women*, Duke University Press, 2002.
——— "Conjuring 'Comfort Women': Mediated Affiliations and Disciplined Subjects in Korean/American Transnationality," Chuh, ed., *op. cit.*, pp. 25-55.
Keller, Nora Okja, *Comfort Woman*, Penguin, 1997.
——— *Fox Girl*, Marion Boyars, 2002.
——— and Martha Cinader, "Nora Okja Killer Interview by Martha Cinader,"Jun. 1997.（http://www.planetauthority.com/AuthorInterviews/keller.html）［二〇一七年三月一日アクセス］
——— "Releasing the Story to the World: An Interview with Nora Okja Keller (2002)," Sep. 10, 2003.（http://www.

coloredgirls.com/Otherviews/nok_interview.html)［二〇一七年三月八日アクセス］
Keller, Nora Okja and Young-Oak Lee, "Nora Okja Keller and the Silenced Woman: An Interview," *MELUS*, 28(4), 2003, pp. 145-165.
Keller, Nora Okja and Terry Hong, "The Dual Lives of Nora Okja Keller: An Interview by Terry Hong," *The Bloomsbury Review*, 22(5), 2002, pp. 13-14.
Kim, Elaine, *Asian American Literature: An Introduction to the Writings and their Social Context*, Temple University Press, 1982.
Kim, Elaine H., and Chungmoo Choi, eds., *Dangerous Women: Gender and Korean Nationalism*, Routledge, 1998.
Kim, Elaine H.; Lisa Lowe; Laura Hyun Yi Kang et al., *Writing Self, Writing Nation: A Collection of Essays on Dictee by Theresa Hak Kyung Cha*, Third Women Press, 1994.
Kim, Jodi, "Haunting History: Violence, Trauma, and the Politics of Memory in Nora Okja Keller's *Comfort Woman*," *Hitting Critical Mass*, 6(1), 1999.
Kogawa, Joy, *Obasan*, Anchor Books, 1981.（ジョイ・コガワ『失われた祖国』長岡沙里訳〔中公文庫〕、中央公論社、一九九八年）
——— *Itsuka*, Anchor Books, 1992.
——— *Emily Kato*, Penguin Canada, 2005.
——— "Is There a Just Cause?," *The Canadian Forum*, Mar.1984, pp. 20-24.
——— "Are We Victims or Victimizers?," *The Canadian Forum*, Nov. 1989, pp. 14-16.
——— "In writing I keep breathing, I keep living . . .," in Janice Rae Williamson, *Sounding Differences: Conversations with Seventeen Canadian Women Writers*, University of Toronto Press, 1993.
Kogawa, Joy, and Harold Ackerman, "Sources of Love and Hate: An Interview with Joy Kogawa," *American Review of Canadian Studies*, 1993, pp. 217-229.
Kogawa, Joy, and Jeanne Delbaere, "Interview with Jeanne Delbaere," *Kunapipi*, 16, 1994, pp. 460-464.
Kogawa, Joy, and Sally Ito, "Divine Abandonment: An Interview with Joy Kogawa," *Paragraph: The Canadian Fiction Review*,

18(2), 1996, pp. 3-6.

Kogawa, Joy, and Ruth Y. Hsu, "A Conversation with Joy Kogawa," *Amerasia Journal*, 22(1), 1996, pp. 199-216.

Kogawa, Joy, and Kathleen Donohue, "'Free-Falling' and 'Serendipity': An Interview with Joy Kogawa," *Canadian Children's Literature*, 84, 1996, pp. 34-46.

Kogawa, Joy, and Rocio Davis, "On Writing and Multiculturalism: An Interview with Joy Kogawa," *Commonwealth Essays and Studies*, 22(1), 1999, pp. 97-103.

Kogawa, Joy, and Cherry Clayton, "Interview with Joy Kogawa 'Kawaiso,'" *Canadian Ethnic Studies*, 34(2), 2002, pp. 106-116.

Kogawa, Joy, "The Cross-over Point When One Ceases to Be a Victim," Canadian Literature Association of Japan. Tokyo, June, 2002.

Kondo, Dorinne, "(Un)Disciplined Subjects: (De)Colonizing the Academy?," in Chuh and Shimakawa, eds., *op. cit.*, pp. 1-40.

Kono, S. Juliet, *Anshū: Dark Sorrow*, Bamboo Ridge Press, 2010.

Kurashige, Lon, "Asian American History across the Pacific," in Okihiro and Takezawa, eds., *Trans-Pacific Japanese American Studies*, pp. 378-384.

Kwon, Nayoung Aimee, *Intimate Empire: Collaboration and Colonial Modernity in Korea and Japan*, Duke University Press, 2015.

Lai, Paul and Lindsey Claire Smith, eds., *Alternative Contact: Indigeneity, Globalism, and American Studies*, special issue of *American Quarterly*, 62(3), 2010.

Lee, Chang-rae, *Native Speaker*, Riverhead Books, 1995.

——— *A Gesture Life*, Riverhead Books, 1999.（チャンネ・リー『最後の場所で』高橋茅香子訳〔Crest books〕、新潮社、二〇〇二年）

——— *The Surrendered*, Riverhead Books, 2011.

——— "Adopted Voice: An Interview with Chang-rae Lee," *The New York Times*, Sep. 5, 1999.（http://www.nytimes.com/books/99/09/05/reviews/990905.05garnet.html）［二〇一三年四月二日アクセス］

——— "A Gesture Life by Chang-rae Lee + Author Interview," Nov. 15, 2000.（http://smithsonianapa.org/bookdragon/

a-gesture-life-by-chang-rae-lee-author-interview/)〔二〇一三年四月二日アクセス〕
——— "The Beatrice Interview: Chang-Rae Lee 'I'm a fairly conventional guy, but I'm bored with myself a lot.'" (http://www.beatrice.com/interviews/lee/)〔二〇一三年四月二日アクセス〕
Lee, Chang-rae and Kenneth Quan, "Chang-rae Lee: Voice for a New Identity," *Asia Pacific Arts*, Apr. 12, 2004. (http://www.asiaarts.ucla.edu/article.asp?parentid=11432)〔二〇一三年四月二日アクセス〕
Lee, Chang-rae and Sarah Anne Johnson, "An Interview with Chang-rae Lee," *Association of Writers & Writing Programs* (May/Summer 2005) (https://www.awpwriter.org/magazine_media/writers_chronicle_view/2464/an_interview_with_chang-rae_lee)〔二〇一六年九月二十五日アクセス〕
Lee, Kun Jong, "Princess Pari in Nora Okja Keller's *Comfort Woman*," in Choi, ed., pp. 431-456.
Lee, So-Hee, "A Study of First-Person Narrative in *Comfort Woman*: From a Perspective of Women's Speaking and Writing," *Feminist Studies in English Literature*, 10(2), 2002, pp. 163-188.
Li, David Leiwei, *Imagining the Nation: Asian American Literature and Cultural Consent*, Stanford University Press, 1998.
Lowe, Lisa, *Immigrant Acts: On Asian American Cultural Politics*, Duke University Press, 1996.
Lum, Wing Tek, *The Nanjing Massacre: The Poems*, Bamboo Ridge Press, 2013.
Martin, Biddy and Chandra Talpade Mohanty, "Feminist Politics: What's Home Got to Do With It?," in Teresa De Lauretis, ed., *Feminist Studies/ Critical Studies*, Indians University Press, 1986, pp. 191-212.
McFalane, Scott Toguri, "Covering Obasan and the Narrative of Internment," in Gary Y Okihiro et al., eds., *Privileging Positions: The Sites of Asian American Studies*, Washington State University Press, 1995, pp. 401-411.
——— "The Haunt of Race: Canada's Multiculturalism Act, the Politics of Incorporation, and Writing thru Race," *Fuse Magazine*, 18(3), 1995, pp. 18-31.
Miki, Roy, *Broken Entries: Race, Subjectivity, Writing*, Mercury Press, 1998.
——— *Redress: Inside the Japanese Canadian Call for Justice*, Raincoast Books, 2004.
Mirikitani, Janice, *Shedding Silence: Poetry and Prose by Janice Mirikitani*, Celestial Arts, 1987.
Mohanty, Chandra Talpade; Ann Russo and Lourdes Torres, eds., *Third World Women and the Politics of Feminism*, Indiana

University Press, 1991.

Morimoto, Risa, dir., *Wings of Defeat (Tokko)*, Linda Hoaglund prod., Edgewood Pictures, 2007, U.S.A.

——— Interview., in *Wings of Defeat (Tokko)*, Pony Canyon, 2008, DVD.

Morrison, Toni, ed., *Race-ing Justice, En-Gendering Power: Essays on Anita Hill, Clarence Thomas, and the Construction of Social Reality*, Pantheon, 1992.

Nakamura, Rika, *Attending the Languages of the Other: Recuperating "Asia," Abject, Other in Asian North American Literature*, dissatation, Rutgers, the State University of New Jersey, 2009.

——— "'Allied Masculinities' and the Absent Presences of the Other: Recuperation of Japanese Soldiers in the Age of American Wars in Iraq and Afghanistan——An Analysis of *Flags of Our Fathers* and *Letters from Iwo Jima*," in *PAJLS Proceedings of the Association for Japanese Literary Studies*, 11, Sum. 2010, pp. 206-220.

——— "What Asian American Studies Can Learn from Asia?: Towards a Project of Comparative Minority Studies," Chih-ming Wang, ed., *Asian American Studies in Asia*, special issue of *Inter-Asia Cultural Studies*, 13(2), 2012, pp. 251-266.

——— "Fighting for the 'Wrong Empire'? : A Transpacific Reading of Korean Imperial Soldiers in Chang-rae Lee and Utsumi Aiko's Works," unpublished paper presented at the Association for Asian American Studies annual meeting, Apr. 20, 2013, Seattle, U.S.A.

——— "Addressing Japanese Imperialism via Asian American and Canadian Literature in Japan,"unpublished paper presented at the Association for Asian American Studies Annual Conference, Apr. 19, 2014, San Francisco, U.S.A.

——— "Reorienting Asian American Studies in Asia and the Pacific," in Okihiro and Takezawa, eds., *op. cit.*, pp.288-312.

Neier, Aryeh, "Hiroshima Visit with or without Remorse?" *The Daily Star* (Lebanon), May. 24, 2016.（http://www.pressreader.com/lebanon/the-daily-star-lebanon/20160524/281749858592760）［二〇一七年三月一日アクセス］（アリエフ・ネイヤー「オバマ「広島演説」に世界の注目が集まるワケ――米国の責任をどこまで滲み出せるか」「東洋経済オンライン」〔http://toyokeizai.net/articles/-/119556〕［二〇一七年三月一日アクセス］）

Nguyen, Viet Thanh, *Race and Resistance: Literature and Politics in Asian America*, Oxford University Press, 2002.

——— "Remembering War, Dreaming Peace: On Cosmopolitanism, Compassion, and Literature," *Japanese Journal of*

American Studies, 20, 2009, pp. 149-174.
——— “Refugee Memories and Asian American Critique,” *positions: asia critique*, 20(3), 2012, pp. 911-942.
——— “Our Vietnam War Never Ended,” *The New York Times*, Apr. 24, 2015.
——— *Nothing Ever Dies: Vietnam and the Memory of War*, Harvard University Press, 2016.
Okada, John, *No-No Boy*, University of Washington Press, [1956]1979.（ジョン・オカダ『ノーノー・ボーイ』川井龍介訳、旬報社、二〇一六年）
Ong, Aihwa, “Women Out of China: Traveling Tales and Traveling Theories in Postcolonial Feminism,” in Ruth Behar and Deborah A. Gordon, eds., *Women Writing Culture*, University of California Press, 1995.
Osorio, Jon Kamakawiwo'ole, “Memorializing Pu'uloa and Remembering Pearl Harbor,” in Shigematsu and Camacho, eds., *Militarized Currents*, pp. 3-14.
Parmar, Pratibha, dir., *Warrior Mark*, 1994, UK.
Palumbo-Liu, David, *Asia/American: Historical Crossings of a Racial Frontier*, Stanford University Press, 1999.
Peterson, Nancy J, *Against Amnesia: Contemporary Women Writers and the Crises of Historical Memory*, University of Pennsylvania Press, 2001.
Ponce, Martin Joseph, “Figuring Blackness between Japanese and U.S. Imperialisms,” unpublished talk at the Association for Asian American Studies annual conference, “Critical Engagements with Japanese Imperialism in Asian American Studies,” Apr. 19, 2014, San Francisco, U.S.A.
Riches, Dennis, “Canada & The First Nations In The Manhattan Project,” *MintPress News*, Oct. 16, 2014.（http://www.mintpressnews.com/MyMPN/canada-manhattan-project/）［二〇一七年三月十六日アクセス］
Sakai, Naoki, and Hyon Joo Yoo, eds., *The Trans-Pacific Imagination: Rethinking Boundary, Culture, and Society*, Singapore World Scientific Publishing Company, 2012.
Sato, Gayle K. Fujita, “Momotaro's Exile: John Okada's *No-No Boy*,” in Shirley Geok-lin Lim and Amy Ling, eds., *Reading the Literatures of Asian America*, Temple University Press, 1992, pp. 239-258.
Shen, Shuang, *Self, Nations, and the Diaspora: Re-reading Lin Yutang, Bai Xianyong, and Frank Chin*, dissertation, City

University of New York, 1998.
Shibutani, Tamotsu, *The Derelicts of Company K: A Sociological Study of Demoralization*, University of California Press, 1978.
Singh, Nikhil Pal, "Beyond the 'Empie of Jim Crow': Race and War in Contemporary U.S. Globalism," *The Japanese Journal of American Studies*, 20, 2009, pp. 89-111.
Shigematsu, Setsu and Keith L. Camacho, eds., *Militarized Currents: Toward a Decolonized Future in Asia and the Pacific*, University of Minnesota Press, 2010.
Smith, Valerie, "Split Affinities: the Case of Interracial Rape," in Marianne Hirsch and Evelyn Fox Keller, eds., *Conflicts in Feminism*, Routledge, 1990, pp. 271-287.
Soh, Chunghee, Sarah, *The Comfort Women: Sexual Violence and Postcolonial Memory in Korea and Japan*, University of Chicago Press, 2009.
Spivak, Gayatri Chakravorty, *In Other Worlds: Essays in Cultural Politics*, Routledge, 1987.
——— "Three Women's Texts and a Critique of Imperialism," in Henry Louis Gates ed., *"Race," Writing, and Difference*, University of Chicago Press, [1985]1986, pp. 262-280.
——— "Can the Subaltern Speak?," in Cary Nelson et al., eds., *Marxism and the Interpretation of Culture*, University of Illinois Press, 1988.
Takezawa, Yasuko and Gary Okihiro, eds., *Trans-Pacific Japanese American Studies: Conversations on Race and Racializations*, University of Hawai'i Press, 2016.
Tan, Amy, *The Joy Luck Club*, Putnam's Sons, 1989.
Todd, Loretta, "Notes on Appropriation," *Parallelogramme*, 16(1), Sum. 1990, pp. 24-33.
Torpey, John, *Making Whole What Has Been Smashed: On Reparations Politics*, Harvard University Press, 2006（ジョン・C・トーピー『歴史的賠償と「記憶」の解剖――ホロコースト・日系人強制収容・奴隷制・アパルトヘイト』藤川隆男／酒井一臣／津田博司訳〔サピエンティア〕、法政大学出版局、二〇一三年）
Uchida, Yoshiko, *Desert Exile: The Uprooting of a Japanese-American Family*, University of Washington Press, 1982.（ヨシコ・ウチダ『荒野に追われた人々――戦時下日系米人家族の記録』波多野和夫訳、岩波書店、一九八五年）

Uchino, Crystal Kimi, *Excavating Shadows: Japanese American Subjectivity and the Geopolitics of a Hibakusha Memory*, MA thesis, Kyoto University, 2014.

Ueunten, Wesley Iwao, "Rising Up from a Sea of Discontent: The 1970 Koza Uprising in U.S.-Occupied Okinawa," in Shigematsu and Camacho, eds., pp. 91-124.

Volp, Letti, "Framing Cultural Difference: Immigrant Women and Discourses of Tradition," *differences*, 22(1), 2011, pp. 90-110.

Walker, Alice, *Possessing the Secret of Joy*, Harcourt Brace Jovanovich, 1992.

Walker, Alice and Pratibha Parmar, *Warrior Marks: Female Genital Mutilation and the Sexual Blinding of Women*, Harcourt Brace, 1996.

Wang, Chih-ming, ed., *Asian American Studies in Asia*, special issue of *Inter-Asia Cultural Studies*, 13(2), 2012.

Weglyn, Michi Nishiura, *Years of Infamy: The Untold Story of America's Concentration Camps*, University of Washington Press, 1976.

Wong, Sau-ling Cynthia, *Reading Asian American Literature: From Necessity to Extravagance*, Princeton University Press, 1993.

——— "'Sugar Sisterhood': Situating the Amy Tan Phenomenon," in David Palumbo-Liu, ed., *The Ethnic Canon: Histories, Institutions, and Interventions*, University of Minnesota Press, 1995, pp. 174-210.

——— "When Asian American Literature Leaves 'Home': On Internationalizing Asian American Literary Studies," in Brada-Williams and Chow, eds., pp. 29-40.

——— "Maxine Hong Kingston in a Global Frame: Reception, Institutional Mediation, and 'World Literature,'" *AALA Journal*, 11, 2005, pp. 7-41.

World. War. Watada, Amerasia Journal, 33(3), 2007.

Wu, Judy Tzu-Chun, "Patsy for President: Patsy Takemoto Mink, Cold Ward Liberalism, and the Viet Nam War," unpublished paper presented at the "Intersecting the Global with the Local: Activism and American Minorities"workshop, Jun. 25, 2016, Kyoto University.

Yamada, Mitsuye, *Camp Notes and Other Poems*, Shameless Hussy Press, 1976. Reprinted in: *Camp Notes and Other Writings*, Rutgers University Press, 1988.

——— *Desert Run: Poems and Stories*, Kitchen Table, 1988. Reprinted in: *Camp Notes and Other Writings*, Rutgers University Press, 1998.

——— "Invisibility Is an Unnatural Disaster: Reflections of an Asian American Woman," in Chrríe Moraga and Gloria Anzaldúa, eds., *This Bridge Called My Back: Writings by Radical Women of Color*, Kitchen Table, Women of Color Press, 1981, pp. 35-40.

——— "Unbecoming American," in Meri Nana-Ama Danquah ed., *Becoming American: Personal Essays by First Generation Immigrant Women*, Hyperion, 2000, pp. 198-209.

Yamashita, Karen Tei, *Tropic of Orange*, Coffee House Press, 1997.

Yang, Hyunah, "Re-membering the Korean Military Comfort Women: Nationalism, Sexuality, and Silencing,"in Kim and Choi eds., *op. cit.*, pp. 123-139.

Yoneyama, Lisa, *Hiroshima Traces: Time, Space, and the Dialectics of Memory*, University of California Press, 1999.（米山リサ『広島 記憶のポリティクス』小沢弘明／小澤祥子／小田島勝浩訳、岩波書店、二〇〇五年）

——— "For Transformative Knowledge and Postnationalist Public Spheres: The Smithsonian Enola Gay Controversy," in Fujitani, White and Yoneyama, eds., *op. cit.*, pp. 323-346.（米山リサ「記憶と歴史をめぐる争い——スミソニアン原爆展と文化戦争」〔『暴力・戦争・リドレス——多文化主義のポリティクス』岩波書店、二〇〇三年に再掲〕）

——— "Traveling Memories, Contagious Justice: Americanization of Japanese War Crimes at the End of the Post-Cold War," in Chuh, ed., *op. cit.*, pp. 57-93.（米山リサ「旅する記憶・感染する正義——世界正義のアメリカ化とリドレス（補償）」〔前掲『暴力・戦争・リドレス——多文化主義のポリティクス』に一部再掲〕）

——— "Enabling Aporia of Transnational Critique," unpublished talk at the Association for Asian American Studies annual conference, "Critical Engagements with Japanese Imperialism in Asian American Studies," Apr. 19, 2014, San Francisco, U.S.A.

——— *Cold War Ruins: Transpacific Critique of American Justice and Japanese War Crimes*, Duke University Press, 2016.

Young, James E, *Writing and Rewriting the Holocaust: Narrative and the Consequences of Interpretation*, Indiana University Press, 1988.

Yuval-Davis, Nira and Floya Anthias, "Introduction," in Yuval-Davis and Anthias, eds., *Woman-Nation-State*, Sage, 1997.

Zwicker, Heather, "Canadian Women of Color in the New World Order: Marlene Nourbese Philip, Joy Kogawa, and Beatrice Culleton Fight Their Way Home," in Mickey Pearlman, ed., *Canadian Women Writing Fiction*, University Press of Mississippi, 1993, pp. 142-169.

——— "Multiculturalism: Pied Piper of Canadian Nationalism (And Joy Kogawa's Ambivalent Antiphony)," *ARIEL: A Review of International English Literature*, 32(4), 2001, pp. 147-175.

おわりに

本書は、二〇〇九年にアメリカ・ラトガース大学に提出した博士論文 *Attending the Languages of the Other: Recuperating "Asia," Abject, Other in Asian North American Literature* をもとに、大部分を新たに書き下ろしたものである。当初は、博士論文に修正を加えた構成にする予定だったが、日本軍「慰安婦」問題への在米アジア系の人々の応答など、現在進行形の問題を伝えることを優先した結果、三章分を除いてすべて書き下ろしとなった。紙幅の関係上、アメリカでの日系人強制収容や「有色人入植者市民権」などの議論は大幅に割愛することになった。それらについては初出一覧のあとに挙げたので、ご関心がある方は個々の発表論文を参照していただけたら望外の幸せである。

博士論文は、多文化主義台頭以降の北米で、アジア系の作家がそれまで「切り捨て」の対象としてきた「アジアの言語」に耳を傾ける行為を、戦争記憶との関連から考察したものである。北米マイノリティとしてのアジア系の体験を他世界との関係から見直すことを意図した博論は、指導教官で在米ガーナ人としてアフリカ系ディアスポラ研究を専門とするアビナ・ブシア先生や中国出身でアジア系ディアスポラ研究者のシュアン・シェン先生、日本文学が専門のポール・シャロウ先生が審査員として関わってくださったことで、大きな推進力と示唆を得た。また、ほかの院生の五倍ほどの時間をかけて博論を完成させた私を最後まで見捨てずに、辛抱強くご指導くださったブシア先生がおられなかったら、書き上げることはできなかった。ブシア先生をはじめ、審査委員の先生方に深く感謝したい。

博士論文に加え、いくつかの出来事と出会いがなければ本書を現在のかたちで刊行することはなかったし、このような本を出版しようという考え自体生まれなかったかもしれない。一部繰り返しにはなるが、最後にそれらを振り返り、本書の発話の位置とそこにいたる道程を確認したい。

まず一つ目は、本書の冒頭でも触れた一九九五年のアメリカ・スミソニアン博物館での原爆展である。当時大学院生としてアメリカに滞在していた私にとって忘れられない衝撃的な出来事だったが、それが日米の戦争暴力について考える原点となったのは、原爆投下の暴力性という、日本で生まれ育った私にとって所与の事項として教えられ、信じてきたことが暴力的に否定され、被害の展示に尽力した航空宇宙博物館の館長が引責辞任に追い込まれるという理不尽さを目の当たりにした初めての出来事だったからかもしれない。逆に言えばそれは、いかに自分がそれまで日本社会に生きる日本人として主流社会の側に立ち、その暴力に加担し、それらを見ないですませてこられたかの証左でもある。本書は、スミソニアンの事例を通して当時のアメリカと相似形をなす現在の日本の、特に日本軍「慰安婦」問題をめぐる状況を見つめ直す視座を提供できればとの思いが出発点になった。そのなかで一元的な正義やそこから生じる違和感ゆえに、（たとえば）アメリカでの「慰安婦」碑の設置に同意できない一部の在米日本人の存在を、日本社会で起きている中国や北朝鮮への一方的なバッシングに対し同様の思いを抱いているだろう日本在住のマイノリティの人々へつなげたり、あるいは逆に、ジョイ・コガワ氏が移民先のカナダで長崎への原爆投下を想起したのと同様に、ノラ・ケラー氏や在米コリア系の人々も、移民先のアメリカで「慰安婦」とされた女性らを追悼したいと願ったということの共通性を示すことができればと思った。

当然のことながら国家は同質的な集合体ではなく、スミソニアンのスタッフをはじめ、原爆展を支持した少なからぬ数のアメリカ人の存在を想起することの重要性は強調してもしきれない。二〇〇三年のアジア系アメリカ学会「特集号」はそのような事例の一つとして、マイノリティである在米アジア系の人々が自らの支配体制への参与を省みていることに大きな感銘を受けた。前述のように、本書の執筆動機の一つは、日系や在米コリア系をはじめとするアジア系の人々の日本軍事帝国主義への複雑な応答が、日本ではほとんど知られていないことに起因する。また、日本軍「慰安婦」問題への謝罪をめぐってしばしば参照点とされる北米の日系人への戦後補償は、それ自体が素晴らしいものであることに異論はない一方、往々にして道義的な問題として言説化され、それによって「人権意識が確立されたアメリカと日系アメリカ人」対「そうでない日本」という単純化された図式に回収されることに危惧を覚えた。本書では、そのような「文明化の使命」の言説には疑問を投じながら、日本の戦争責任を問うアジア系の人々の声を伝えたいと思った。

それに関連して、この一年間、執筆の目的を見失いそうになるたびに思い起こした出来事がある。二〇一六年四月、フロリダで開催されたアジア系アメリカ学会年次大会（AAAS）での在米コリア系研究者らによる、主に朝鮮戦争をテーマとしたセッションである。「複数の軍事帝国主義」という語句に引かれ参加した朝一番のラウンドテーブルで、参加者全員が自己紹介をすることになった。私は、日本から来て、主に日系とコリア系作家のアジア太平洋戦争の記憶表象を研究していると述べ、参加理由については次のような説明をした。「自分の周りにいる日本人のうち、日本の戦争責任は自覚する一方、欧米による啓蒙主義には違和感を抱くという人々がいる。その人たちに対して、コリア系を含む在米アジア系の、特に研究者は多くが、日本だけでなくアメリカの軍事帝国主義も批判していると伝えると、皆が驚き、知らなかったと言い、態度が変わる。もちろん否認派を利する危険には十分注意しなければならないが、日本の戦争犯罪に対して責任と謝罪の必要を感じている人たちと在米アジア系の人々をつなぐために、学びに来ました」と伝えると、発表者の一人が、「私たちも今日はあなたから学んだ（We are learning from you)」と返してくれたのだった。

かつて米山リサ氏が指摘したように、アメリカをベースとする運動家や研究者によるアメリカ批判は、往々にして日本の帝国主義や戦争暴力の正当化に転用されてきた。本書は、アメリカでアメリカの軍事加害を振り返っている人々を、日本の戦争責任否認派ではなく、日本の戦争や帝国主義に対して責任と謝罪の必要性を感じている人につなげていくための一助となればと願っている。

三つ目は、そのような日本軍「慰安婦」制度や、在外被爆者への戦後賠償など、日本で日本の戦争責任を追及する運動に携わってきた人々との出会いである。アクティブ・ミュージアム「女たちの戦争と平和資料館」（ｗａｍ）でのセミナーや講演会、梁澄子氏主催の韓国スタディ・ツアーへの参加、あるいは在外被爆者や強制連行など日本の加害を伝えてきた長崎の「岡まさはる記念長崎平和資料館」での故高實康稔先生との面会などを通して、ごく一部ではあるが、日本でなされてきた大きな努力を見聞する機会を得た。なかでも、元ＮＨＫディレクターとして、さまざまな圧力と闘いながら日本での「慰安婦」問題の周知とサバイバーへの正義を求めてこられたｗａｍの池田恵理子館長を通して、スミソニアン原爆展やその代替展として同年アメリカン大学でピーター・カズニック教授らによって開催された原爆展は、日本軍「慰安婦」制度を裁いた二〇〇〇年の女性国際戦犯法廷や、それを報じたＮＨＫの番組、ＥＴＶ二〇〇一『問われる戦時性暴力』への政治介入と改変事件などとの連結点を通してこそ見つめられるべきだという思いを強くした。またｗａｍのセミナーでは、インドネシアやビルマなどさまざまな国の被害者の状況や支援団体の活動とともに、日本と同様に旧帝国としての過去と向き合うべくもがくオランダの努力についても学んだ。その半面、日本軍「慰安婦」制度被害者への正義のために長年数多くの困難と闘ってこられた梁氏やｗａｍの方々と接する機会をもつにつれ、自分がこのテーマで本を出すというあまりに大それたことにさすがにためらいを覚えるようになったが、日本ではあまり知られていないアジア系アメリカの人々の反応を知らせることと、それを日本で尽力している人々へつなげるために少しでも貢献できればという思いが後押しになった。本書の内容については、もちろんご審判とご批判を仰ぎたい。

二〇〇〇年代初頭に米山氏が問題提起した「言説のねじれ」は、現在の日本でも、ベトナムでの韓国軍の軍事暴力を誇らしげに語る日本の「慰安婦」制度否認派など、現在進行形で増殖中である。しかし一方では、「ねじれ」を「連結」へむけて組織し直す事例も増えている。たとえば前述した梁氏のスタディ・ツアーでは、長年日本で教科書問題や日本軍「慰安婦」制度など日本の戦争責任に取り組んだり、現場で平和学習を推進したりしてきた教員や運動家、市民らが、梁氏のコーディネートのもと、韓国で日本軍「慰安婦」制度や米軍「慰安婦」制度のサバイバー、韓国軍や韓国国内の性暴力被害者への支援をおこなったり、在韓米軍基地反対運動に携わったりする市民や運動家らを訪れ、ともに語らう場に同席する機会を得た（私自身は、ケラーの小説の舞台となった「アメリカ・タウン」を一目見たいという、きわめて不純な動機で参加したのだが）。

同様の連結は、メディアを通してではあるが、アメリカの軍事加害を告発しその責任を追及してきたオリバー・ストーン監督が、岡まさはる記念長崎平和資料館理事長の高實先生の案内で資料館や在外被爆者慰霊碑を訪れたり、あるいは、ピーター・ブロウ監督の一九九九年のドキュメンタリー映画『寡婦たちの村』のなかで、カナダ先住民のサーツ・デネの人々が、原爆製造のためのウラン運搬に関わったことへの謝罪のために訪れた広島で、朝鮮人被爆者を訪ねる場面にも痛切に表されている（この映画とカナダの原爆製造責任をめぐる議論については、成城大学の同僚で在日カナダ人のデニス・リチェズ氏からご教示をいただいた）。

その一方で、ともすれば「抵抗」と「服従」に二極化されがちな戦争をめぐる言説のなか、必ずしも正しくあることができない当事者や、抵抗と服従の間を揺れ動く「グレイゾーン」の人々に、文学や研究がどう関わるべきかという問題についても、複数の方々から重要な問いかけと示唆をいただいた。特に第7章の結語でも論じたヴィエット・グエン氏の問題提起、すなわちアジア系アメリカ研究がマイノリティ研究として正義を求めることの重要性と、しかしそこに完全には回収されえない現実の複雑性の拮抗をどう捉えるのかという問いは、『おばさん』でのジョイ・コガワ氏の同様の問いかけや、ナチス・ドイツの専門家である木畑和子先生からご教示いただいた圧政下や占領下で体制に協力した普通の市民やグレイゾーンの人々を単純化することなく読み取ることの必要性とも共振し、執筆中、常に頭と心のなかにあった。アジア系アメリカ文学を読み始めた頃、アジア系作家のアメリカ礼賛の語りに埋め込まれた「語られない物語」を読み取ることの批評家の責任をご教示くださった小林富久子先生、マイノリティ政治家の「反戦言説」の限界と可能性の両面を論じたジュディ・ウ氏からは、特にマイク・ホンダ元米下院議員を考えるうえで大きな示唆を得た。また、長年宋神道氏の支援に携わり、日本での「慰安婦」リドレス運動の先頭に立ってこられた梁氏からは、特に梁氏が被害当事者の複雑な心理に対して示す深い洞察を通して、当事者への正義を求めることと複雑性の尊重は、むしろ完全に両立することを学んだ。

半面、本書が十分に扱えなかった数多くの課題もある。本書の考察対象が朝鮮人「慰安婦」に限定されていることはその一つだが、ほかにも、特に在米「慰安婦」碑の設置や日本政府への謝罪賠償請求運動に携わってきたアメリカの運動家らへの考察の不十分さがある。もともと私自身が文学という領域で訓練を受けたことや、在米の運動団体へのインタビューの申し込みにほとんど返事がこなかったこともあり、本書の分析は、新聞記事などのテクスト分析が中心になった。その結果、たとえば公共の場での碑の設置を呼びかける過程での主流社会との折衝など、運動に携わる人々の表には出ない思いや模索の過程などについて十分な考察ができなかった。さらに、美穂・キム・リー氏をはじめとしたアメリカを活動拠点とする在日コリアンの人々を中心とした日本軍「慰安婦」支援運動への取り組みについても、本書執筆の終盤で学ぶ機会を得た。日本による国籍剥奪の結果、アメリカに居住地や市民権を求めたリー氏を含む在米在日コリアンの人々と「アメリカ」という政治的場の関係について、本書の視点の不足を指摘してくださったリー氏に深く感謝するとともに、次の課題としたい。日本軍「慰安婦」制度へのリドレス運動と沖縄での米軍基地反対運動をつなげるべく困難な運動を続けておられるウェスリー・ウエウンテン氏や、ローラ・カン氏と米山氏の新著についても、稿を改めて論じたい。

五つ目の出来事として本書は、日本、アメリカ、台湾、韓国での研究発表や、それらを媒介とした多くの人々との出会いに負っている。「はじめに」でも触れた、二〇〇三年に故竹村和子先生が企画された日本アメリカ文学会東京支部会でのシンポジウムは、「慰安婦」問題を扱う文学テクストと取り組む出発点となった。さらに一〇年に台北の中央研究院(アカデミア・シニカ)で開催された「アジアにおけるアジア系アメリカ研究国際ワークショップ(Asian American Studies in Asia: An International Workshop)」ほかの東アジアでの学会を通して、陳光興、クンジョン・リー、ギイ・ボーガード、ヒュンジ・パーク、李所姫、馮品佳氏など、アジアをベースとする研究者と出会う機会をもち、ともすれば「(アジア系)アメリカ対日本」という視点に陥りがちな私にとって貴重な修正点を得た。ご招待くださった王智明氏をはじめ、單德興、李有成両先生に感謝したい。

また二〇一四年にサンフランシスコで開催されたＡＡＡＳでは、米山リサ先生とタカシ・フジタニ先生にミニ・キイノートとディスカッサントをお引き受けいただき、「アジア系アメリカ研究で日本の帝国主義を考える(Critical Engagements with Japanese Imperialism in Asian American Studies)」と題するパネル・セッションをおこなうことができた。ご一読いただければ明らかなように、本書は、米山先生が提唱されてきた日米二つの帝国批判を媒介としたリドレスの拡大というお仕事が大きな道標になっている。パネルにご参加くださった両先生と、共に企画を進めてくれたジョー・ポンセ氏、この問題について意見を交わす機会を得たスコット・ツチタニ、ジェーン・ヤマシロ、ウェスリー・ウエウンテン、ナファーティ・タディア、キャンディス・フジカネ、長谷三知子諸氏にも感謝したい。

日本でも、特にアジア系アメリカ文学研究会（ＡＡＬＡ）や多民族研究学会（ＭＥＳＡ）を通して、アメリカ・マイノリティ研究を専門とされている方々から教えを受けた。小林先生、稲木妙子先生、桧原美恵先生、松本昇先生、長岡真吾先生には特にお世話になった。また京都大学人文科学研究所の竹沢泰子先生が主催される比較人種論セミナーや、二〇一三年に開催された国際シンポジウム「アジアとアメリカの〈帝国〉を超えて（Between and Beyond Two Empires）」では、竹沢先生やニキル・シン氏をはじめ日米のアメリカ研究を代表する方々の研究に接する機会を得た。勤務先の成城大学では、グローカル研究センターでの活動を通して分野を異にする方々との交流の機会をもち、さらに聴講もさせていただいた木畑洋一先生の「平和研究」の講義を通して、思考や視点を広げる機会を得た。グローカル研究センター長の上杉富之先生、小澤正人先生、北山研二先生、東谷護先生、また個人的に相談に乗っていただき貴重なアドバイスをいただいた木畑和子先生と、特に浅井良夫先生には、何から何までご教示いただいた。浅井先生、長谷氏、井桁碧氏には、お忙しいなか最終稿にお目通しいただいた。心から感謝したい。

成城大学では「ジェンダー論」や「外国文化」といった授業を通して、日本軍「慰安婦」制度をはじめとする戦時性暴力や、戦争とジェンダーについて、学生らとともに考え、学ぶ機会をもった。

二〇一一年に客員准教授として担当した東京大学大学院総合文化研究科での「エスニシティ文化変容論」の授業では、北米に加え、南米やフランスのマイノリティ研究をしている院生や韓国からの留学生らとともに、日米以外の帝国的視点からもアメリカのマイノリティ研究について考える得難い機会を得た。貴重な機会をくださった矢口祐人先生に、深くお礼を申し上げる。

本書のもとになった研究は、二〇一二年度から一六年度までの成城大学特別研究助成を受けた。アメリカや韓国への出張に関しては、成城大学グローカル研究センターからも寛大な助成をいただいた。アメリカでの「慰安婦」碑の見学に同行してくださり、グレンデール市書記のアーディ・カサシアン氏やアカデミア外の日系人の方々とのインタビューをアレンジしてくれたロン・クラシゲ氏、東海岸の碑を一緒に回ってくれた鈴木繁氏とマーシャさんにもお礼を言いたい。

本書の刊行は、成城大学経済学部学術図書出版助成を受けている。申請に関し、経済学部事務主任の石塚美香氏にお世話になった。青弓社の矢野未知生氏は、米山先生からご紹介いただいた。矢野氏には、本書を「現在の日本」で出す意味についての示唆と、誤読を避けるためのアドバイスをいただいた。また矢野氏を通して、嶋田美子氏から『慰安の女と翌賛の女』の作品の使用許可をいただいた。この作品の存在を教えてくれたレベッカ・ジェニスン氏とあわせて、深く感謝申し上げる。

最後に、本書で論じた戦争体験に関する「娘の理解の不能性」と記憶の分有をめぐる議論は、私自身の母の戦争体験への思いの投射でもあることを付記したい。

日本軍「慰安婦」制度被害当事者への正義を求めることがますます困難になっている現在の日本

で、このような書籍を出すことに対して不安を感じることもあった。そのようななか、欧米主導の啓蒙主義に対して違和感をもつ人々が日本の戦争犯罪否定派に共感することを防ぐためにも、従来の対立軸とは違う、二極的ではないポジションを示す必要がある、書く必要があると背中を押してくださった多くの方々がいなければ、本書を書き上げることはできなかった。本書は、それらの人々、先生方や友人と家族に捧げたい。

［著者略歴］
中村理香（なかむら・りか）
成城大学経済学部教授
東京大学大学院人文科学研究科を経て、アメリカ・ラトガース大学英語圏文学科博士
専攻はアジア系アメリカ研究
共著に *Trans-Pacific Japanese American Studies* (University of Hawai'i Press)、『憑依する過去』（金星堂）、『アジア系アメリカ文学を学ぶ人のために』（世界思想社）、『ネイションを超えて』（岩波書店）、訳書にダグラス・ブリンクリー『ローザ・パークス』（岩波書店）など

アジア系《けい》アメリカと戦争《せんそう》記憶《きおく》　原爆・「慰安婦」・強制収容

発行　2017年7月31日　第1刷
定価　3000円＋税
著者　中村理香
発行者　矢野恵二
発行所　株式会社青弓社
〒101-0061 東京都千代田区三崎町3-3-4
電話 03-3265-8548（代）
http://www.seikyusha.co.jp
印刷所　三松堂
製本所　三松堂

ISBN978-4-7872-3420-9 C0036